全国高等院校创新创业教育教材

实战

创新创业教育指导

主 编　王世宇　何云章

中国中医药出版社
·北 京·

图书在版编目（CIP）数据

实战创新创业教育指导 / 王世宇，何云章主编 . —北京：
中国中医药出版社，2017.7
全国高等院校创新创业教育教材
ISBN 978 – 7 – 5132 – 4277 – 6

Ⅰ.①实… Ⅱ.①王… ②何… Ⅲ.①大学生—创业—高等学
校—教材 Ⅳ.① G647.38

中国版本图书馆 CIP 数据核字（2017）第 133493 号

中国中医药出版社出版
北京市朝阳区北三环东路 28 号易亨大厦 16 层
邮政编码 100013
传真 010 64405750
廊坊市晶艺印务有限公司印刷
各地新华书店经销

开本 787×1092 1/16 印张 15.5 字数 287 千字
2017 年 7 月第 1 版 2017 年 7 月第 1 次印刷
书号 ISBN 978 – 7 – 5132 – 4277 – 6

定价 55.00 元
网址 www.cptcm.com

社 长 热 线 010-64405720
购 书 热 线 010-89535836
侵 权 打 假 010-64405753

微信服务号 zgzyycbs
微商城网址 https://kdt.im/LIdUGr
官 方 微 博 http://e.weibo.com/cptcm
天猫旗舰店网址 https://zgzyycbs.tmall.com

如有印装质量问题请与本社出版部联系（010 64405510）

全国高等院校创新创业教育教材

《实战创新创业教育指导》编委会

主　编　王世宇（成都中医药大学）

何云章（成都齐力盛世教育咨询有限公司董事长）

编　委　（以姓氏笔画为序）

王　海（成都中医药大学）

王素珍（江西中医药大学）

邓　江（电子科技大学大数据研究中心）

刘　伟（成都理工大学）

闫娟娟（山西中医药大学）

杨　帆（成都中医药大学）

杨　峰（成都齐力盛世教育咨询有限公司董事总经理）

邱　航（电子科技大学计算机科学与工程学院）

梁横江（四川师范大学）

雷志钧（湖南中医药大学）

前言一

党的十八大明确提出实施创新驱动发展战略，将其作为关系国民经济全局的紧迫而重大的战略任务。十八届五中全会又将创新作为五大发展理念之首，进一步指出坚持创新发展，必须把创新摆在国家发展全局的核心位置。高等教育肩负"科教兴国"的历史使命，在创新创业型社会背景下，必须主动为建设创新型国家、实现中华民族伟大复兴中国梦提供有力的人才支撑和智力保证。因此，深化高校创新创业教育改革势在必行。

2015年5月，国务院办公厅发布《国务院办公厅关于深化高等学校创新创业教育改革的实施意见》（国办发〔2015〕36号，简称《意见》）。《意见》明确要求"建设依次递进、有机衔接、科学合理的创新创业教育专门课程群"，"组织学科带头人、行业企业优秀人才，联合编写具有科学性、先进性、适用性的创新创业教育重点教材"。目前，市面上关于创新创业的书籍众多，但创业教材类的书籍却很少。为了更好地帮助和指导创业者洞察识别和把握创业机会、组建创业团队、整合创业资源、规避创业风险、设计出适合自己创业项目的商业模式、提高创业成功概率，最终实现成功创业。中医药是我国独具特色的传统产业和优势资源，大力推进中医药高等院校创新创业教育工作，提高人才培养质量意义重大。就中医药院校创新创业教育现状来看，学生创新创业教育起步较晚，缺乏对中医药领域创新创业理论及创新创业实践教程的深入研究，尚未形成系统、有效、科学的创新创业教育课程体系。因此，将创新创业教育融入中医药人才培养全过程，构建创新创业教育课程体系，开发系列课程，编写特色教材刻不容缓。

本书是全国高等院校创新创业教育指导性教材，是在相关文件精神指导下，吸纳当代创新创业教育的最新成果，试图以前瞻性的视角对作为一种新教育理念的创新创业进行科学定位和准确把握。同时，立足中医药教育实际，分析我国中医药事业发展现状，对大学生创新创业的基本知识、基本理论、实务操作进行系统分析和全面讲解。旨在帮助学生掌握创新创业基本理论，熟悉中医药行业创新创业发展方向，形成创新创业思维，具备一定的创新创业方法和技能。

本教材共十二章，包括创新创业教育概论、中国创新创业相关政策及创业现状、初创企业一站式指南、创业应具备的个人品质能力及思维、如何找创业合伙人、创业公司如何设计薪酬体系、如何写商业计划书、创业公司股权结构设计及股权激励方案、如何设计商业模式及赢利模式、如何正确选择企业孵化器入驻、创业者必备的 6 项管理、中医药健康产业创业指导等内容。

本教材的特色：①突出中医药特色。在开展创新创业教育的同时，紧密结合中医药现状，重点突出中医药特色，从中医药事业发展的角度对学生开展创新创业教育。②强化实战理念。从创业项目的选择、创业者的品质和思维培养、如何寻找创业伙伴、创业公司的设计、创业孵化器的入驻、创业的基本方式及中医药健康产业创业方向等方面对学生开展创新创业教育，突出实战理念及方法指导，让学生真正掌握创新创业的思想和方法，提高创新创业实战能力。

本教材可供全国高等院校教学选用，也适用于对创新创业感兴趣的其他人群。本教材的顺利出版，要感谢中国中医药出版社，感谢杨峰、何艾霖、易平、边乐红、兰丽丹、肖露露、蔡志兵、亢红艳、杨帆、邓静等众多老师为本教材的内容、排版和编辑提出的宝贵意见。这是一个创新的时代，这是一个创业的时代，这更是一个创新创业者的时代。我们由衷地感谢那些对我们开展创新创业研究和教学一直给予支持的各界朋友，感谢所有提供素材、数据支持的网站和作者，感谢对本书撰写给予帮助的所有人。

由于时间有限，本书中若存在不足之处，还望各位读者提出宝贵意见和建议，以便再版时修订提高。

王世宇

2016 年 7 月于成都

前言二

今天很残酷，明天更残酷，后天很美好，但绝大部分的人都死在明天晚上，却看不到后天的太阳！

——"创业教父"马云

据统计，整个社会 5% 的人拥有的财富比 95% 的人拥有的财富总和还要多。经调查发现，5% 的人是创业者（老板），95% 的人是就业者（工薪族）。

为什么会是这样呢？是创业很难吗？如果我说"创业其实是件很容易、很快乐的事"，肯定会有 99% 的人说："不可能！"在此，我想分享我的创业故事和参加我创业培训的学员的创业故事。

20 世纪 90 年代初，很多高考生渴望成为天之骄子、大学毕业后能分配到国有企业上班，而我看到的却是他们工作之后依然过着住集体宿舍、吃食堂、虚度年华、一贫如洗的生活现状。于是在 1992 年，21 岁的我就毅然踏上了个人创业之路！我做的第一笔买卖是卖玉米脱粒器，2 个小时不到就赚了 2000 元，卖第二批货时 7 小时赚了 1 万多元。1993 年做鳝鱼生意，赚了 60 万元左右。1994 年做校服生意，不到两个月就赚了 20 多万元。1995 年我赚了人生的第一笔 100 万元，也是在那年我开始遍访国内外名师，学实战创业、学演讲。到 1998 年我 27 岁时，赚到了上千万，完成了原始资本累积。后来我了解到社会上很多人，尤其是大学生就业比较难、创业成功率很低，于是我想："自己拥有近 20 年的创业经验，又擅长演讲培训，何不创办一家专业的培训机构来帮助这些人呢。"于是 2009 年底，我开始筹建"齐力盛世"教育咨询公司。2010 年 6 月，公司与《华西都市报》联合打造了"中国大学生的商界黄埔军校——大学生万人创业军团"（2010 年 6 月 15 日《华西都市报》有报道）。同年 7 月，我顺利入选"首届四川省中小企业融资峰

会 华西创业导师团"担任创业导师。鉴于在大学生就业创业培训领域所做出的一些成绩，齐力盛世公司2012年被评为"中国大学生就业创业培训首选典范机构"；2015年被中国大学生就业促进工程项目办公室评选为"EPE项目2014年度十佳教学基地"；2015年7月，在中国影响力品牌高峰论坛暨CCTV发现之旅时代影响力电视颁奖盛典中被评为"中国培训好机构"，我本人被评为"中国最受大学生欢迎的十大金牌讲师"。

接下来，我分享一下自己创业培训的部分学员的创业故事。

1. 成都某保险公司的刘经理做了4年的保险，一直还是个主管，团队人数非常不稳定，其个人销售业绩还可以，但团队业绩不理想，在我给他部门的骨干做了一场《有效增员——打造高绩效营销团队》的创业特训后，第二个月他整个部门保费业绩就提升140%！个人月收入也稳定在3～4万元！很快晋升为部门经理，现正在冲刺"总监"一职。

2. 成都餐饮界的余总在参加了我的《连锁加盟——连起你的财富管道》创业培训课程及面对面咨询后，把所学运用于企业，使营业额从之前的每年200万元提高到现在的每年600万元左右！

3. 广州某健康产业的王总在参加了我的《终端之战——营销为王》创业培训课程及面对面咨询后，仅开业6个月就创造了1000万元的营业额！

4.2012年大学生陈大琼参加了我的《创业特训》课程后，在校期间就开始创业，做某培训公司的"校园代理"，年收入10多万元。

5. 学员曾涛的创业故事：

我叫曾涛，来自四川内江威远县，爸爸和妈妈都是普通的农民，我还有一个姐姐，我妈因为小时候发生了意外，腿脚不方便，所以我爸一个人扛起了整个家庭。小时候家里穷，我的梦想就是能够有一台黑白电视机。

2004年，我读初三，因为不懂事，贪玩，成绩不好，所以第一次中考没有考上高中。我爸打算送我去江苏打工，刚买好票，正准备出发的时候，我堂哥过来对我说："曾涛，你这么年轻，才15岁，去江苏打工可惜了，我建议你还是去复读一下，说不定还有机会。"于是我就去复读了，那一年我疯狂的学习，终于考上了高中。高中的时候，每到暑假我都去田里钓一些青蛙和黄鳝拿来卖，来补贴学费。由于自己不够聪明，所以第一次高考失败了，不过我没有放弃，选择了复读，我相信只要自己努力，老天自有安排。果然，复读一年后，我考上了四川省属重点大学四川师范大学。

2009年9月，第一次进入大学，我很兴奋，我发誓一定要养活自己。大一暑假，我选择去找一份兼职工作，在重庆荣昌县的一个乡下幼儿园做了一个月的老师，共得到工资1100元，给家里买了一个抽水机，结束了爸爸20年的挑水生涯。

大二的时候，我去学校旁边的副食店进了很多小吃，独自一个人在男生宿舍里卖零食，周一到周五每天晚上9点我挨个宿舍敲门卖零食，结果每月收入2000元，周六和周日我就去图书馆和实验室拖地，勤工俭学。通过自己的努力，我成为地理学院的创业部部长，偶然的机会，认识了大学生创业教练何云章老师，参加他的就业创业课程，找到了创业的原动力和方向。后来又参加了齐力盛世公司的"演讲与口才暨金牌主持与金牌讲师特训"，明确了未来想要成为一名优秀讲师的目标。之后又利用课余时间在齐力盛世公司平台上实习锻炼，时间一晃，到了暑假，我决定去创业，回老家威远县开办培训班，成本花了3000元，做了6个镇，结果暑假一个月赚了30000元，我很高兴，给家里买了42英寸液晶电视、洗衣机、冰箱、沙发、柴油机、打米机等，爸爸也很开心。

大三，暑假我又搞了10个教学点，结果营业额突破18万元。

大四，我成立了自己的公司——成都桉树教育咨询有限公司。后来利用自己创业挣的钱在老家买了120m^{2}的房子，毕业第二年，买了自己的车子，还和齐力盛世培训机构里面的学员周敏同学结为夫妻。毕业后她跟我一起专门从事中小学超级记忆法培训，目前已经培训了5000多人，全职教师4人，兼职教师40人。我相信未来一定会更加辉煌！因为我相信"学习铸就辉煌，创业改变命运"！

6. 学员熊毅的创业故事：

"我相信一个人的性格决定命运。"谈起自己的创业经历，熊毅颇有感触地说。他从一个普通的软件工程师，到一个成功的企业家，虽然很难，但也一步一步走过来了。

"我属于无知者无畏的类型，头天晚上想好，第二天早上就敢去干。"熊毅笑得很开心，他觉得胆子大是他性格里主宰自己人生轨迹的一个重要因素。这可能就是创业教练何云章导师讲的所谓的"胆商"吧！

不过，大胆决策之后，他的法宝就是执着。就是靠着这股子韧劲，他辞去软件工程师的工作后加入中企动力，从一名销售员做起，一直做到一个成功的商人！

"我到底是谁？我究竟还能做什么？"在听了何云章导师的创业课之后，熊毅给自己提出了一连串的问题，于是，不安分的熊毅决定走自己的创业之路！

2008 年，他毅然辞去了中企的工作，开始自己创业打拼。他和朋友合伙成立了成都索客科技有限公司，专注于企业的信息化服务。他敏锐地观察到，以后企业的生意都必须借力于电子商务，每个企业都必须有自己公司的企业网站。于是决定从基础做起，有了基础，才能更好地服务于国内的企业。

"我觉得我最成功的是从来没有犹豫、没有挣扎过。"熊毅给自己的总结很清晰。除了每天关心公司运营外，他还满城去跑单、杀单、签单，只为实现自己心中的创业梦想。他完全按照导师的创业思想去经营企业，作一个"三专"之人：专业、专一、专心。通过和他团队的共同努力，现在他的企业由最初的 4 个员工发展到现在的 100 多人，所服务的企业累计 10000 多家，如今年产值达四五百万元！成功需要的是专注、坚持、执着，熊毅也在这样坚持走下去，相信他的创业路会越走越宽广！

当然，还有很多很多精彩的成功创业案例，这里就不一一罗列了。我想，等你用心学完这本书之后，心中自然就有了创业难与否的结论。

在国家大力倡导"校企合作"、共同帮助大学生创新创业的今天，我们成都齐力盛世教育咨询有限公司非常有幸能与成都中医药大学合作，共同编写《实战创新创业教育指导》一书。该书作为一本理论与实践高度结合、全面、系统的创新创业教育指导书籍，必将会带给你全新的创业思想、观念及方法！更为重要的是，这本经典的创业书籍可能会改变你的命运！

从事创业培训 10 多年以来，我有太多的感触与感动，尤其是专门从事大学生创业教育 8 年以来，看到很多接受过创业教育的大学生们身上巨大的可塑性与变化。曾经的惰性、定位不准、信念不坚定、迷茫、易情绪化等不足之处现在已逐步消失！现在从他们身上看到更多的是满满的正能量：有梦想、健康阳光、有激情、自信、自立、自强、自控、感恩、坚定、勤奋、助人、专业、敬业、富于团队意识等创业者所具备的优秀品质！

每当看到自己培训过的大学生们身上点滴的变化时，我的内心都会非常高兴，为他们的成长、进步、突破、蜕变而自豪！近几年，我陆续收到上千名学员发给我的短信、微信和邮件，从中读到了他们发自内心的感谢及对我的关心与由衷的祝福，这些都时常令我感动得热泪盈眶、倍感欣慰，同时，也更加坚定了我们"帮助大学生更好地就业创业"的历史使命！

最后，我要说的是：大学生朋友们，你们是祖国未来的希望！我为你们所感动、为你们骄傲、为你们自豪！我深信，在今天国家大力倡导"大众创业、万众创新"，在全国高校"开展大学生创新创业教育"的大好历史背景之下，只要想创业，并愿意为梦想的实现而不断地学习、不断地改变、不断地付诸行动，那么，你们的成功创业之梦就一定可以成真！

少年强则国强，民富才能国强，让我们一起为早日实现创业梦、中国梦、民族伟大复兴之梦而努力奋斗！

成都齐力盛世教育咨询公司创始人　何云章
2017 年 3 月

目　录

第一章　创新创业教育概论 ·· **001**

第一节　创新及创业概述 ·· 001

第二节　创新创业教育概述 ·· 002

第三节　创新创业教育的重要性 ······································ 004

第四节　创新创业教育课程体系设置 ·································· 005

第五节　国外创新创业教育模式 ······································ 007

第六节　国外创新创业教育模式对我国的启示 ···················· 011

第七节　创新实践教育产、学、研结合的模式 ···················· 014

第二章　中国创新创业相关政策及现状 ····························· **016**

第一节　中国创新创业相关政策 ······································ 016

第二节　鼓励创新创业政策要点概述 ································· 023

第三节　中国创新创业现状 ··· 027

第四节　《中医药发展战略规划纲要》解析 ························ 037

第三章　初创企业一站式指南 ··· **042**

第一节　创业十步走 ·· 042

第二节　硅谷创业教父给创业者的 13 条创业金句 ··············· 050

第三节　开始创业行动 ·· 051

第四节　吸取创业失败的教训 ·· 053

第五节　创业中应注意的事项 ·· 056

第六节　融资，如何路演 ··· 057

第七节　创业方式 ·· 059

第四章　创业应具备的个人品质能力及思维 ······················ **062**

第一节　创业者应具备的个人品质及能力 ·························· 062

第二节　创业者应具备的思维 ·· 065

第五章　如何找创业合伙人 ···················· **073**

第一节　创业，赢在找对人 ······················· 073

第二节　创业，如何找对合伙人？ ················· 075

第三节　如何组建高绩效团队 ····················· 078

第四节　合伙人创业法则 ························· 080

第六章　创业公司如何设计薪酬体系 ·············· **082**

第一节　薪酬的概念及内容 ······················· 082

第二节　制定实际薪酬要考虑的因素 ··············· 083

第三节　薪酬构成 ····························· 084

第四节　薪酬策略及薪酬体系设计参考 ············· 085

第五节　薪酬设计的总则及方法 ··················· 086

第七章　如何写商业计划书 ···················· **091**

第一节　企业商业计划书——企业融资的第一门面 ····· 091

第二节　如何写好商业计划书 ····················· 093

第三节　实用商业计划书 12 项 ··················· 109

第八章　创业公司股权结构设计及股权激励方案 ······ **113**

第一节　股权期权概念及股权用途 ················· 113

第二节　股权投资是当今中国最赚钱的投资模式实例 ··· 114

第三节　股权架构设计的目的与类型 ··············· 116

第四节　股权兑现机制及创始人如何抓住控制权 ······ 119

第五节　股权设计的原则 ························· 122

第六节　公司股权结构设计 ······················· 124

第七节　期权激励机制 ··························· 126

第八节　股权机制 ····························· 127

第九节　公司股权激励方案（范本） ··············· 129

第十节　股权激励的 9 种常见方式 ················· 132

第九章　如何设计商业模式及赢利模式 ············ **136**

第一节　商业模式概述及常见的商业模式 ··········· 136

第二节　"互联网+"常见的商业模式 ·············· 142

第三节　创业公司的赢利模式及案例分析 ··········· 153

第四节　初创企业的十大盈利模式 ················· 158

实战创新创业教育指导

第十章　如何正确选择企业孵化器入驻 ·················· **162**

第一节　孵化器概述及提供的服务 ·················· 162

第二节　企业孵化器的功能及中国企业孵化器的发展状况 ·········· 163

第三节　入驻企业孵化器入门策略 ·················· 166

第四节　如何处理与孵化器的关系并从中获取更大的价值 ·········· 167

第五节　中国 YC 进行时 ······················ 168

第十一章　创业者必备的 6 项管理 ·················· **172**

第一节　心态管理 ·························· 172

第二节　目标管理 ·························· 175

第三节　时间管理 ·························· 177

第四节　学习管理 ·························· 179

第五节　行动管理 ·························· 180

第六节　团队管理 ·························· 181

第十二章　中医药健康产业创业指导 ·················· **182**

第一节　中医药健康产业创业特点 ·················· 182

第二节　中医药健康产业创业导图 ·················· 183

第三节　中医药健康产业创业方向 ·················· 188

附　　录 ···························· **191**

主要参考书目 ·························· **232**

目
录

第一章 创新创业教育概论

第一节 创新及创业概述

一、创新概述

1. 创新的概念

创新即创造新的事物，是指能够提供原创性的思想或产品，满足社会大众的需求并能获得一定有益效果的行为。其有两层含义：一是无中生有，创造新的事物；二是在原有的基础上更新、换代、升级。

企业刚起步，处于 0~1 的阶段，主要是无中生有，属于创新创业的阶段。

企业在发展过程中，处在 2~5 的阶段，主要是更新、换代，属于创业创新的阶段。

企业达到顶峰，行业出现垄断，走到了 6~10 的阶段，此时的创新，将掀起新一轮行业变革。

2. 创新的表现形式

（1）0~1 阶段　企业、行业在诞生之初，各种新的需求产生，这个时候首先是思想创新、观念创新、理论学说创新、产品创新。

（2）2~5 阶段　企业进入发展上升的阶段，人们更多的是对产品品质的需求。此时的重点在生产工艺、商业模式、营销、管理、服务等方面的创新。

（3）6~10 阶段　行业、企业继续发展，人们更多地开始追求精神层面的提升。此时的创新主要集中在外观设计、审美、外包装等方面。

二、创业概述

1. 创业的概念

（1）广义的概念　创，即做、干；业，即事业。创业就是干事业的过程。

（2）狭义的概念　即创造一个赚钱的企业。注意一定是赚钱的企业，只有赚钱才能说明其是有价值的企业，同时也证明企业的产品或服务得到了顾客的检验，产品或服务给顾客创造了价值，带来了顾客想要的结果。

2. 创业的核心

创业的核心是顾客的需求。创业的最高境界不是满足顾客的需求，而是创造顾客需求。正如苹果公司，创新创造了新需求。在创业的过程中，产品、营销、商业模式、人才资源等一切都是围绕顾客需求而展开的。

3. 创业的过程

创业的过程就是解决问题的过程，当你决定创业的那一刻，就必须做好解决问题的准备。当你开始创业的时候，首先必须思考以下几个问题。

（1）你准备解决什么问题　这是你创业的初衷、企业的使命。你能解决顾客什么痛苦、你能帮助顾客实现什么梦想，这就是你企业价值所在。正如 uber、滴滴解决了人们出行的问题，旅行公司解决了人们旅游的问题等。

（2）你准备解决谁的问题　你必须聚焦到你的核心顾客，他们的年龄、性别、职业、生活中的场景，以及他们的梦想、痛苦、有什么情感等。

（3）解决问题的核心　为了帮助顾客实现梦想、解决痛苦，我们必须要提供一个好的产品或服务。产品有众多特点，能满足顾客核心需求的就叫作卖点；在众多卖点中，独一无二的、区别于其他竞争对手的就是核心卖点。

（4）解决问题的流程　如何把产品的卖点和顾客的核心需求联系起来，这就需要设计一套好的营销流程。包括如何吸引核心顾客，如何取得核心顾客的信任，如何让顾客买单，如何增加客户的终生价值等。

第二节　创新创业教育概述

一、创新创业教育

创新创业教育是以培养具有创业基本素质和开创型个性人才为目标，不仅以培育在校学生的创业意识、创业精神、创新创业能力为主，更是要面向全社会，针对那些打算创业、已经创业或成功创业的创业群体，分阶段、分层次地进行创新思维培养和创业能力锻炼的教育。

二、创新创业教育的目标

创新创业教育的最终目的是为社会培养一批具有创业基本素质的人才，如创业者必备的创业思想观念及品格、心态、创业技能等。

三、创新创业教育的基本特征

1. 创新性

创新性主要指创新创业教育的课程体系、内容设计及教学模式的创新特性。

2. 创造性

创造性主要指在开展创新创业教育的过程中，能设计出一套新奇独特、有一定社会价值的课程体系的能力。

3. 创意性

创意性主要指创新创业教育的课程体系、内容设计、教学模式要具有继往开来、推陈出新甚至颠覆创造的特性。

4. 实践性

实践性指创新创业教育的内容在用于现实的创业之中时，要具有指导性及可操作性。

四、创新创业教育的类型

1. 独立创新创业学院型

在大学里单独成立一个具有物理空间的实体创新创业学院，而非虚拟的创业学院。

2. 高等院校专业学科渗透型

高等院校在某些具有自己学校特色的学科专业中专门开设创新创业课程体系（如中医药大学开设"养身与食疗创业课程""推拿针灸与养身创业课程""中医药与美容创业课程"，在动漫设计专业设立"动漫设计创新创业课程"等）。

3. 社会教育培训机构型

主要指社会上某些成功的创业者利用自己丰富的成功创业经验、充足的资金、广泛的社会资源开展创新创业教育培训及创业孵化等。

第三节　创新创业教育的重要性

一、中国对创新创业教育高度重视

1991 年，日本东京创业创新教育国际会议从广义上把"创业创新教育"界定为：培养最具有开创性个性的人，包括首创精神、冒险精神、创业能力、独立工作能力及技术、社交和管理技能的培养。

教育部在《关于大力推进高等学校创新创业教育和大学生自主创业工作的意见》中指出："在高等学校开展创新创业教育，积极鼓励高校学生自主创业，是教育系统深入学习实践科学发展观，服务于创新型国家建设的重大战略举措；是深化高等教育教学改革，培养学生创新精神和实践能力的重要途径；是落实以创业带动就业，促进高校毕业生充分就业的重要措施。"

政府高度重视"高校创新创业教育活动"的开展，坚持强基础、搭平台、重引导的原则，打造良好的创新创业教育环境，优化创新创业的制度和服务环境，营造鼓励创新创业的校园文化环境，着力构建全覆盖、分层次、有体系的高校创新创业教育体系。

二、生态培育

要提高大学生的创新创业能力，形成良好的创新创业教育氛围，建设完善的创新创业培育体系，形成一个像生态体系一样的良性循环系统，构建一个全方位的立体创新创业教育生态培育体系。这一体系包括高校、政府、企业、学生、家庭等多个子系统，各子系统之间相互联系、相互作用、相互支撑，构成一个完整的创新创业教育培育体系。

1. 高校

作为创新创业教育体系的主干，高校在创新创业教育培育体系中发挥着关键作用。

2. 政府

作为参与者和协助者，政府是高校创新创业教育生态系统中的重要一环，发挥着重要作用，能够在政策制订、资金支持、舆论导向、服务体系、部门协调等多方面为高校创新创业教育创造良好的外部环境，起到难以替代的积极作用。

3.企业

各种企业，尤其是知名企业在高校的创新创业教育中起着重要的示范作用，是大学毕业生创新创业最直观的感受和奋斗目标，因此，企业在高校的创新创业教育中担负着不可推卸的社会责任。

4.学生和家庭

创新创业教育的最终落脚点在学生，只有学生接受了创新创业观念，并勇于去实践，才能说创新创业教育起到了实际的效果。每一个学生的背后都有一个家庭，家庭的支持是学生实践创新创业的有力保障。

三、内容体系

1.意识培养

启蒙学生的创新意识和创业精神，使学生了解创新型人才的素质要求，了解创业的概念、要素与特征等，使学生掌握开展创业活动所需要的基本知识。

2.能力提升

解析并培养学生的批判性思维、洞察力、决策力、组织协调能力与领导力等各项创新创业素质，使学生具备必要的创业能力。

3.环境认知

引导学生认知当今社会、企业及行业环境，了解创业机会，把握创业风险，掌握商业模式开发的过程、设计策略及技巧等。

4.实践模拟

通过创业计划书撰写、模拟实践活动开展等，鼓励学生体验创业准备的各个环节，包括创业市场评估、创业融资、创办企业流程与风险管理等。

第四节　创新创业教育课程体系设置

一、国内创新创业教育动态

国内高校创新创业教育的实施始于 20 世纪末。1998 年，清华大学举办首届清华大学创业计划大赛，成为第一所将大学生创业计划竞赛引入亚洲的高校。2002 年，高校创业教育在我国正式启动，教育部将清华大学、中国人民大学、北京航空航天大学等9所院校确定为开展创业教育的试点院校。十多年来，创新创业教育逐步引起各高校的重视，一些高校在国家有关部门和地方政府的积极引导下，进行了有益的探索与实践。2012年8月1日，教育部办公厅下达关于印发《普通本科学校创业教育教学基本要求（试行）》的通知，文件指出：在普通高等学校开展创业教育，是服务国家加快转变经济发展方式、建设创新型国家和人力资源强国的战略举措，是深化高等教育教学改革、提高人才培养质量、促进大学生全面发展的重要途径，是落实以"创业带动就业"、促进高校毕业生充分就业的重要措施。

随着"创业基础"课程纳入本科必修，创新创业教育再一次成为教育研究的关注点。随后，联合国青年就业网络中国示范项目CDEP平台开通创新创业系统，也标志着创新创业教育在我国的大力开展是与世界接轨。

二、创新创业教育课程体系设置

大学生创新创业教育理念要转化为教育实践，需要依托有效的课程载体。课程体系是实现创新创业教育的关键。

创新创业教育课程体系主要由以下三个层次构成。

1. 第一层次（普及课程）

第一层次是面向"全体学生"，旨在培养学生创新创业意识、激发学生创新创业动力的普及课程。

2. 第二层次（专业课程）

第二层次是面向"有较强创新创业意愿和潜质的学生"，旨在提高其创新创业基本知识、技能、方法的专门的系列专业课程。

3. 第三层次（实践课程）

第三层次是旨在培养学生创新创业实际运用能力的各类实践活动课程，要以项目、活动为引导，教学与实践相结合，有针对性地加强对学生创业过程的指导。

高校创新创业教育的内容体系和课程互为支撑，内容体系为课程提供内容的支撑，课程体系为内容体系提供内容实现形式的支撑，两者共同作用，促进高校创新创业教育的发展。

三、国内高校的创新创业教育主要形式

1. 以"创业大赛挑战杯"及创业设计类竞赛为载体，开展创新创业教育。

2. 以大学生创业辅导课为依托，开展创新创业教育。

3. 设立大学生创业中心（基地、园区），开展创新创业教育。

4. 成立专门的创新创业学院，推动创新创业教育的开展。

5. 以人才培养模式创新实验区为试点，培养创新型人才。

6. 构建创新创业教育课程体系，实施创新创业教育。

7. 融入人才培养方案，全面实施创新创业教育。

第五节 国外创新创业教育模式

一、国外创新创业教育的发展状况

1. 培养创新型人才已经上升至国家战略高度

培养创新型人才已经上升至国家战略高度，也是提高国家综合国力的重要手段之一。如商学院中排名世界第一的美国著名的百森商学院（创立于 1919 年 3 月），1967 年就在全球首开"创业管理研究生课程"，追求卓越的创业精神一直贯穿百森的发展轨迹，其著名的创业课程体系改革和斯坦福大学的产学研创新创业教育模式对美国乃至世界经济的发展都具有重大意义，其影响深远，很值得我们学习借鉴。

2. 创新创业教育课程改革

在 21 世纪全球化浪潮下，知识经济时代已经到来，国际上已经基本形成创新创业型人才是第一战略资源的共识。相关资料显示，世界上 90% 的科技资源集中在发达国家，发展中国家对科技投入的漠视导致许多专利和知识产权流失，不得不依附于发达国家以推动自身经济。在这种情况下，我们国家越来越强调培养创新创业人才。2010 年教育部发布了《关于大力推进高等学校创新创业教育和大学生自主创业工作的意见》，要求在高校开展创新创业教育。

推进大学生创新创业教育不仅仅是高校自身发展的客观需求，也是我国经济社会发展对高校教育提出的迫切要求。在高校大学生中有效地开展实践类教育，能培养学生社会实践的兴趣并激发创业热情，帮助未踏上社会的学生树立正确的社会主义人生观和价值观，促进大学生个性化发展和综合能力的提高。

二、国外创新创业教育模式及特点

国外高等院校创新创业教育已经发展成熟，各个院校均有自己的特色，自成一套系统，取得了良好的教育成果。其中百森商学院和斯坦福大学的创新创业教育就非常有代表性。

（一）美国百森商学院的创新创业教育特点

以"创新创业课程"著称的美国百森商学院作为全球最著名的创新创业管理教育及研究的最高学府，在创业学领域一直处于领先地位。百森商学院以"强化意识"为主要指导思想，帮助学生在创业过程中提升思维方式、冒险精神、进取心、创造能力及把握市场变化的洞察能力。百森商学院以培养创业意识为主，通过创新型课程教学、外延拓展计划教学支撑，倡导创新创业精神。具体体现在以下四个方面。

1. 师资力量的优越性

百森商学院拥有 40 多名教师专门讲授创新创业课程，同时配备相当数目的创新创业助教、老师和全职教员。学院的师资必须有企业方面的经验：风险资本家、创业投资家、创业家和实业家、新创立企业的高级管理层。这些教师不仅拥有参与创业或者企业高管的亲身经历，同时还需要同企业保持积极的联系，通过争取企业支持，为学生带来更多的模拟实践机会。这些经历帮助教师在教学过程中引用到具体鲜活的案例，通过真实的案例模拟和研究，帮助培养学生的判断能力和分析能力，在创新创业问题上具有更大的实战应变能力及创新思维能力。

2. 课程设计方面的前瞻性

百森商学院的教学理念是创新创业教育，这既是一种教学课程，更是一种教育实践。创业教育不能以追求功利为目的，而应当为青年学生注入创业的"遗传代码"。因此，百森商学院进行了著名的系统化课程设计，提供切合实际的教学过程。其战略性地将创新创业教育提上教育改革进程，并开创性地提出创新创业教育模式的改革实践成果。在设计创新创业教学课程结构的时候，百森商学院将创业过程必要的创业意识、创新个性品质、创业核心能力等理念整合到创业的社会知识中，并有机结合科学教育和人文思想教育、智力教育及社会教育。

在这种整合性课程教育中，学习者仿佛置身于创业的社会背景中，关注创业的同时还了解到与创业相关的经济问题和社会问题。这种教学方式帮助百森商学院从 1967 年开设创业课程以来，一直处于该领域的佼佼者。

为适应社会需求，百森商学院为本科学生设计了一套著名的创业实践教学大纲。根据大一至大四本科生不同的需求及不同的知识掌握能力，学院设计了一套符合学生认知的课程，由浅入深，循序渐进。

3. 课程内容体系的完善性

百森商学院创业课程体系，被誉为全美高等院校创新创业教育与课程的基本范式。早在20世纪90年代初，百森商学院就设计了一款成功的创业教学课程体系，受到广泛的好评。这种全新的创业教学体系将创业所需的知识融入创业过程，使得学员有机会学到创业商机识别、企业成长学、融资与风险等基础知识和实战技能。

百森商学院学生的商业课程，要求学生以团队的形式贷款启动一家公司，并且必须返回本金和利息。对那些完成学业后要开办公司的学生来说，创业强化项目是一个具有高度可选择性、高度完整性和非常有实用性的项目。

这种培养方式取代了传统的分散授课方式，将知识融合实践，把原先分离开来的营销管理学、人力资源管理学、财务管理学等，经过整合输送给学员。创业实践环节的内容包括创业计划大赛、创业演讲等，从而获得创业体验。

4. 课程教学方法的探究性

创业教育课程的好坏取决于教学方法是否科学。百森商学院的教授们为了给学生们提供集趣味性与知识性于一体的教学环境，以企业所处的社会生态环境作为切入点，将创业过程中每个细节进行现场教学，使得学生们仿佛置身于创业实践中。在这样一个良好的动态学习过程中，学生不仅关注到创业所需的知识和技能，同时还关注与创业相关的经济问题、社会问题及其他创业影响因素。

根据实践结果所得，百森商学院采用的"以问题为重心"的教学方式，深受学员的喜爱。

(二) 斯坦福大学"产学研一体化"创新创业教育模式

斯坦福大学被称为硅谷的"心脏"，对其发展起到了重要的作用；反之，硅谷为斯坦福带来了巨大的财政支持，保证进一步基础科研工作的进行。斯坦福大学十分重视实践应用和基础科研之间的相互转换，提出"产学研一体化"的模式进行创新创业教育，结合个人能力、专业特长及所处的社会环境，从创业者的角度来规划整个创业系统流程。以下就斯坦福大学"产学研一体化"模式的特点进行分析。

1. 追求一流的教学与科研成果

斯坦福大学十分重视教学与科研的基础性工作，重视学术研究，并致力于教学与科研的创新。斯坦福大学的教授认为，一流的基础研究是达到一流科学研究成果的基石，而一流的科研成果必定能为推动高新技术发展起到巨大作用。斯坦福大学配备了全球一流的实验设备、教学设备，并聘请各个领域的专家和学者为其基础性教学和研究共同努力。这一基础性研究吸引了来自美国政府及企业的资金支持，得到快速的发展，涌现出一批又一批具有重要科学意义的教学和科研成果。

2. 开放互动式的创新创业教育

斯坦福大学一直崇尚学术自由，坚持科学研究的开放性。在这里，教授和学生可以自由选择自己的研究问题。斯坦福大学管理层认为，高校通过教学和科研相融合的方式培养出来的学生，对基础知识和技能掌握良好，并能有效完成知识和技术的转化。通过开放互动式的教学和研究方式，斯坦福大学收获的远远大于科学家们的专利发明。

开放互动式的创新创业教育包括了多个学科之间的合作交流，将教学和科学研究有机融合，并带动企业，完成产学研一体机制的多方互动，形成一个开放式的、网络式的有效模式。学生在此过程中获得了应用基本原理并进行深入思考的能力，这种能力的培养可以产生更多更优秀的种子。

3. 建立大学与企业的联系

斯坦福大学持续不断地与企业发展合作交流的传统一直被保留下来，这不仅为学校获得较高水平的学术研究做支持，同时还有助于社会公共服务事业的发展。企业和学校多种合作模式中，斯坦福大学首创了"科技工业园区"模式，这是一种互动互利式的关系。一方面企业得到最新的科研成果而高速发展；另一方面，学校得到企业支持能更好更快地完成科学研究项目，持续为企业服务，斯坦福大学和硅谷之间就存在着这样互利互惠的良性循环。

斯坦福大学同企业签订长期的合作计划，不仅鼓励学校内部研究人员的科研成果商业化，而且还为企业提供不同等级和层次的教育培训服务，帮助传播最新科研成果及培养高等技术型人才。企业通过斯坦福大学引入最新的科学研究成果及尖端的技术人才，企业效益得到进一步的扩大。

第六节　国外创新创业教育模式对我国的启示

一、国内创新创业教育现状分析

目前我国创新创业教育正如火如荼展开，各大高校的目标是建立一个教育手段相互包容的，并使得学生、学校和社会三者利益得到统一的可持续发展教育模式。从1998年清华大学举办第一次大学生创业计划大赛到现在，创新创业教育得到了巨大的发展，当前已经形成三种经典的模式。

第一种：提倡将第一课堂和第二课堂结合起来开展创新创业教育，强调创新创业教育的意识培养和知识构建，以完善学生的综合能力，这一类模式以中国人民大学为代表。此类模式通过开展创新创业教育专题讲座及创业计划大赛、创新赛等活动，为第一课堂做依托，同时以创业项目和社会组织教育实践活动，鼓励学生积极投入到社会实践中。

第二种：提倡创新创业知识和技能培养与实践的教育模式，以北京航空航天大学和浙江大学为典型代表。此类模式认为，创新创业基本素质的培养是帮助学生提升个人能力并迅速成长的良好途径。北京航空航天大学的创新创业教育在基础教学的基础上，商业化运作，通过校园结合创业园的方式指导学生如何在社会中站稳脚步。

第三种：以上海交通大学、清华大学为代表。此类模式更加系统科学，在专注培养大学生的创新精神和创业能力的同时，为学生提供创业所需资金和必要的技术咨询服务。此类模式提倡学生在实战环节中学习并培养创新创业基本素质。

纵览以上三种典型的模式，创新创业教育发展在我国已经初具规模，但是还存在着不少问题。一是创新创业教育的形式较为单一，尚未形成一定的规模，在培养机制上也不够完善。二是国内的创新创业教育体系尚不完善，还在初级阶段，急需上升至理论学科层面。三是高校推行的产学研模式发展不够，成果转化率不高，尚未建立有效的三方联系。创新创业教育符合我国改革的大方向，是未来培养人才的新趋势，因此，高校创新创业教育已成为社会热点问题。创新创业教育不仅能提升学生的综合实践技能，更好地推动素质教育，还能推进高新技术产业化，实现科教兴国、创业强国之路。

二、国外经验对我国高校创新创业教育的启迪

1. 培养校园创新创业文化及理念

高校应注重培育良好的校园创新创业教育文化及理念。笔者认为，国内大学生创业率低下的原因很大程度上是因为创业认同度低、创新创业风险大，不像公务员是个稳定的铁饭碗，朝气蓬勃的年轻人千军万马都去考公务员其实是社会的导向不正确。因此在学校中营造良性的创新创业文化非常重要，让学生们浸泡在创新创业的环境里，激发创业激情。

从前面国外案例分析中可以了解到，百森商学院和斯坦福大学都将创新创业作为基础课程编入学生培养计划中。我国也要从基础教育就开始进行创新创业教育，同时将第一课堂和第二课堂结合起来，共同开展创新创业教育。

创业，乃兼容并包、求本务实的精神。推行创新创业教育，不仅要教师时时用"以人为本"的标准要求自己，而且要使所有的学生养成优良的基本创新素质和个人创业能力。

2. 构建创新创业教育多级组织架构

为保障高校创新创业教育的规范化和持续化发展，应建立高校创新创业教育多级组织架构。在校级层面成立校创新创业领导小组，根据创新创业教育改革工作的总体部署和阶段性要求，制订相应工作实施意见和工作计划；课程体系管理办公室参与制订创新创业教育发展规划，组织创新创业专业建设规划的制订与实施，组织制（修）定、审核创新创业课程教学计划，组织和协调各学院教学计划的实施。为鼓励和支持大学生创新创业，增强自主创业能力，以创业带动就业，促进科技进步与经济发展，四川省与成都中医药大学联合成立了成都中医药大学科技园，用于孵化学校优秀创业项目，提高对大学生创业项目的管理，培育优秀的创新创业人才。创新创业俱乐部是由大学生创业团队会员自愿发起，自我管理，自主服务的创业信息交流整合的平台，是充分带动大学生创业积极性、展现大学生创业者风采的平台。学校组织相关专业的学生成立学生自我管理组织——学生会科研创新专业委员会，邀请科研创新方面学科带头人、班导师等组成指导团队。创业实训基地是以专业为依托，开展创新创业项目的综合训练基地，是以培养个性化人才为指向的创新创业教育"实训实学空间"。

3. 完善创新创业教学环节

创新创业课程体系和教学环节的设计，首先要承载高校自身的办学理念，将专业教

育同创新创业教育相结合，在培养学生扎实的专业基础知识的同时培养学生的综合应用能力和学科之间融会贯通的能力。同时课程体系和教学环节要符合学生认知，从浅到深，循序渐进，借鉴百森商学院的创新创业课程体系，结合我国高校创新创业教学环节设置的一些成功经验，可以从基础性实验教学、创意性实验教学、社会性实践教学、合作性实践教学四大方面完善创新创业课程体系。

4. 以市场为导向，走产、学、研结合之路

以市场为导向，走产、学、研结合之路有助于巩固学生课本知识，强化其创新创业等实践意识，在相关基础技能的训练基础上培养学生的创新能力。

5. 校企合作

校企合作是产、学、研结合的有效途径。经实践检验，校企合作是维持创新基地良好发展的重要手段之一，同时也是培养学生创新实践能力的主要场所。学校将学生们的理论教学、实践教学与科学研究三者有机结合，鼓励创新，提倡学生在实践基地自主学习和联系企业针对性研究学习，增强了创新创业等实践教学的效果，培养学生的创新意识和创业实践能力。

附：教育部正研究制定《校企合作促进办法》

2016 年 04 月 27 日　来源：人民网 – 教育频道

人民网北京 4 月 27 日电，今天上午，教育部等五部门联合发布了《职业学校学生实习管理规定》（以下简称《规定》），对职业学校的学生实习工作做出了进一步规范，要求学生参加实习必须签订三方协议，实习单位要合理确定顶岗实习报酬，不得安排高风险实习岗位等。教育部职业教育与成人教育司司长葛道凯表示，有关部门正研究制定《校企合作促进办法》，激发企业参与职业教育的内生动力。

记者注意到，本次印发的《规定》对实习单位设置了一些约束性条款，对此，葛道凯表示，参与职业学校学生实习，是实习单位履行社会责任，发挥重要办学主体作用的体现。《国务院关于加快发展现代职业教育的决定》要求，规模以上企业要有机构或人员组织实施职工教育培训、对接职业院校，设立学生实习和教师实践岗位。企业开展职业教育的情况纳入企业社会责任报告。

葛道凯说，此次印发的《规定》中兼顾责任和保障。在学生实习过程中，实习单位依法承担相应责任。同时，《规定》也从政府支持、税收减免、协议约束等方面提出要保护实习单位权益，制定措施鼓励实习单位接收学生实习。

葛道凯强调，有关部门将尽快研究制定《校企合作促进办法》。"《国务院关于加快发展现代职业教育的决定》中明确提出，要研究制定促进校企合作办学有关法规和激励政策，目前，有关部门正在研究制定的《校企合作促进办法》将从激发企业参与职业教育的内生动力，强化落实现有鼓励政策和提出新的鼓励措施等方面进一步完善在校企合作过程中的企业权益保护。"

第七节　创新实践教育产、学、研结合的模式

一、中国创新创业教育发展可尝试的几种模式

1. 共建创新创业实验室

可以采取企业进行软件或部分硬件的赠送，学校可以用企业名称命名共建实验室，为学生提供实验环境和创新创业模拟环境。

2. 搭建与企业、教师科研项目沟通和互动的平台

获得企业和教师真实科研项目研究需求，让学生参与其中的研究。

3. 在企业设立学生创新实践基地

为学生提供实地参观和企业实习机会。让学生走进企业，通过实地考察增进对企业的了解，把理论结合到实践中去。

4. 校企共建创新实践基地

企业投资和赞助，在学校成立创新实践基地，如阿里巴巴和浙江大学宁波理工学院合作建立了电子商务实践基地。企业为学校提供实践机会，学校依托企业培训教师，请企业有关人士到学校授课或办讲座，为企业培养和输送人才。

5. 把企业认证或资质认证引入课堂

现在有些企业和培训机构开发的课程和资质认证，对学生创新实践能力的培养很有帮助。学校在经过严格考察和把关后，可以把这些课程和资质认证引入课堂，作为选修课，承认学分。

6. 学校与行业、企业合作办学

学校可以走改革创新之路，加强与行业、企业合作办学，学院师生走进企业，聘请企业老总、技术专家、人力培训部门参与学校教学和管理。

借鉴斯坦福大学开放互动式的创新创业教育经验，创新实践基地不仅是教师、企业家、大学生进行教与学的场所，还要注重增强在校大学生与企业的互动。如创新实践基地专门成立创业俱乐部，云集杰出企业家和优秀校友，打造创新实践基地之精英圈，定期举行见面会、研讨会等活动，促进学生与企业家之间的交流，分享创业创新等成功经验。

二、国家领导人高度重视创新创业

1. 中国原国家主席胡锦涛在党的十七大报告中指出，要提高自主创新能力，建设创新型国家。培养创新型人才已经上升至国家战略的高度，也是提高我国综合国力的重要手段之一。高等学府在培养社会主义接班人的时候，必须在扎实的专业课程基础上，组织并开展创新创业等实践活动，积极探索更为有效地培养学生创新意识和提高学生综合能力的新途径，不断完善已有的创新创业平台。

对学生进行创新创业意识的培养是一项艰巨的任务，其培养的是在获得扎实的专业知识基础上的具有创新能力、创业精神等综合素质的人才。因此，这种培养方案是项复杂的系统工程，不仅需要学校教师的力量，还需要社会各界的支持，建立一个完善的体系以保证一个优良的创业环境，激发大学生勇于、敢于创业。尤其是高等学府，必须与时俱进，改变落后的教育思想观念，改革人才培养模式，为社会输送大量高素质创新创业型人才以适应社会发展的需要。

2. 国家主席习近平在十八大会议上多次提到："惟改革者进，惟创新者强，惟改革创新者胜。""创新"一词是 2015 年总书记讲话中的高频词。

除了"创新"之外，"创业"也是 2015 年习近平总书记重要讲话中不可忽视的改革热词。习近平总书记指出，创新是社会进步的灵魂，创业是推动经济社会发展、改善民生的重要途径。

第二章　中国创新创业相关政策及现状

第一节　中国创新创业相关政策

在经济转型升级和创新驱动发展的背景下，创新创业已经成为时代的主题和国家的战略决策。大学生是大众创业、万众创新的主力军，高校创新创业教育的水平和成效，不仅关乎高等教育的发展和人才培养质量的提高，更关乎国家战略目标的实现。多年来，国家一直高度重视高校的创新创业教育工作，多次在党的全国代表大会和政府工作报告中提到创新创业。从最初提出鼓励自主创业到如今创新创业教育的深化，高校创新创业教育的背景、名称、内涵和意义都发生了深刻的变化，中国高校十几年的创新创业教育几乎走过甚至在有些方面超越了西方半个多世纪以来所走过的历程。

创新创业教育兴起于美国，1947年迈勒斯·梅斯在哈佛大学商学院开设"新企业管理"课程，这标志着美国高校创业教育的开始。全球知识经济时代的到来及兴起于20世纪80年代的美国大学校园的创业活动，除了带动20世纪90年代初我国学界对创业及创业教育问题的关注之外，也带动了1998年清华大学发起的首届"清华大学创业计划大赛"及以此为载体进行的、从校园走向市场的大学生创业活动，为我国高校开展创新创业教育拉开序幕。而这些也使大学生创业逐渐上升为一个政策问题而引起政府的关注和重视，大学生创业政策也由此进入人们的视野。

创新创业教育政策是党和政府在一定的历史时期为实现创新创业教育目标和任务而协调创新创业教育的各种内外关系所规定的行动和准则。在国家政策上，关于创新创业教育的政策主要面向高等学校及一些社会机构。其中面向高等学校的创新创业教育政策以1999年颁布的《面向21世纪教育振兴行动计划》为开端，此后陆续颁布关于创新创业教育的政策。按照颁布时间先后，以国务院、教育部等部门1999～2015年颁布的关于高校毕业生就业（创业）的文件为主要研究材料，结合国家关于高校创新创业教育的一些专门文件，将创新创业教育政策梳理如下。

一、探索试点阶段

中国高等教育 1999 年开始扩招，背景之一是新增劳动力就业问题凸显，高校毕业生就业也困难，另外，还想通过扩招缓解社会就业压力，因此在当时毕业生分配体制下，国家鼓励毕业生自主创业，其主要目的不在于促进创业，而是缓解就业压力。同时，为了适应国际教育改革与发展的趋势，教育部率先对清华大学等一些大学校园发起的大学生创业活动表明了态度，即鼓励和支持大学生自主创业。如 1999 年 1 月教育部制定、国务院批转发布的《面向 21 世纪教育振兴行动计划》第 27 条指出：加强对教师和学生的创业教育，采取措施鼓励他们自主创办高新技术企业。1999 年 5 月，教育部《关于进一步做好 1999 年普通高等学校毕业生就业工作意见的通知》也提出，鼓励和支持毕业生到非国有制单位就业或自主创业。2002 年 4 月，教育部召开了普通高校"创业教育"试点工作会议，正式发文确定清华大学、北京大学、中国人民大学、北京航空航天大学、上海交通大学、南京经济学院等 9 所高校为创业教育试点院校，并给予资金和政策支持，如大学生、研究生可以休学保留学籍创办高新技术企业。在此期间，教育部先后召开几次创业教育试点院校座谈会，教育部高教司还举办了"教育部创业教育骨干教师培训班"，积极推动高校创业教育的开展。此后，以开设创业教育课程为表征的一些高校的创业教育活动得到发展，大学生中也涌现出一股前所未有的创业热潮。

2003 年以来，随着大学扩招之后的学生逐步走向就业市场，毕业人数剧增，并面临严峻的就业形势，创业话题再度被提起并得到政府的关注和重视。2003 年 5 月，国务院办公厅在颁布的《关于做好 2003 年普通高等学校毕业生就业工作的通知》中要求，凡高校毕业生从事个体经营的，除国家限制的行业外，自工商部门批准其经营之日起，1 年内免交登记类和管理类的各项行政事业性收费。2004 年 4 月，共青团中央、劳动和社会保障部联合发布了《关于深入实施"中国青年创业行动"促进青年就业工作的意见》，要求从普及创业意识、培养创业能力、提供创业服务、优化创业环境、完善对青年的就业服务五个方面采取措施，引导、帮助广大青年（包括大学毕业生）在创业中实现就业。

总的来看，在探索试点阶段，国家鼓励毕业生"自主创业"并提供支持，其背景和目标是毕业生就业压力大，要解决毕业生就业问题。基于这样的背景和目标，从认识和行为性质方面看，当时的"创业"教育主要是一种被动的寻找，基本上是一种不自觉的自发行为；范围也主要局限于就业层面，主体是毕业生。当时中国的创业教育刚刚起步，虽然国家提出"创业"，但什么是创业、创业的价值是什么、如何实施创业教育，内涵并不清晰，因此当时创业的内涵与要求相对单一，主要还是希望以创业实现就业，同时积极引导毕业生树立自主创业意识。详见表 2-1。

表 2-1 "探索试点阶段"相关政策文件内容及发展说明

序号	年份及发文单位	文件名称	主要内容	发展说明
1	1999 年教育部	《面向 21 世纪教育振兴行动计划》	第 27 条：加强对教师和学生的创业教育，采取措施鼓励他们自主创办高新技术企业	开端
2	1999 年国务院办公厅	《关于做好 1999 年普通高等学校毕业生就业工作的通知》	帮助毕业生树立正确的择业观念，鼓励毕业生自主创业	首提"创业"，名称出现 1 次，位于文件最后一条
3	2000 年教育部	《关于做好 2000 年全国普通高等学校毕业生就业工作的通知》	引导、鼓励和教育毕业生；走艰苦创业、科技创业、自主创业的成才之路	"创业"名称出现 3 次，位于文件第四条
4	2001 年教育部	《关于做好 2001 年全国普通高等学校毕业生就业工作的通知》	形成尊重知识、尊重人才、鼓励创业的社会氛围	"创业"出现 1 次，位于第一条
5	2002 年教育部	《创业教育试点工作座谈会纪要》	确定清华大学等 9 所高校为创业教育试点院校，并给予资金和政策支持	"创业教育试点"
6	2002 年国务院办公厅	《关于进一步深化普通高等学校毕业生就业制度改革有关问题意见的通知》	鼓励和支持高校毕业生自主创业，工商和税收部门要简化审批手续，积极给予支持	提出工商、税收等方面的支持与保障
7	2003 年教育部	《关于做好 2003 年普通高等学校毕业生就业工作的通知》	鼓励高校毕业生自主创业和灵活就业。要采取有效形式对高校毕业生进行就业形势教育，开展树立正确择业观和创业观教育，并贯穿于学校教育的全过程	出现"创业观教育"概念，并要求贯穿于学校教育全过程
8	2004 年团中央、劳动和社会保障部	《关于深入实施"中国青年创业行动"促进青年就业工作的意见》	从普及创业意识、培养创业能力、提供创业服务、优化创业环境、完善对青年的就业服务五个方面采取措施，引导、帮助广大青年（包括大学毕业生）在创业中实现就业	提出多方共同努力，在创业中实现就业
9	2004 年国务院办公厅	《关于进一步做好 2004 年普通高等学校毕业生就业工作的通知》	全面提高学生综合素质和就业、创业能力，增强大学生的基层意识、创业意识	提出提高"创业能力"、增强"创业意识"等新的人才培养任务
10	2005 年教育部	《关于做好 2005 年普通高校毕业生就业重点工作的通知》	促进毕业生就业和创业的各项政策落实到位	提出促进创业政策落实到位

序号	年份及发文单位	文件名称	主要内容	发展说明
11	2006年全国科学技术大会	《坚持走中国特色自主创新道路 为建设创新型国家而努力奋斗》	"培养大批具有创新精神的优秀人才，造就有利于人才辈出的良好环境，充分发挥科技人才的积极性、主动性、创造性，是建设创新型国家的战略举措"	提出建设"创新型"国家战略
12	2006年教育部	《关于切实做好2006年普通高等学校毕业生就业工作的通知》	各地要积极组织开展创业培训、创业指导、政策咨询、项目论证和跟踪辅导等"一条龙"服务，搭建毕业生自主创业"绿色通道"；筹集"高校毕业生创业资金"，为毕业生自主创业提供相应支持；高等学校要加强对毕业生的创业指导、创业培训和创业实践活动，培养学生的创业观念和创业能力	围绕创业，出现"创业指导、创业培训和创业实践活动，以及培养学生的创业观念和创业能力"等系列概念

二、整合突破阶段

2007年8月开始浮现的金融危机所带来的劳动力市场需求的萎缩及大学扩招步伐加快所带来的越来越多的大学毕业生不能如期就业，使大学生就业问题日益成为社会关注的热点，成为直接关系社会和谐稳定的大事。在这种政策背景下，以创业来缓解或解决大学生就业问题就成为国家大学生创业政策的一个愈加明确的信号。

这一阶段，随着毕业生创业工作的不断推进，逐步认识到：①创业不仅具有解决就业的功能，创业成功还可以新增就业机会；②要创业成功，仅鼓励、引导和支持毕业生创业是不够的，还要培养学生的创业意识、精神和实际的创业能力，必须把创业和教育结合起来，实施创业教育。因此，2007年国家提出实施"高校毕业生创业行动"，促进以创业带动就业，要求各高校"以多种形式开展创业教育"，倡导创业精神，培养创业能力。在这样的背景和目标下，创业教育工作已经由当初的被动寻找和自发行为，变为主动选择和自主行为了。相应地，这一阶段关于创业教育的范围也由就业层面进一步拓展到创业层面，主体由毕业生扩展到在校大学生。在高校开展创业教育，对高校来说是一个新的命题，从内涵来看，这一阶段的创业教育已经发生了深刻的变化，"创业"和"教育"结合到一起成为创业教育。进行创业教育，不仅要以创业促进就业，更要培养学生的创新精神与创业能力。详见表2-2。

表 2-2 "整合突破阶段"相关政策文件内容及发展说明

序号	年份及发文单位	文件名称	主要内容	发展说明
1	2007年教育部	《关于积极做好2008年普通高等学校毕业生就业工作的通知》	实施"高校毕业生创业行动",促进以创业带动就业。各地和高校要及时总结和推广高校毕业生创业的典型和经验,以多种形式开展创业教育,大力倡导创业精神,培养创业能力	首次出现"创业教育"概念
2	2007年国务院办公厅	《关于切实做好2007年普通高等学校毕业生就业工作的通知》	积极鼓励、支持高校毕业生自主创业和灵活就业。大力提高毕业生的实践能力、创造能力、就业能力和创业能力	继续鼓励、支持毕业生自主创业,提高"创业能力"
3	2007年教育部办公厅	《大学生职业发展与就业指导课程教学要求》	在课程内容第六部分具体规划了创业教育的教学目标和教学内容	明确了创业教育的目的、内容等
4	2009年国务院办公厅	《关于加强普通高等学校毕业生就业工作的通知》	鼓励和支持高校毕业生自主创业。鼓励高校积极开展创业教育和实践活动	鼓励高校积极开展创业教育和实践活动
5	2009年教育部	《关于做好2010年普通高等学校毕业生就业工作的通知》	全面加强高校学生创业教育。教育部将成立"高校创业教育指导委员会"。要积极探索在专业课教学中融入创业教育	提出全面加强创业教育,教育部将成立"高校创业教育指导委员会"

三、全面推进阶段

2010年5月,教育部召开了"全面推进高等学校创新创业教育和大学生自主创业工作"的视频会议并下发《教育部关于大力推进高等学校创新创业教育和大学生自主创业工作的意见》,提出"通过开展创新创业教育工作,促使高等学校不断更新教育观念,改革人才培养模式、教育内容和教学方法,将人才培养、科学研究、社会服务紧密结合,实现从注重知识传授向更加重视能力和素质培养的转变,提高人才培养质量"。此时,政府已经意识到学校教育在推进大学生创业方面的重要作用,并把创业人才培养与高校的人才培养模式改革,以及人才培养质量的提升联系起来。

这一阶段,时代背景发生了更为深刻的变化,经济转型升级,国家确立了创新驱动发展战略,大众创业、万众创新也成为时代的必然选择。因此,高校的创新创业教育目标已大大超越了前期以创业实现就业和以创业促进就业的目标,成为国家按照"四个全面"战略布局,坚持改革推动,加快实施创新驱动发展伟大战略的重要组成部分。2015年以来,国务院连发《关于发展众创空间推进大众创新创业的指导意见》《关于进一步做好新形势下就业创业工作的意见》《关于深化高等学校创新创业教育改革的实施意见》

《关于大力推进大众创业万众创新若干政策措施的意见》《关于支持农民工等人员返乡创业的意见》五个系列重要文件，引导、支持全社会创新创业工作。高校创新创业教育是要培养创新创业型人才，不仅要为创新驱动发展战略提供人才和智力支撑，更要提供人才引领。因此，从认识和行为性质角度看，创新创业教育已经是一种国家、时代层面的战略决策了，是一种高度自觉的行为；范围也远远超出了就业、创业层面，而进入创新驱动发展的发展创新层面；主体也不再局限于毕业生，而是扩展到了高校全体学生；内涵与本质方面，在创业的基础上又增加了创新的内容，并明确了创新、创业和就业之间的关系，"坚持创新引领创业、创业带动就业"的内涵更加符合高校人才培养和大学生创业的特点。详见表2–3。

表2–3 "全面推进阶段"相关政策文件内容及发展说明

序号	年份及发文单位	文件名称	主要内容	发展说明
1	2010年教育部	《关于大力推进高等学校创新创业教育和大学生自主创业工作的意见》	在高等学校开展创新创业教育，积极鼓励高校学生自主创业，是教育系统深入学习实践科学发展观，服务于创新型国家建设的重大战略举措；是深化高等教育教学改革，培养学生创新精神和实践能力的重要途径；是落实以创业带动就业，促进高校毕业生充分就业的重要措施	首次提出"创新创业教育"概念，以专门文件形式从创新创业教育、基地建设、政策保障、组织领导等几个方面系统部署了高校创新创业教育工作
2	2010年教育部	《关于成立2010-2015年教育部高等学校创业教育指导委员会的通知》	决定成立教育部高等学校创业教育指导委员会	教育部成立了"创业教育"指导委员会
3	2011年国务院办公厅	《关于进一步做好普通高等学校毕业生就业工作的通知》	加强创业教育、创业培训和创业服务	进一步加强创业教育、创业培训和创业服务
4	2011年教育部	《关于做好2012年全国普通高等学校毕业生就业工作的通知》	全面加强创新创业教育和创业基地建设	提出全面加强创新创业教育和创业基地建设
5	2013年国务院办公厅	《关于做好2013年全国普通高等学校毕业生就业工作的通知》	各高校要将创新创业教育融入专业教学和人才培养全过程，并将创业教育课程纳入学分管理，鼓励在校生积极参加创业教育和创业实践活动	提出将创新创业教育融入专业教学和人才培养全过程
6	2014年国务院办公厅	《关于做好2014年全国普通高等学校毕业生就业创业工作的通知》	各高校要广泛开展创新创业教育，将创业教育课程纳入学分管理	首次在文件标题中就业和创业并行

实战创新创业教育指导

序号	年份及发文单位	文件名称	主要内容	发展说明
7	2014年教育部	《关于做好2015年全国普通高等学校毕业生就业创业工作的通知》	全面推进创新创业教育和自主创业工作	文件第一条提出，全面推进创新创业教育和自主创业工作
8	2015年国务院	《关于深化高等学校创新创业教育改革的实施意见》	深化高等学校创新创业教育改革，是国家实施创新驱动发展战略、促进经济提质增效升级的迫切需要，是推进高等教育综合改革、促进高校毕业生更高质量创业就业的重要举措	提出深化高校创新创业教育改革工作，从总体要求、主要任务和措施、加强组织领导等方面进行指导和规定
9	2015年国务院	《关于大力推进大众创业万众创新若干政策措施的意见》	创新体制机制，实现创业便利化；优化财税政策，强化创业扶持；搞活金融市场，实现便捷融资；扩大创业投资，支持创业起步成长；发展创业服务，构建创业生态；建设创业创新平台，增强支撑作用；激发创造活力，发展创新型创业；拓展城乡创业渠道，实现创业带动就业；加强统筹协调，完善协同机制	从国家层面为中国的创新创业发展规划了一个全面的生态机制

根据以上分析，高校创新创业教育基本可以分为三个阶段：第一阶段为"探索试点"阶段，这是创新创业教育的起始阶段，其中2002年以前为发端阶段，2003～2006年为起步阶段；第二阶段为"整合突破"阶段，这是创新创业教育的发展阶段，时间为2007～2009年；第三阶段为"全面推进"阶段，这是创新创业教育的深化阶段，其中2010～2014年为深化前期，2015年进入全面深化阶段。详见表2-4。

表2-4 创新创业教育三个阶段背景及特征

阶段	起始时间	背景与目标	认识与行为	范围与层次	内涵与本质
探索试点	1999～2002年	缓解就业压力	被动寻找	就业层面	创业
	2003～2006年	解决扩招压力	自发行为	大学毕业生	
整合突破	2007～2009年	以创业促就业	主动选择	创业层面	创业＋教育
		培养创业能力	自主行为	大学生	
全面推进	2010～2014年	实施创新驱动发展	战略抉择	创新发展层面	创新＋创业＋教育
	2015年至今	培养创新创业人才	自觉行为	大学生	

第二节 鼓励创新创业政策要点概述

一、普及创新创业教育

国务院办公厅《关于深化高等学校创新创业教育改革的实施意见》（国办发〔2015〕36号）指出，2015年起将全面深化高校创新创业教育改革，瞄准9项改革任务，推出30余条具体举措，力争2017年取得重要进展，形成一批可复制、可推广的制度成果，普及创新创业教育，到2020年建立健全课堂教学、自主学习、结合实践、指导帮扶、文化引领融为一体的高校创新创业教育体系。详见表2-5。

表2-5 关于深化高等学校创新创业教育改革的实施意见

总体目标		
2015年全面深化改革	2017年普及创新创业教育	2020年健全体系
九大任务		
1. 完善人才培养质量标准	制定教学质量国家标准	
	行业企业等制定专业人才评价标准	
	高校修订人才培养方案	
2. 创新人才培养机制	结构调整新机制	需求导向的学科专业结构
		创业就业导向的人才培养类型结构
	协同育人新机制	校校、校企、校地、校所及国际合作
	交叉培养新机制	跨院系、跨学科、跨专业培养
3. 健全创新创业教育课程体系	调整专业课程设置，加强创新创业教育	
	开发开设创新创业必修课、选修课，纳入学分管理	
	在线课程学分认定	
	优质课程信息化建设，推出在线课程	
	学科带头人、行业企业优秀人才联合编写重点教材	
4. 改革教学方法和考核方式	培养学生批判性、创造性思维	
	运用"大数据"为学生提供教育资源	
	改革考试考核内容和方式	

实战创新创业教育指导

总体目标		
5.强化创新创业实践	实验教学平台	
	创业教育实践平台	
	创新创业竞赛	
6.改革教学和学籍管理制度	创新创业学分：建立学分累积与转换制度	
	创新创业档案：定制创新创业能力培养计划	
	弹性学制：支持休学创新创业	
	创新创业奖学金：表彰优秀创新创业学生	
7.加强教师创新创业教育教学能力建设	明确全体教师创新创业教育责任	
	配齐配强创新创业教育专职教师	
	建立全国万名优秀创新创业导师人才库	
	建立教师到行业企业挂职锻炼制度	
	完善高校科技成果处置和收益分配机制	
8.改进学生创业指导服务	健全专门机构	持续帮扶、全程指导、一站式服务
	强化信息服务	提供国家政策、市场动向等信息
	加强创业培训	创业培训课程、网络培训平台
	发布创业指南	引导学生捕捉创业商机
9.完善创新创业资金支持和政策保障体系	整合发展财政和社会资金	
	高校多渠道安排资金	
	设立大学生创新创业教育奖励资金	
	设立大学生创业风险基金	
	落实各项扶持政策和服务措施	
	制定互联网创业扶持政策	

二、营造宽松便捷的准入环境

深化商事制度改革，进一步落实注册资本登记制度改革，坚决推行工商营业执照、组织机构代码证、税务登记证"三证合一"，年内出台推进"三证合一"登记制度改革意见和统一社会信用代码方案，实现"一照一码"。继续优化登记方式，放松经营范围登记管制，支持各地结合实际放宽新注册企业场所登记条件限制，推动"一址多照"、集群注册等住所登记改革，分行业、分业态释放住所资源。运用大数据加强对市场主体的服务和监管。依托企业信用信息公示系统，实现政策集中公示、扶持申请导航、享受扶持信息公示。建立小微企业目录，对小微企业发展状况开展抽样统计。推动修订与商事制度改革不衔接、不配套的法律、法规和政策性文件。全面完成清理非行政许可审批事项，再取消下放一批制约经济发展、束缚企业活力等含金量高的行政许可事项，全面清理中央设定、地方实施的行政审批事项，大幅减少投资项目前置审批。对保留的审批事项，规范审批行为，明确标准，缩短流程，限时办结，推广"一个窗口"受理、网上并联审批等方式。

三、培育创新创业公共平台

抓住新技术革命和产业变革的重要机遇，适应创业创新主体大众化趋势，大力发展技术转移转化、科技金融、认证认可、检验检测等科技服务业，总结推广创客空间、创业咖啡、创新工场等新型孵化模式，加快发展市场化、专业化、集成化、网络化的众创空间，实现创新与创业、线上与线下、孵化与投资相结合，为创业者提供低成本、便利化、全要素、开放式的综合服务平台和发展空间。落实科技企业孵化器、大学科技园的税收优惠政策，对符合条件的众创空间等新型孵化机构适用科技企业孵化器税收优惠政策。有条件的地方可对众创空间的房租、宽带网络、公共软件等给予适当补贴，或通过盘活商业用房、闲置厂房等资源提供成本较低的场所。可在符合土地利用总体规划和城乡规划前提下，或利用原有经批准的各类园区，建设创业基地，为创业者提供服务，打造一批创业示范基地。鼓励企业由传统的管控型组织转型为新型创业平台，让员工成为平台上的创业者，形成市场主导、风投参与、企业孵化的创业生态系统。

支持开展全面创新改革试验的省（区、市）、国家综合配套改革试验区等，依托改革试验平台在创业创新体制机制改革方面积极探索，发挥示范和带动作用，为创业创新制度体系建设提供可复制、可推广的经验。依托自由贸易试验区、国家自主创新示范区、战略性新兴产业集聚区等创业创新资源密集区域，打造若干具有全球影响力的创业创新中心。引导和鼓励创业创新型城市完善环境，推动区域集聚发展。推动实施小微企业创业基地城市示范。鼓励有条件的地方出台各具特色的支持政策，积极盘活闲置的商业用房、工业厂房、企业库房、物流设施和家庭住所、租赁房等资源，为创业者提供低成本办公场所和居住条件。

四、拓宽创业投融资渠道

运用财税政策，支持风险投资、创业投资、天使投资等发展。运用市场机制，引导社会资金和金融资本支持创业活动，壮大创业投资规模。按照政府引导、市场化运作、专业化管理的原则，加快设立国家中小企业发展基金和国家新兴产业创业投资引导基金，带动社会资本共同加大对中小企业创业创新的投入，促进初创期科技型中小企业成长，支持新兴产业领域早中期、初创期企业发展。鼓励地方设立创业投资引导等基金。

发挥多层次资本市场作用，加快创业板等资本市场改革，强化全国中小企业股份转让系统融资、交易等功能，规范发展服务小微企业的区域性股权市场。开展股权众筹融资试点，推动多渠道股权融资，积极探索和规范发展互联网金融，发展新型金融机构和融资服务机构，促进大众创业。

丰富创业融资新模式。支持互联网金融发展，引导和鼓励众筹融资平台规范发展，开展公开、小额股权众筹融资试点，加强风险控制和规范管理。丰富完善创业担保贷款政策。支持保险资金参与创业创新，发展相互保险等新业务。完善知识产权估值、质押和流转体系，依法合规推动知识产权质押融资，专利许可费收益权证券化，专利保险等服务常态化、规模化发展，支持知识产权金融发展。

五、加大减税降费力度

完善普惠性税收措施。落实扶持小微企业发展的各项税收优惠政策。落实科技企业孵化器、大学科技园、研发费用加计扣除、固定资产加速折旧等税收优惠政策。对符合条件的众创空间等新型孵化机构适用科技企业孵化器税收优惠政策。按照税制改革方向和要求，对包括天使投资在内的投向种子期、初创期等创新活动的投资，统筹研究相关税收支持政策。修订完善高新技术企业认定办法，完善创业投资企业享受 70% 应纳税所得额税收抵免政策。抓紧推广中关村国家自主创新示范区税收试点政策，将企业转增股本分期缴纳个人所得税试点政策、股权奖励分期缴纳个人所得税试点政策推广至全国范围。落实促进高校毕业生、残疾人、退役军人、登记失业人员等创业就业税收政策。如四川省规定，持《就业失业登记证》（注明"自主创业税收政策"）和《高校毕业生自主创业证》的高校毕业生在毕业年度内（指毕业所在自然年，即 1 月 1 日至 12 月 31 日）从事个体经营的，3 年内按每户每年 9600 元为限额依次扣减其当年实际应缴纳的营业税、城市维护建设税、教育费附加和个人所得税。

六、营造大众创业良好氛围

创业创新氛围的营造对推动和促进青年创业创新活动有着极其深远的影响，其重要性不亚于资金、技术、项目、市场等各种显性的创业要素。目前，青年创业创新的氛围营造和整体的青年创业创新的"生态环境"还是不够，这是导致青年创业率不高、青年创业成功率也不高的重要原因。具体可通过以下几个方面营造大众创业良好氛围。

一是要加强宣传引导。加强对创业工作的思想引导、动态报道和专题宣传工作，对"大众创业、万众创新"进行系统、全面、广泛、深入的宣传。二是大力开展青年创业创新活动。通过采用青年人喜闻乐见的方式，让青年人在活动中转变观念、提高创业意识和创业能力，引导广大青年积极投身创业创新事业。三是大力支持各类青年创业组织发展。各级政府应推动构建青年创业微生态体系，推动各类创业协会、联盟成为青年创业创新工作的最前沿阵地。同时鼓励社会力量支持青年创业，为青年创业提供各种服务。四是要进一步挖掘和树立青年创业典型。通过创业大赛等各类评选活动，挖掘青年创业故事，树立青年创业榜样。

七、强化公共创业服务

健全覆盖城乡的公共就业创业服务体系，提高服务均等化、标准化和专业化水平。完善公共就业服务体系的创业服务功能，充分发挥公共就业服务、中小企业服务、高校毕业生就业指导等机构的作用，为创业者提供项目开发、开业指导、融资服务、跟踪扶持等服务，创新服务内容和方式。健全公共就业创业服务经费保障机制，切实将县级以上公共就业创业服务机构和县级以下（不含县级）基层公共就业创业服务平台经费纳入同级财政预算。将职业介绍补贴和扶持公共就业服务补助合并调整为就业创业服务补贴，支持各地按照精准发力、绩效管理的原则，加强公共就业创业服务能力建设，向社会力量购买基本就业创业服务成果。创新就业创业服务供给模式，形成多元参与、公平竞争格局，提高服务质量和效率。

以四川省为例，四川省大学生创新创业活动中心为大学生提供的服务有：组织创新创业论坛、创业讲座培训、创业规划大赛、创业经验交流、创业项目推介等专题活动；搭建大学生之间及大学生与企业家、创业成功人士、专家学者、创业导师、金融投资经理人、政府部门负责人之间随时沟通、深入交流、学习研讨的平台；提供法规政策咨询、创业项目评估预测和投资融资服务；推荐大学生创业项目入驻创业园区（孵化基地）。

第三节 中国创新创业现状

一、《中国创新创业 2015 年度报告》解析

2015 年是中国创新创业的重要一年，针对 2015 年中国创业形势，以 7 个方面为主体结构，引用多方数据和事实，对中国 2015 年度创新创业发展做一个回顾性的报告。

1. 基本数据

（1）新增企业数量　2015 年，全国新登记市场主体 1479.8 万户，比 2014 年增长 14.5%；注册资本（金）30.6 万亿元，增长 48.2%。截至 2015 年底，全国实有各类市场主体 7746.9 万户。其中，2015 年全国新登记企业 443.9 万户，比 2014 年增长 21.6%，注册资本（金）29 万亿元，增长 52.2%，均创历年新登记数量和注册资本（金）总额新高。平均每天新登记企业 1.2 万，比 2014 年日均新登记企业 1 万户有了明显提升。特别是自 10 月 1 日起"三证合一、一照一码"登记制度改革在全国范围内全面实施以来，11 月、12 月新登记企业数量分别达到 46 万户和 51.2 万户，达到历史最高值。

（2）产业分布　2015 年，全国新登记企业在三种产业数量分别为 21.5 万户、64.7 万户、357.8 万户。其中，第三产业比 2014 年增长 24.5%，大大高于第二产业 6.3% 的增速。至 2015 年底，第三产业实有企业 1635.7 万户，占企业总数的 74.8%，所占比重比 2014 年提高了 1.5 个百分点。"互联网 +"等新产业、新业态的快速发展，为经济结构调整注入了新活力，形成经济发展新动能。2015 年，信息传输、软件和信息技术服务业新登记企业 24 万户，比 2014 年增长 63.9%；文化、体育和娱乐业 10.4 万户，增长 58.5%；金融业 7.3 万户，增长 60.7%；教育 1.4 万户，增长 1 倍；卫生和社会工作 0.9 万户，增长 1 倍。服务业中仅房地产业比 2014 年下降，但第四季度增速由负转正。2015 年，房地产业新登记企业 8.7 万户，比 2014 年下降 11.0%。但受利好政策影响，下半年以来降幅收窄，第四季度增速由负转正，同比增长 5.3%。第三产业不仅成为最活跃的经济领域，也是吸纳就业的主体。2014 年，第三产业个体私营经济从业人员增加最多，实有 2 亿人，比 2014 年底增加 2542.8 万人，占增加总量的 82.0%。

（3）企业存活率　新登记企业 9 成是小微企业，第四季度小微企业周年生存率达 7 成。2015 年，全国新登记的企业中，96% 属于小微企业。2015 年第四季度新设小微企业周年开业率达到 70.1%，也就是说，2014 年第四季度新设立的小微企业一年后的存活率达到 7 成。同时，第四季度新设小微企业已开展经营的 78.7% 均有收入，所占比重比第二季度和第三季度分别高 0.5 和 4.1 个百分点。

2. 创业体制改革与政策

（1）企业注册、注销与办证制度改革　2015 年，"三证合一、一照一码"改革和"先照后证"改革推动了工商登记注册便利化，对小微企业繁荣发展起到了大力支持的作用。截至 12 月底，全国累计核发"三证合一、一照一码"新营业执照 350.9 万张。2015 年国家工商总局鼓励各地试点企业简易注销制度，对个体工商户、未开业企业及无债权债务企业实行简易注销程序。未开业企业不再进行清算组备案和公告，无债权债务企业不再进行公告。需要公告企业的公告时间也从 45 天缩短 7 至 10 日不等。同时，各地对申请材料也进行了简化，未开业企业不再提交清算组备案材料和公告材料；无债权债务企业不再提交公告材料。简易注销制度的推行为僵尸企业退市提供了便利。2015 年，全国注销企业 78.85 万户，比前一年增长 55.86%。其中，产能过剩行业企业 8243 户，比前一年增长 67%，促进了企业优胜劣汰、推动产业升级转型。

（2）知识产权法律制度改革　据中国知识产权局统计，我国有超过 50 万家科技型小微企业，这些企业对知识产权依赖性高，但抗风险能力差，包括专利申请、审查、运营、质押融资、行政执法等在内的有关支持政策，是保障创新创业成功的重要条件，是激发创新创业热情、保护创新创业成果的有效支撑。为此，国务院法制办公室 2015 年 12 月 2 日就《中华人民共和国专利法修订草案（送审稿）》向社会公开征求意见。新修订的草案则明确，对故意侵犯专利权的行为，人民法院可以根据侵权行为的情节、规模、损害后果等因素，判处确定数额的一倍以上三倍以下赔偿数额。这项法律修改将为申请专利技术的众多小微企业提供更有效的法律支持。此外，2015 年 10 月 12 日，国家知识产权局、财政部、人力资源社会保障部、中华全国总工会、共青团中央联合制定印发了《关于进一步加强知识产权运用和保护助力创新创业的意见》，旨在切实保障发明人合法权益，使创新人才分享成果收益。

（3）户籍与人事制度改革　自 2016 年 1 月 1 日起施行的《居住证暂行条例》规定，公民离开常住户口所在地，到其他城市居住半年以上，符合有合法稳定就业、合法稳定住所、连续就读条件之一的，可以依照条例的规定申领居住证，这标志着在我国实行了半个多世纪的"农业"和"非农业"二元户籍管理模式正在一步步地退出历史舞台。其目的是让越来越多的人从户籍的捆绑中挣脱出来，实现迁徙自由、择业自由、创业自由，既实现个人价值又推动经济社会发展。比如，《上海市居住证积分管理办法》的一大亮点是对创新创业人才的吸纳力度加强，在加分指标中增加了"创业人才""创新创业中介服务人才"两项指标。根据规定，符合一定条件的创业人才和创新创业中介服务人才可以获得 120 分的加分，这意味着这些人才将满足 120 分的标准分值要求，享受包括子女教育在内的多项相应的公共服务待遇。户籍改革就是要将人从户籍的捆绑中解放出来，让更多人能够自由择业、自由创业。

3. 创业财税政策

（1）创业税收政策　国家继续加大对小微企业和创业创新的减税降费力度。一是从

2015年1月1日至2017年12月31日，将享受减半征收企业所得税优惠政策的小微企业范围，由年应纳税所得额10万元以内（含10万元）扩大到20万元以内（含20万元），并按20%的税率缴纳企业所得税，助力小微企业尽快成长。二是从2015年4月1日起，将已经试点的个人以股权、不动产、技术发明成果等非货币性资产进行投资的实际收益，由一次性纳税改为分期纳税的优惠政策推广至全国，以激发民间个人投资活力。三是将失业保险费率由现行条例规定的3%统一降至2%，单位和个人缴费具体比例由各地在充分考虑提高失业保险待遇、促进失业人员再就业、落实失业保险稳岗补贴政策等因素的基础上确定。初步测算，仅这一项减费措施每年将减轻企业和员工负担400多亿元。

（2）国家财政创业基金

①国家中小企业发展基金：中央财政将整合资金出资150亿元，吸引企业、金融机构和地方政府共同出资，成立600亿元规模的国家中小企业发展基金，其中中央财政出资1/4，剩下的由企业、金融机构和地方政府共同出资，体现了政府与社会资本的携手合作，也是改革创新投融资机制的一种探索。此基金专注于投向工业、农业、科技、教育、文化等各行业领域的种子期、初创期成长型中小企业，国家中小企业基金的政策导向主要是面向新兴产业、民族特色产业，包括手工业、珠宝玉石、中医药、特色文化。

②新兴产业创业投资引导基金：为促进战略性新兴产业发展，中央财政2015年出资不超过200亿元，设立400亿元规模的新兴产业创业投资引导基金，简称"国家创投基金"，引导投向早中期创新型企业，加快培育和发展智能制造、新能源等新兴产业。引导基金又称创业引导基金，是指由政府出资，并吸引有关地方政府、金融机构、投资机构和社会资本，不以营利为目的，以股权或债权等方式投资于创业风险投资机构或新设创业风险投资基金，以支持创业企业发展的专项资金。而且，此基金改变过去补贴制的办法，实行市场化运作、专业化管理，以股权投资的方式，可以引导基金撬动社会资本，据估计可以放大5~10倍的资金，发挥中央财政引导资金"四两拨千斤"的作用，让市场决定创新资源配置。2015年底，四川省新兴产业创业投资引导基金在成都成立。基金总规模50亿元，首期规模5.555亿元。主要立足四川，同时面向全国，以母子基金模式、项目投资等方式，配套和参股省内发起创新的创投子基金或直接投资优质创新企业，其中，投向省内符合条件的项目和企业的比例不低于60%。

③小微企业创业创新示范城市基金：2015年，财政部联合多部委启动了"小微企业创业创新城市示范"，2015年中央财政拨付资金84亿元给示范城市统筹使用。示范

专项资金是指来自中央财政、地方财政，用于扶持小微企业创业创新的各种奖励资金、专项资金。示范专项资金的用途，共分为八个方面。根据示范城市提出的目标，3 年内将带动地方及社会投入超过 400 亿元，政策覆盖 260 万户小微企业，新增 2200 万个就业岗位，促使小微企业营业收入实现 9 万亿元，技术合同成交 400 亿元，在全国发挥示范引领作用。2015 年底，财政部等五部门组织了小微企业创业创新基地城市示范竞争性评审工作，排名前 15 的城市入围首批"小微企业创业创新基地城市示范"：山西省太原市、辽宁省沈阳市、黑龙江省哈尔滨市、上海市浦东新区、浙江省杭州市、安徽省合肥市、福建省三明市、福建省厦门市、江西省南昌市、湖北省武汉市、湖南省长沙市、广东省江门市、四川省成都市、甘肃省张掖市和宁夏回族自治区石嘴山市。

4. 创业金融市场

（1）新三板市场 2015 年，投资全国中小企业股份转让系统（新三板市场）成为中国投资者的又一新选择，投资者可以通过直接开户或购买新三板相关投资产品进入市场。"新三板"市场原指中关村科技园区非上市股份有限公司进入代办股份系统进行转让试点，因为挂牌企业均为高科技企业而不同于原转让系统内的退市企业及原 STAQ、NET 系统挂牌公司，故形象地称为"新三板"。目前，新三板不再局限于中关村科技园区非上市股份有限公司，也不局限于天津滨海、武汉东湖及上海张江等试点地的非上市股份有限公司，而是全国性的非上市股份有限公司股权交易平台，主要针对的是中小微型企业。截至 2015 年 12 月中旬，新三板市场投资者账户数已达 21 万户，是 2014 年末的 4.3 倍。至 2015 年 12 月末，全国中小企业股份转让系统（新三板市场）挂牌公司累计突破 5000 家，其中，2015 年挂牌 3400 多家，尤其在融资方面，股转公司发布数据显示，2015 年，新三板融资规模达到了 1216.17 亿元，超过创业板。

（2）战略新兴板 除了新三板市场，为了扶持中国的创新型创业企业，2015 年还确定建立上海证券交易所战略新兴板，这是继深圳交易所创业板后又一重大融资市场机制创新。截至 2015 年 12 月 25 日，创业板上市公司总数达到 489 家，新三板挂牌企业总数突破 5000 家。据统计，现在在排队的企业有几万家，实际有上市需求的企业有几十万家，现在的创业板和新三板远远不能满足需要，创业企业对上市有"刚需"。与"刚需"相对的，却是资本市场支持的不足。在现有条件下，创新型企业要在国内上市，还面临巨大的时间成本和较高的审核门槛，同时这些公司的外资成分和复杂的公司控制权结构也是阻碍它们在国内上市的因素。

5. 创业投资基金

（1）风险投资基金　私募研究机构清科研究中心发布的数据显示，2015年PE/VC市场募资总额约7000亿元，投资总额约5000亿元，均达到历史最高点。从公司首次获投轮次看，VC机构加快向早期投资迁移；从投资领域上看，电商、企业服务、文娱体育布局最多，而VC投资创历史新高，总投资额超千亿人民币，远超2014年全年总量，市场活跃度已创新高。2015年创业投资最为密集的六大领域，集中在O2O、互联网金融、智能硬件、文化娱乐、在线医疗和在线教育。企业级服务是2015年刚刚热起来的一个领域，随着互联网和移动互联网对各行各业的渗透和融合，客户端的需求明显会加快本身被互联网化的速度，这带来了巨大的想象空间。VC投资机构2015年在投资策略和布局上更加主动选择去接触创业者，更希望在种子期就可以有所动作和改变。比如，IDG资本在2015年8月成立了一只90后基金，并为此专门设立了投资规则和团队组建，在后期的校园创业大赛上，IDG资本宣布了一项"自由人"青年创业者计划，希望主动招募青年创业者，为他们提供更加灵活自主的孵化服务。

（2）天使基金　2015年第一季度，国内获得天使投资行业分布前三位的依旧是互联网、电信及增值业务和IT行业。获投案例数分别为141起、97起和43起。披露投资金额分别是1.15亿美元、7769万美元和2269万美元。这一现象延续了2013年及2014年一贯的行业投资趋势。天使投资机构已经从2014年的200+，翻倍至400+。从几年前没有什么天使投资基金，到2015年前三季度募集了64支基金。从地区分布来看，京沪深依旧在2015年第一季度的天使投资市场地域分布中占据主要地位。原因依旧与天使投资机构高度集中在京沪深有关，经济发展与创业环境优越息息相关。

（3）众筹　2015年被认为是众筹主流化关键的一年。目前，国内几大巨头电商已经入局众筹市场。自2014年以来，股权众筹开始进入大众眼球，也开启了天使投资的4.0时代。股权众筹，就是大众集资或群众集资，指通过众多参与者的共同投资，来完成早期创业项目的股权资金募集。股权众筹，顺应了草根创业时代需求，突破了过去天使投资人必须"看得中、投得起、帮得上"的条件。从这个意义上讲，这将是天使投资的最佳实践形式，大大提高天使投资参与者的广泛性，掀起中国天使投资新浪潮。2015年国内天使投资正式迎来天使投资4.0时代，这将是全民参与的股权众筹时代，创业者获得天使投资的难度将大幅度降低，潜在天使投资人也将通过股权众筹平台与更多优质项目产生交流。

6. 创业服务机构

（1）政府行政服务　为了方便创业人员就近、就便办理相关业务，深圳市在2015年搭建创业服务实体平台，全市共57个街道劳动保障事务所，643个社区劳动保障服务窗口，为辖区内的创业载体及创业者就近就便提供政策咨询、创业培训、项目推介、各类创业补贴等高效便捷的服务。符合自主创业人员身份及补贴条件的创业者，可就近到初创企业注册地街道公共就业服务机构申请各类创业补贴，及就近到经办银行申请创业担保贷款。有的区或街道公共就业服务机构还根据创业孵化基地的需要，在创业孵化基地驻点，提供政策宣传和综合性跟踪服务。

（2）创业孵化器　伴随"大众创业、万众创新"热潮和政策的不断加码，以创业者为服务对象的孵化器行业迎来风口。孵化器正在多点布局，在孵企业数量迅速增长。如雨后春笋般冒出的大小孵化器，运营模式正从以"收租"为主转向提供各种增值服务的创业生态链培育者，在"双创"时代扮演着重要的角色。2015年1月初，国务院总理李克强造访深圳柴火创客空间。"创客"随即成为热搜词，创客空间、孵化器这类新业态也进入公众视野。未来孵化器行业深度调整的焦点在于创业生态链构建，即怎么样融合联合办公、导师培训、投资对接、技术扶持等环节，为创业者和初创企业提供更有效的服务。

（3）众创空间　"众创空间"受到国家政策的鼓励支持，媒体热捧，投资人追逐，2015年在全国遍地开花。众创空间的出现，使得早期的创业项目不论是否拿到投资，都选择入驻，缘由是创业者能享受到"低成本、高效率、全方位"的开放式综合服务。在国内而言，众创空间的模式大多数是以"空间办公＋空间活动＋系统服务＋孵化投资"为主的路线发展。现存的众创空间主要有七种模式：活动聚合型（北京创客空间、上海新车间、深圳柴火空间、杭州洋葱胶囊等）、培训辅导型（清华x-lab、北大创业孵化营、亚杰会等）、媒体驱动型（36氪、创业家）、投资驱动型（车库咖啡、创新工场、天使汇等）、地产思维型（SOHO 3Q、优客工场）、产业链服务型（创客总部）、综合创业生态体系型（创业公社）。

（4）离岸创新创业基地　2015年9月，上海自贸试验区海外人才离岸创新创业基地揭牌，这是国内首个在自贸试验区内试点设立的离岸创新创业基地。该离岸基地是由上海市科协、上海自贸试验区管委会、浦东新区等单位协同推进，面向海外人才，通过市场化手段构建的低成本、便利化、全要素、开放式、配套成熟完善的空间载体，旨在探索"区内注册、海内外经营"的离岸模式，打造具有引才引智、创业孵化、专业服务保障等功能的国际化综合性创业平台。在创业孵化方面，离岸基地将对有意向在上海自贸试验区创业的海外人才提供政策、知识产权、技术、投资对接等整体前置服务，并且通过"海外预孵化"，使海外人才在海外完善创业团队或创业项目，显著提高海外人才落地创业成功率。

7. 创业教育与大学生创业政策

（1）创业教育 中国政府 2015 年发布了《国务院办公厅关于深化高等学校创新创业教育改革的实施意见》（以下简称《意见》）。该《意见》提出，2015 年起全面深化高校创新创业教育改革。2017 年取得重要进展，形成一批可复制可推广的制度成果，普及创新创业教育。到 2020 年建立健全课堂教学、自主学习、结合实践、指导帮扶、文化引领融为一体的高校创新创业教育体系。实施弹性学制，放宽学生修业年限，允许调整学业进程、保留学籍休学创新创业。要求从 2016 年起所有高校对全体学生开发开设创新创业教育必修课和选修课，并纳入学分管理。对已有创业实践的学生进行相关的指导和实训，成立创业协会、创业俱乐部，设置创新创业奖学金。

2015 年 6 月 11 日，"中国高校创新创业教育联盟"成立大会暨首届全国创新创业教育论坛在清华大学举行，标志着首批由 137 所国内高校和 50 家企事业单位、社会团体共同组成的"中国高校创新创业教育联盟"正式启动。首批联盟成员单位包括了清华大学、北京大学、浙江大学、复旦大学等 137 所高校和英特尔、微软、腾讯、百度、阿里等创新型企业，以及部分事业单位和社会团体。"中国高校创新创业教育联盟"的成立，对推动我国高校在创新创业教育方面迈上一个新的台阶起到十分重要的作用。

（2）大学生创业政策 在大学生创业的财税政策支持上面，2015 年国家对高校毕业生享受创业就业税收优惠政策的流程进行调整，将《就业失业登记证》更名为《就业创业证》，同时取消《高校毕业生自主创业证》。《就业创业证》可用于记载劳动者就业和失业状况，持证者可享受相关就业创业扶持政策，接受公共就业人才服务。具体而言，持该证的大学毕业生如果失业，可享受岗位推荐等服务；如果自主创业，可享受从事个体经营税费减免、创业培训补贴、入住孵化基地发展、社会保险补贴、小额担保贷款等创业优惠政策。对高校毕业生创办的小型微利企业，按规定落实好减低税率和减半征收企业所得税、月销售额和营业额不超过 3 万元的暂免征收增值税和营业税。高校毕业生自主创业自筹资金不足时，可在创业所在地按现行规定申请小额担保贷款、其他形式小额贷款和贷款贴息。高校毕业生个人申请小额担保贷款贴息（或申请贴息的其他形式小额贷款）额度最高不超过 10 万元。

实战创新创业教育指导

二、《中国青年创业现状报告》解析

2016 年 4 月 12 日，《中国青年创业现状报告》（以下简称《报告》）在京对外发布，该《报告》是基于人力资源和社会保障部劳动科学研究所联合宜信公司 2015 年下半年开展的调查形成的，在全国选取较有代表性的安徽、江西、山东、河南、湖南、广东、四川等 7 个省的 20 个市发放问卷，以创业过程为主线，对青年创业的现状进行摸底，共回收有效问卷 4012 份。

1. 青年主动创业，政策鼓励效应明显

《报告》显示，由于就业困难被动创业的只占 18.8%，受政策鼓励开始创业的占 21%，主动型创业占多数，政策鼓励效应明显。在创业动机方面，为成就事业的占 43.1%，为增加收入的占 39.5%，发现机会者占 27.5%。在创业方向上，创业者选择当前的项目，源自个人对市场观察的占 40%，而来自专业兴趣的占 34%，可见青年创业者在创业项目选取上自主意识较强。调查显示，青年创业过程中最大的困难是资金问题，64.2% 的人认为缺乏足够的资金是主要困难，很多人尽管缺乏资金，也不愿意去贷款或融资，反映出很多创业者在创业过程中有保守的心态；另一个比较突出的困难是同行竞争过度，占 26.9%。调研过程中发现，青年创业的领域比较集中，如大学生群体更倾向于电商、计算机技术支持等方面的创业，青年农民更愿意从事自己比较熟悉的种养殖业，同质化的创业在形成规模效应的同时，也难免会带来过度竞争。

2. 创业吸纳就业势头总体向好

创业是更加积极的就业。调查数据表明，当前创业带动就业的效益显著。报告显示，由于青年创业多处于初创期，10 人以下规模占到了 80.7%，平均每个创业项目吸纳就业约 8.4 人。从成立时间来看，总体上人员数量随着创业时间的增加而增加，成立 10 年以上的项目平均带动就业 13.6 人；从创业前身份来看，农村进城务工人员、留学归国人员及在职人员创业带动就业数量较多；从注册类型来看，企业和农业合作社带动就业人数较多。

从创业项目中人员变化的情况来看，人员比较稳定的占 60.7%，人员呈增长趋势的占 12.3%，人员数量呈下降趋势的仅占 2.0%。从不同成立时间和人员规模的项目来看，数量比较稳定的比重都在 75% 左右，且增长比重高于下降比重，表明创业吸纳就业的势头总体向好。

不过，专业人才和核心技术的匮乏也是不少创业者共同面临的难题。调查显示，超

四成创业者认为当前人员不能满足或不确定是否满足发展的需要，主要是缺少市场营销人才、专业技术人才和经营管理人才。从创业企业的技术方面来看，仅 37.4% 的创业者认为具有核心技术。

3. 四成创业项目处于赢利状态

创业伴随着高风险，报告显示，四成创业项目生产经营状况较好或很好。从创业一年以上项目客户数量的变化情况来看，51.1% 的创业企业或项目的客户都较上年实现了增长，45.7% 的创业项目产值或营业收入同比处于增长态势。从实际盈利情况来看，44.5% 的创业项目目前处于赢利状态，42.1% 的项目盈亏平衡，另外还有 13.4% 的项目处于亏损状态。其中个体工商户、合伙企业和农业合作社总体盈利状况更好，盈利的比重接近 50%。从成立时间来看，盈利比重最高的是成立 5 ～ 10 年的企业或项目（52.2%），而成立 1 年以下的企业盈利比重最低（38.7%）、亏损比重最高（17.8%）。

4. 近六成创业者没有申请专利

调查显示，从创业前的身份来看，高校应届毕业生，高校在校学生及初中、高中、中专应届毕业生的比重分别为 26.5%、12.6% 和 5.7%，没有工作经验的群体占到全部创业样本的 40% 以上，城镇失业人员创业的比重占到全部样本的 18.3%。《报告》表明，从创业企业的技术方面来看，37.4% 的创业者认为自己拥有核心技术，股份有限责任公司拥有核心技术的比例最高，占 53.7%；未注册项目的企业占 29.6%，城镇失业人员、农民和农村进城务工人员创业的技术含量相对较低。

调查显示，58.5% 的企业通过自主研发获取核心技术，35.3% 的企业通过合作研发的形式获得。在认为自身具有核心技术的企业中，59.1% 的创业者没有申请专利，20.1% 正在申请阶段，仅 20.8% 申请了专利。值得注意的是，创业者在创业初期往往认为资金是最重要的问题，但除了资金，人才和技术才是制约企业未来可持续发展的最主要因素，必须要重视知识产权和核心技术的保护。

5. 支持青年创业还需进一步"发力"

《报告》显示，对创业政策非常了解的创业者占 6.0%，了解一些的占 62.7%，不太了解的占 26.4%，几乎不了解的占 4.9%。被调查者大都享受了创业政策，只有 15.4% 的人没有获得任何政策的扶持。总体来看，创业者对于政府的创业政策比较满意，选择较满意和很满意的分别占到 42.2% 和 12.1%，只有 6.4% 的人选择了不满意或很不满意。部分群体之所以对创业政策不尽满意，约 50% 的人认为是由于办理手续烦琐，其次是支持力度不够、覆盖范围小、条件规定苛刻及落实不到位等。

对未来的发展，青年创业者大都比较乐观，即使创业失败，很多青年创业者还是会选择重新创业。创业能力的获取途径主要是实践和学习，创业教育培训在创业能力培养方面发挥了积极作用，但仍有较大提升空间，包括覆盖面仍需扩大、培训内容针对性有待加强、成长性培训需进一步提升等。此外，虽然创业孵化对支持创业的作用较强，但覆盖范围并不大，很多群体没有接受过相应的服务。

第四节 《中医药发展战略规划纲要》解析

中医药作为我国独特的卫生资源、潜力巨大的经济资源、具有原创优势的科技资源、优秀的文化资源和重要的生态资源，在经济社会发展中发挥着重要作用。随着我国新型工业化、信息化、城镇化、农业现代化深入发展，人口老龄化进程加快，健康服务业蓬勃发展，人民群众对中医药服务的需求越来越旺盛，迫切需要继承、发展、利用好中医药，充分发挥中医药在深化医药卫生体制改革中的作用，造福人类健康。

2016 年 2 月，国务院出台了《中医药发展战略规划纲要（2016-2030 年）》，这是继 2009 年 4 月出台《国务院关于扶持和促进中医药事业发展若干意见》后，国务院又一次就中医药工作进行全面部署。这部国家级中医药战略纲要提出，到 2020 年，实现人人基本享有中医药服务，中医药产业成为国民经济重要支柱之一；到 2030 年，中医药服务领域实现全覆盖，中医药健康服务能力显著增强，对经济社会发展做出更大贡献。详见表 2-6。

表 2-6 中医药发展战略规划纲要（2016-2030 年）

发展目标	
到 2020 年，实现人人基本享有中医药服务	每千人口公立中医类医院床位数达到 0.55 张
	每千人口卫生机构中医执业类（助理）医师数达到 0.4 人
	中药工业总产值占医药工业总产值 30% 以上
到 2030 年，中医药服务领域实现全覆盖	中医药治理体系和治理能力现代化水平显著提升
	基本形成一支由百名国医大师、万名中医名师、百万中医师、千万职业技能人员组成的中医药人才队伍
重点任务	

发展目标	
一、切实提高中医医疗服务能力	1. 完善覆盖城乡的中医医疗服务网络
	2. 提高中医药防病治病能力
	3. 促进中西医结合
	4. 促进民族医药发展
	5. 放宽中医药服务准入
	6. 推动"互联网+"中医医疗
二、大力发展中医养生保健服务	1. 加快中医养生保健服务体系建设
	2. 提升中医养生保健服务能力
	3. 发展中医药健康养老服务
	4. 发展中医药健康旅游服务
三、扎实推进中医药继承	1. 加强中医药理论方法继承
	2. 加强中医药传统知识保护与技术挖掘
	3. 强化中医药师承教育
四、着力推进中医药创新	1. 健全中医药协同创新体系
	2. 加强中医药科学研究
	3. 完善中医药科研评价体系
五、全面提升中药产业发展水平	1. 加强中药资源保护利用
	2. 推进中药材规范化种植养殖
	3. 促进中药工业转型升级
	4. 构建现代中药材流通体系
六、大力弘扬中医药文化	1. 繁荣发展中医药文化
	2. 发展中医药文化产业
七、积极推动中医药海外发展	1. 加强中医药对外交流合作
	2. 扩大中医药国际贸易

保障措施	
1. 健全中医药法律体系	2. 完善中医药标准体系
3. 加大中医药政策扶持力度	4. 加强中医药人才队伍建设
5. 推进中医药信息化建设	

一、中医医疗：完善覆盖城乡的中医医疗服务网络

切实提高中医医疗服务能力，完善覆盖城乡的中医医疗服务网络。全面建成以中医类医院为主体、综合医院等其他类别医院中医药科室为骨干、基层医疗卫生机构为基础、中医门诊部和诊所为补充、覆盖城乡的中医医疗服务网络。提高中医药防病治病能

力，推动"互联网＋"中医医疗。

国家中医药管理局副局长于文明指出，规划目的就是为了提高中医药的服务能力、方便患者就医，提高中医药服务的可及性。

于文明说，通过全面建成覆盖城乡的中医医疗服务网络，实施中医临床优势培育工程、基层中医药服务能力提升工程，来提升中医药的服务能力，尤其是解决重大疑难疾病、慢性病、常见病的服务能力。增加中医院服务供给，保障患者需求，方便患者就医，缓解"看病贵、看病难"的问题。

二、养生保健：加快服务体系建设

加快中医养生保健服务体系建设，支持社会力量举办中医养生保健机构。提升中医养生保健服务能力，推广融入中医治未病理念的健康工作和生活方式。推动中医药与养老融合发展，促进中医医疗资源进入养老机构、社区和居民家庭。推动中医药健康服务与旅游产业有机融合，发展融中医疗养、康复、养生、文化传播等与旅游于一体的中医药健康旅游。

"上工治未病"，中医典籍《黄帝内经》早在 2000 多年前就记载有"治未病"的思想。

"中医在'治未病'中发挥主导作用。"中国中医科学院信息所所长李宗友说，中医"治未病"的预防医学思想是通过养神健体、合理膳食、谨慎起居等方法促进身心健康，达到保健和防病作用。这种理念和方式能够实现让人民群众不生病、少生病、延缓生病、不生大病的目标，还能降低医疗费用，实现"多赢"。

三、继承创新：继承理论方法，加强科学研究

加强中医药理论方法继承，全面系统继承当代名老中医药专家学术思想和临床诊疗经验，总结中医优势病种临床基本诊疗规律；开展中医古籍文献资源普查，编撰出版《中华医藏》。强化中医药师承教育，健全中医药协同创新体系，加强中医药科学研究，运用现代科学技术和传统中医药研究方法，开展经穴特异性及针灸治疗机理、中药药性理论。

中医药在几千年的发展中积累了丰富的防治疾病和健康养生的理论、技术、知识和方法。中国药学家屠呦呦和她的团队翻阅数十本古医籍，终于从《肘后备急方》中汲取灵感，开发出高效、低毒的新型抗疟药"青蒿素"。

在安徽中医药大学原校长王键看来，中医药学术和经验的继承与中医药临床和学术

的创新必须并重并举。"要创新中医药的继承思路和发展思路，创新中医药继承的方法和与时俱进的发展方法。中医药想更好得到健康发展，需要高素质的人才队伍、高水平科技创新、创新体制机制、良好的社会环境和文化环境。在中医药行业领域，要明确目标，理清思路，突出重点，争取在提高临床疗效、学术水平等方面通过创新思路和创新方法的有机结合，得到更好发展和提升。"他说。

四、海外发展：加强对外交流合作，扩大国际贸易

加强中医药对外交流合作，实施中医药海外发展工程，推动中医药技术、药物、标准和服务走出去，促进国际社会广泛接受中医药；推进多层次的中医药国际教育交流合作。将中医药国际贸易纳入国家对外贸易发展总体战略，加强中医药知识产权国际保护，扩大中医药服务贸易国际市场准入；支持中医药机构参与"一带一路"建设，扩大中医药对外投资和贸易。

据统计，中医药已传播到世界上 183 个国家和地区，中医针灸诊所已达 10 万多家，针灸师超过 30 万人，注册中医师超过 5 万人，中医针灸已列入"人类非物质文化遗产代表作名录"。中国政府与外国政府和地区主管机构签订含有中医药内容的合作协议达 85 个。

"规划纲要提出，将中医药国际贸易纳入国家对外贸易发展总体战略，构建政策支持体系，突破海外制约中医药对外贸易发展的法律、政策障碍和技术壁垒，这对我们中药企业走出去将产生积极的推动作用。"天士力控股集团生产制造事业群首席执行官叶正良说，中成药复方丹参滴丸正在进入发达国家主流医药市场的注册和研究体系，中药国际化将带动更多现代中药产品走向世界。

五、文化氛围：推动中医药进校园

推动中医药进校园、进社区、进乡村、进家庭，将中医药基础知识纳入中小学传统文化、生理卫生课程，同时充分发挥社会组织作用，形成全社会"信中医、爱中医、用中医"的浓厚氛围和共同发展中医药的良好格局。

弘扬中医药文化不仅仅在于营造氛围，更重要的是要通过多种形式深入浅出地传播，让民众真正理解和认同。

据了解，北京有 4 个区县的 35 所中小学教授中医药文化知识。2011 年，北京中医药大学在北京东城宏志中学选择对中医药感兴趣的学生，设立"高中杏林试验班"，从高中开展中医药文化教育。2014 年杏林试验班 28 人本科率达到 90%，共有 3 人考入北

京中医药大学。

中国中医科学院广安门医院原副院长仝小林认为，中医药文化进校园的形式非常好。中国传统文化弱化，逐步失去了中医药存在的文化环境。应该让百姓更多地感受中国传统文化，这样中医药才有传承和发扬的根基。

第三章　初创企业一站式指南

第一节　创业十步走

每个人都至少有一个能够改变世界的创意。而初创企业创始人的不同之处，就是他们能够将创意变成实际的行动。

如果你也有创业的想法，行动之前制订一些计划是非常有必要的。但是，一旦做出了创业的决定，你最好马上就行动。

执行力最重要的部分非常简单，那就是开始行动。至于迈出第一步之后要如何继续，可参考以下十件事。

一、市场研究

如果你真的找到了一个好的创意，并且想要将它作为你毕生追求的事业，那么你要做的第一步就是进行市场研究。首先你要写下想要帮助人们解决什么问题。你一定要动笔把它写下来，然后放在办公地点最显眼的位置，让自己时刻都可以看到它。

你要搞清楚有多少人正在面临这个问题，然后与这些人进行对话。至于对话的方式，你可以向潜在客户发起问卷调查，让他们在问卷上告诉你他们的想法。在获得结果之后，你要做的就是研究竞争的激烈性，并且对自己进行优势分析，看看自己是否能够做到与众不同，在竞争中树立优势。在完成调查之后，保留好所有的材料，这些材料在日后的融资过程中有可能会给你帮上大忙。

二、注册企业

1. 新公司成立需要什么?

（1）工商营业执照（正、副）本。

（2）组织机构代码证（正、副）本。

（3）国税、地税登记证（正、副）本。

（4）公章、财务专用章、法人私章各一枚。

（5）验资报告（企业留底）。

（6）公司章程一份。

（注：有的地区已将营业执照、组织机构代码证、税务登记证实行"三证合一"）

2. 如何获得新成立公司所需证件？

（1）当地工商行政管理局申请名称预先核准。

（2）银行开立验资临时账户存钱验资。

（3）当地工商行政管理局办理工商营业执照。

（4）刻章公司刻章（公安局批准的企业）。

（5）当地技术质量检验局办理组织机构代码证。

（6）当地地方税务局办理地税登记。

（7）当地国家税务局办理国税登记。

（8）银行申请设立基本户。

3. 新成立公司要做的第一张记账凭证是什么？

（1）借　银行存款 / 固定资产 / 存货 / 无形资产 / 等。

（2）贷　实收资本。

4. 新成立公司的会计人员要考虑什么？

首先要考虑建立健全各项财务规章制度；然后考虑新公司采用的会计制度、核算方法和涉及的税种；最后，开始建账。

5. 第一个月作账必须解决的税种有哪些？

（1）增值税税额计算。

（2）计提地税税金按照税法要求，主要包括城市维护建设税和教育费附加，多数地区已开始计提地方教育费附加。

（3）其他税种计算及缴纳正常月份，如季度、年末结束应计算缴纳所得税；根据税务机关要求，按季度或半年缴纳印花税、房产税、土地使用税等。

6. 如果公司只涉及地税税种，还要不要办理国税税务登记？

按照《税收征管法》的规定，新办企业必须在领取工商执照起30天内办理税务登记。

实际工作中，为了尽早取得发票开始经营，应在拿到组织机构代码证书后立即开始办理税务登记手续。

国税登记到办事大厅国税登记窗口办理。

合伙企业，如果没有销售行为，只是提供服务（不含修理、修配行业），不需要办理国税登记。

7. 哪些税种到地税申报？

（1）企业所得税（除去在国税缴纳的部分）。

（2）资源税。

（3）个人所得税（除去存款利息缴纳的个人所得税外都在地税缴纳）。

（4）土地增值税。

（5）印花税。

（6）城建税。

（7）车船使用税。

（8）房产税。

（9）城镇土地使用税。

8. 哪些税种到国税申报？

（1）增值税。

（2）消费税。

（3）车辆购置税。

（4）企业所得税。

每月 1 ~ 10 日向所在地主管国税机关申报缴纳税款（其中所得税为 1 ~ 15 日；个人所得税为 1 ~ 7 日）。

对于初创企业来说，公司的注册是一件非常重要的事情。很多事情都会对企业的成立产生影响；同时，成立企业也会影响创业生涯的方方面面。

注册企业是一个非常重要的过程，它代表着你正在将创意变成一个合法实体，而且你还要决定企业的组织架构形式。

三、找办公地点

工作地点的确能够影响初创企业的未来。不同的办公地点适用于不同类别的企业。许多创始人为了省钱，初期都会选择在家中办公；还有一些创始人选择合作办公室，另一部分则选择自己租赁办公室。

不要害怕试验，但是不要让找完美的办公地点这件事干扰了你的工作。

四、获得知识产权

知识产权（IP）就是让某个人或是企业拥有创造某种产品的权利。

知识产权的类型包括专利、版权和商标权等。知识产权对于一个企业能否获得成功至关重要，它可以在竞争中保护你的优势，成为你在竞争中的对外壁垒。

你应该在创业初期就获得知识产权，从而远离模仿者的侵扰。相反，你也不应该成为模仿者，即使是不经意间侵犯了别人的知识产权也不行。你要确认自己的产品没有侵害其他人的知识产权，否则，你将会面临严重的法律指控。在确认自己没有侵犯其他人之后，你应该立刻去注册专利、商标和版权。

五、品牌决策

树立品牌不仅仅是简单地给公司起个名字，它的目的是要给你的创意树立一个身份。你不仅要选一个自己喜欢的名字，还要选一个能够代表你所想要解决的问题，以及使用你的产品所获得的体验的名字。

你可以分析市场上同类产品的成功经验及失败教训，从而给自己的公司找一个好名字；然后去注册企业的域名及其他相关的营销材料；还要写一个好的企业自我介绍，当有人询问你的企业时，能够在几分钟内向对方进行详细的介绍。

六、选择联合创始人

如果缺少了适当的协助，即使最好的创意也有可能急速消亡。事实上，一些投资人在考察初创企业的时候，他们会在研究产品之前先调查创始人团队。如果你已经有了联合创始人，恭喜你；如果还没有，赶快给自己找一个。

你要找一个自己熟悉的人，至少是曾经有过交往的人做你的联合创始人。寻找联合创始人的关键，就是找一个技能上与你互补的人。工作方式和对方的性格也是需要考虑的因素。毕竟你要与这个人朝夕相处，以团队的形式朝着同一个目标努力，如果你们天天吵架，相信结果也不会太好。还有，你们之中也许只有一个人会站在聚光灯下，另一个则要在幕后默默努力，你们事先要有这样的思想准备，并且做好分工。

七、撰写商业计划书

让自己的初创企业沿着正确的道路前行，最好的办法就是撰写优秀的商业计划书。还记得此前所做的市场调研吗？现在用上它们了，确定长期目标，并且制定多个短期目标，让自己不断跨越一个又一个里程碑。

八、寻找成功的创业导师

创业导师或许并不是所有人都需要，因此，你首先要确定自己是否需要一个创业导师。如果你暂时还没有创业能力，没有丰富的成功创业经验，没有社会资源，那么，建议你最好能寻找一个经验丰富的成功创业者来做你的创业导师。创业导师应该能够给你带来巨大的改变和帮助。也许你和你的联合创始人有着极强的专业技术，但是一个优秀的创业导师能够让你更好地了解产业、市场渠道，帮助你制订更适合创业项目的商业模式、盈利模式、营销模式、薪酬体系，给你带来更好的资源，让你少走弯路，尽快步入正轨，帮助你在遇到困难和挑战时成功克服它们，从而迈向成功。

九、入驻创业孵化园

如果你需要额外的资源和技术，可以考虑入驻创业孵化园。初创企业可以在这里获得快速的成长，因为孵化园里的项目加速器有着丰富的导师网络资源，有时候还能为你提供小额投资。

孵化园还能让初创企业得到接触媒体的机会，并且让你与其他初创企业得到接触和合作。

但是有一点需要注意的是，通常情况下这些项目会向你要求一部分股权，毕竟天下没有免费的午餐。

十、融资

对于许多初创企业来说，继续向前发展缺不了资金的支持。因此，企业创始人会以企业股权为代价，从天使投资人或风险投资人（VC）那里换取资本和建议。这些资源将会为初创企业提供巨大的帮助。不过，融资也有缺点，在进行融资之前，你必须对这些缺点非常明确。

如果你的企业需要融资，首先要做的就是确定自己到底需要多少钱，以及进行融资会对你的初创企业产生什么样的影响。在搞清楚这些问题之后，你要确定的就是融资的方式，是众筹、天使投资人还是传统 VC 机构？再之后，你就要努力练习自己的融资演说了。

以上内容自然无法涵盖创业过程的方方面面。然而，完成这十个步骤至少能够让你行动起来，成为一名真正的创业者。

附：大学生创业，资金从哪里来

2016 年，全国高校应届毕业生总量将达到史无前例的 765 万，人数再创历史新高，就业创业工作任务十分艰巨。在此情况下，教育部提出高校要建立弹性学制，允许在校学生休学创业，大学生创业随即成为当前的社会热点话题。在国家的倡导和鼓励下，越来越多有梦想的年轻人，舍弃了看起来光鲜亮丽的职业，踏上了创业的征途。

当前我国大学生创业面临一个较好的时代机遇。如今的大学生是网络主力人群，互联网伴随他们的成长，能接触到广泛的资讯，造就了他们追求不同、敢于创新的特质。尽管有来自政府、高校、社会的各方面有利条件，大学生创业仍然面临很多障碍。创业的门槛不仅在于它需要更高的胆识、个人能力和前景广阔的创业项目，还在于它需要投入一定的资金以启动和维持项目。2011 年中国青少年网络协会发表的《全国大学生创业调研报告》中认为，"资金"问题是大学生创业过程中需要面对的首要客观因素（83.3%）。

"巧妇难为无米之炊"，大学生创业过程中如何解决资金问题呢？通过走访和调查发现，大学生创业，资金主要来自以下四个渠道。

（一）父母资助

据教育数据权威分析机构麦可思的数据研究，父母、个人储蓄和亲友赞助是大学生创业的主要资金来源，占到了总来源的 80% 以上。但是，自筹资金数量非常有限，远远满足不了创业启动和运营对资金的需求，一旦创业失败，不仅父母多年的积蓄全部打了水漂，而且很有可能会背负上沉重的债务。

调查中发现，多数大学生的创业资金来源于父母的资助。如某大学大四学生靳某和她的老公李某一起创办的米粉店在网络上颇有名气，他们最初的创业资金即来源于父母资助。在 2014 年他们领了结婚证之后，李某的父母拿出平时省吃俭用的 10 万元存款交给他们，作为新婚贺礼，这就是他们创业的初始资金。靳某说："如果想开一个小店的话，可以通过众筹的方式，也可以通过借钱的方式。但是很多大学生不敢借钱，觉得还没工作就欠债了，心里有负担。"靳某和她老公的创业之路走得颇为顺利，他们用两个月的时间就把父母给的创业资金挣了回来，现在又从朋友那儿拿到一笔 100 万元的资金，他们已经一步一步接近自己的梦想。

与靳某相比，李某的创业之路则显得较为坎坷。大学毕业生李某从大二就开始创业，他和朋友一起创办了一个针对在校大学生的零售网站。创业资金全部来自父母的积蓄，创业几年来，前前后后花掉了父母十几万元，这几乎是父母的全部积蓄。李某说："去年一年花了一二十万元，把我们的本钱还有赚的钱全部花出去了。今年年初的时候，我们一分钱都没有了，连进货的钱都拿不出来。"最后他只能再次求助于亲友。资金的问题暂时解决了，但是向亲友借钱也意味着一旦创业失败，除了沉重的经济债务，还需要承担更多的情感负担。

李某面对的问题，是很大一部分大学生创业者共同面对的问题。

（二）大学生创业贷款

大学生创业贷款，是银行等资金发放机构对各高校学生发放的无抵押无担保的大学生信用贷款。随着国家对大学生创业的日益支持和重视，各级政府出台了许多针对大学生创业的贷款优惠政策。如天津市政府今年规定，大学生创业并取得工商营业执照的，均可申请小额担保贷款，可给予最高30万元贷款；对已经成功创业且带动就业5人以上、经营稳定的创业者可给予贷款再扶持，贷款总额度最高50万元。

虽然大学生创业贷款已推出多年，但申请到贷款的大学生比例仍然很低。以某市为例，截至2014年4月末，该市大学生获得创业贷款仅占创业贷款余额的2.83%。一边是大学生创业者求"钱"若渴，一边是专项担保基金资源闲置。

李某说，他之前也考虑过申请大学生创业贷款。为了拿到贷款，他积极奔走于工商、税务、银行、街道等多个政府部门之间，但是努力了几个月，依然拿不到贷款。"手续特别麻烦，需要一个部门一个部门跑，我也没有经验，所以经常是一个部门要去好几次。"李某表示，针对大学生的创业贷款额度较小，审批困难，"还不如去办张信用卡"。

李某所反映的大学生创业贷款难的问题，全国政协委员、华东理工大学副校长钱峰在两会提交的《关于协同促进大学生创新创业的提案》中也提到：在校大学生由于缺乏商业信用，信用档案与社会没有接轨，导致融资借贷困难重重。由于大学生创办的多数是风险大、规模小的小微企业，还贷能力比较弱，而且学生信用等级难以评估。尽管有国家政策担保，但是为了最大限度减少风险，经办银行仍然会反复考察、仔细评估，慎之又慎。

（三）创业扶持资金

近年来，国家和各级地方政府及相关金融机构相继出台了一些有针对性的大学生创业资金扶持政策。如某省一年拿出了 3000 万元专项资金，通过对大学生创业项目吸纳就业能力、科技含量、潜在经济社会效益、市场前景等因素的综合考量，对符合条件的创业项目提供 2 万元、5 万元、10 万元、15 万元 4 个档次的创业扶持资金。

除了各级政府外，一些高校也推出相关的创业资金扶持政策。如某大学从专项资金里拿出 100 万元资助 20 个大学生创业项目。有创业意愿的学生，如果有项目经过评审答辩，就能入驻学校的创业园，并得到学校的扶持和资助。

这些创业扶持资金体现了政府和高校对于大学生创业的支持和鼓励，确实可以解决很多大学生的燃眉之急。但是这些资金规模普遍不大，并且帮扶范围窄，申请门槛高，实施起来困难重重。

据了解，有大学生创业者说，国家政府现在已经出台了很多扶持大学生创业的政策，但是真正落实的不多，学校虽然有一些对创业项目的资金支持，但是对于创业项目、创新项目的评估非常模糊，他们会觉得你卖东西、卖饭这些都不算创业。而且创业贷款政策真正落实很少，名额非常少。

（四）风险投资

风险投资是由职业金融家投入到新兴的、迅速发展的、具有巨大竞争潜力的企业中的一种权益资本。这种投资方式与以往抵押贷款的方式有本质上的不同。风险投资不需要抵押，也不需要偿还。对创业者来讲，使用风险投资创业的最大好处在于即使失败，也不会背上债务，这样就使得风险投资成为年轻人创业最为青睐的资金来源。美国的苹果电脑公司、SUN 微系统公司等，都是借助于创业风险投资的资金和管理迅速发展起来的。

一些科技含量高、市场前景广阔的大学生创业项目受到了风险投资的青睐。如由北大学生陈越、梁中良等创办的在线教育网站"榜样网"，该网站旨在连接知识学习者和知识传授者，主打北大、清华状元榜样服务。由于该项目市场前景广阔、团队能力强，所以得到了上千万元的风险投资。南方医科大学以大四学生张希如为首的"水与争锋"团队，设计研发了一款新型的个人便携式净水器，拿到了行业内一家知名企业 100 万元的风险投资。

但是，对于大学生创业者而言，相当多的创业计划都是对服务业或者是传统行业的翻版，创业项目层次低，并且科技含量不高；同时由于大学生创业者往往缺少实践经验，项目缺乏明显的优势和特点，实际可操作性也不强，因此很难吸引风险投资人的关注。通过对北京地区创业大学生的调查发现，只有 6% 的创业项目能够得到风险投资人的资助。

第二节 硅谷创业教父给创业者的 13 条创业金句

Paul Graham 是全球知名的程序员，也是最为人称道的硅谷「创业教父」。

Paul Graham 在 2005 年与 Jessica Livingston 共同创办了 Y Combinator 孵化器。经过 10 年的发展，Y Combinator 孵化器已经成为美国乃至全球最出名的创业孵化器，成功地孵化了 841 家创业公司，这些创业公司共计获得 72 亿美元的融资，已有 102 家创业公司成功退出。

对于想要创业的人来说，第一次创业总会有些紧张和忐忑，如何用最简单的话给创业者指引呢？ Paul Graham 给了所有创业者 13 条创业金句：

1. 挑选优秀的联合创始人。

2. 速度决定创业并开发产品。

3. 让创意不断进化（绝大多数创意会在实践的过程中实现）。

4. 了解自己的用户（许多成功的创业企业最开始的时候就是为了满足创始人自己的需求）。

5. 让一小部分用户喜欢你的产品，好过推向市场被一些人诟病。

6. 提供让人惊讶的、优秀的客户服务。

7. 做自己关心的事情（人们喜欢去证明自己的选择）。

8. 尽可能地减少开支。

9. 获得"拉面成本"，足够日常开销，勉强维生。

10. 避免分心（最怕的就是创始人给员工计日薪和顾问费）。

11. 不要士气低下。

12. 永不放弃。

13. 创业路上，谁都有可能失败。

第三节 开始创业行动

简单地了解了如何去创业和一些注意事项之后，就可以开始考虑行动了，但行动之前请先确定，你是准备用自己的创意去开发新市场呢，还是准备进入已经有竞争的市场。

一、原创创业想法

想要获得此类创业想法，请先问自己这个问题：你希望别人为你做什么？

如果你想得到一个原创创意，Paul Graham 建议创业者把精力更多地放在"创意"的部分，然后才是"创业"的部分。把那些原本看起来支离破碎、体验不佳的东西都修复好，先不去管这样做能不能让你成立一家创业公司。如果你真的能坚持这么做，那么最后肯定能想出一些对很多人来说有价值的创意。如果你找到了这样的创意，那么恭喜你，可以去创业了！

如果你最初的创意被人们当成是玩具，也千万别泄气。实际上，你的创意应该是值得称赞的伟大设计。因为，人们之前可能并不认为存在这样的解决方案，但实际上它可以帮人们解决大问题。

相比为用户提供解决方案，如果你能为人们创造出一个新的需求，后者带来的价值要远远超过前者。

二、如何获得创业想法

最好的创业想法都有 3 个共性：①创始人对产品有需求。②创始人可以解决自己的需求。③很少人能意识到这么做有价值。

如果按照这种思路来创业，那么创业者应该去解决已经存在的问题。然而，创业者们最容易犯的错误就是，他们解决了一个用户并不存在的问题。

你可以打造一款大多数人想要的产品，也可以创造一款很少有人需要的产品。Paul Graham 给创业者的建议就是，先选择后者。

如果马克·扎克伯格当初只是开发一款针对哈佛大学学生的网站，那么就不存在现在的 Face book（脸谱网）了。Face book 是一个优秀的创意，虽然它起步于很小的市场，但是这个市场提供了快速发展的通道。每个大学都有相似的环境，如果这款产品能在哈佛大学风靡，那么肯定可以在其他大学复制。

各位创业者，你要知道，创业公司被竞争对手消灭的概率很低，低到不用考虑其存在的可能。如果你做的东西没有竞争对手，或者说刚好解决了一部分用户最着急的需求，恭喜你，你抢占先机了！

其实，如果进入的是一个竞争激烈的市场也是不错的选择，因为竞争激烈有两方面的含义，一是市场上存在需求，二是现有的解决方案并不够好。

别做可以快速规模化的产品，创始人在创业初期做的许多事无法规模化，第一件就是去寻找并获取首批用户。几乎所有的创业公司都得这么做，别指望用户能自己找上门来，创始人需要走出去，接触潜在用户。

我们鼓励每一家创业公司都按周来衡量公司发展状态。如果有 100 名用户，那么按照 10% 的增长率，下周就应该有 110 名用户。虽然看起来 110 比 100 没多多少，但是看到 10% 这样的增长率，还是挺让创业者激动的。按照每周增长 10% 的速度，一年之后，你将有 14000 名用户；两年之后，你将有 200 万用户！

这时候你会发现，随随便便就可以获取到 1000 名用户，但是 1000 名用户对 200 万来说，九牛一毛，增长率几乎可以忽略不计。对于创业者来说，刚起步的时候先人工获取用户，然后慢慢地转移到自动获取的方式去。

如何人工获取用户？如果你的产品解决了自己的需求，那么只需要找到同类人就可以了，这样的获取方式最简单。如果不是的话，你需要下点功夫，找到相应人群的地点。一般来讲，想要获取第一批用户，可以不带目的性地发布产品，然后观察哪一批用户在使用时更热情，然后找到更多此类用户。

Tim Cook 不可能在用户买了一台 Mac book（苹果笔记本电脑）之后给用户寄去一封手写信，因为苹果公司做得太大了；但是你可以，这就是创业公司「小」的好处：你可以提供许多大公司无法提供的服务。

创业公司的目的就是快速的发展。在 Y Combinator 孵化器里，创业公司被要求每周增长 5% ~ 7%。如果一周增长了 10%，那么说明你做得特别好；如果一周只增长了 1%，那么就说明你并没有做得很好。

判断创业公司发展速度的最好标准就是收入，然后才是活跃用户。

我们一般建议创业企业挑一个可以完成的增长指标，然后努力在孵化过程中按周完成这一指标。关键就在于"努力"二字。如果他们决定选择 7% 的周增长率，那么他们这一周就算成功了。如果超过了 7%，就别再努力去超越了。但是如果没有达到目标，那么说明他们在这种大事上都没有完成好，需要得到相应的警告。

创业成功是小概率事件。

有数据显示，90% 甚至更高比例的创业公司都会失败；就算拿到投资，51% 的创业公司在五年内也会销声匿迹。

失败不一定是坏事，也没有什么可耻的，如果创业者和后来者能从创业失败的案例中总结教训、获得启发，创业成功的概率就会大很多。

从这个角度看，我们需要对创业失败的原因进行一些总结和分析。

美国纽约的风险投资数据公司 CB Insights，近日在调查、访谈及研究 101 家失败的创业公司案例后，总结了以下 21 个败因。

1. 没有市场需求

创业公司成功的一大前提是解决了用户真实存在的痛点及需求，但很多创业公司并没有找准客户真实的需求，从而掉入了伪需求陷阱。

2. 烧钱太多

创业公司拿不到投资会缺钱，拿到投资却不能科学规划、精打细算地用，甚至一味地用烧钱的方式来获取关注、获取流量、获取用户、招聘过多的员工、办公大楼追求"高大上"，这些做法很容易导致企业资金链断裂，没法继续进行正常的企业经营而导致失败。

3. 团队不给力

创业公司团队缺乏足够的凝聚力、战斗力、行动力，缺乏专业的技能或共同愿景，都会成为创业公司的致命伤。

4. 输给竞争对手

有些创业公司由于对同行的竞争对手缺乏足够的了解及相应的应对策略，如对产品或服务的用户体验、专业性能及相应资金支持、商业模式、盈利模式、市场渠道等一系列细节准备不够充分，这些都可能导致创业公司输给竞争对手。

5. 成本控制不行

一些创业公司提供的产品或服务，质量非常好，也有极强市场需求，但它的成本过高，导致回报率太低，公司产值和盈利都很低，甚至入不敷出、发不起工资，导致创业公司失败。

6. 品质控制不行

产品的质量是企业生存的命脉，如果创业公司一开始就不注重产品的质量和服务，不把客户当回事，结果必定是用户也不把创业公司当回事，最终导致创业公司没有客户而失败。

7. 没有商业模式

创业光有很好的创意还远远不够，创业者应该从开始就设想并规划相应的商业模式（即通过什么样的营销手段及渠道把产品卖给消费者）。

8. 市场营销糟糕

酒香不怕巷子深的时代已经过去了，针对目标用户群进行精准、科学的营销是创业者的一门必修课。一个创业公司缺乏专业的营销队伍，往往是导致创业公司失败的主要原因之一。

9. 用户需求失焦

创业公司在创业初期一定要专注聚焦自己的主业，不要分心，否则会导致无法聚焦真正的用户需求，从而导致用户流失、创业失败。

10. 新品推出时机不对

市场环境不断变化，过早或太迟推出一款新产品 / 服务，对创业公司都有害。

11. 企业愿景不聚焦

不断改变创业愿景构想，是一些创业者自大自恋的表现，导致无法聚焦产品背后的真实需求。

12. 创业公司内部不团结

创业团队内部不团结或创业者与投资人因产生重大分歧而闹成僵局，这往往也会导致创业公司失败。

13. 创业公司的发展重心不明确

创业公司在开展一个重要的创业项目时，如果没有仔细审查该项目的可行性，又缺乏足够的数据支撑，那么，创业公司会被带到阴沟里去而导致创业失败。

14. 缺乏持续的创业激情

"理性择业，激情创业"，任何创业者在创业的路上都会遇到无数的问题与挫折，如果创业者一遇到困难就萎靡不振、激情不再，那么，就不会再有心思去为创业梦想而行动，这样也会导致创业失败。

15. 选址错误

创业要想获得成功，除了需要天时，还需要地利。选对创业地址有利于聚焦同行人才、相互交流、摩擦出好的创意，逐步形成专业市场，为该地段带来足够的人流量（例如电脑城、灯具城、机电城），这样有助于创业公司获得更多的客户，从而有利于创业公司获得成功，反之，容易导致创业失败。

16. 创业融资失败

如果公司的创业项目、创业团队、商业模式、盈利模式、企业愿景等不能让投资人感兴趣，那么，表明公司在以上某些方面或多方面存在严重的问题，从而导致融资失败，最终导致创业失败。

17. 法律困扰

突如其来的法律问题，如企业偷税、漏税、虚假宣传等问题，这些都容易让创业公司陷入困境、声誉倒地，进而导致企业倒闭。

18. 缺乏良好的人脉资源

俗话说"三分能力，七分关系"，创业者的人脉，都是创业时可以运用的资源，用好了可以让创业事半功倍，反之，则创业困难重重。

19. 陷入倦怠

创业者在创业时经常加班加点、废寝忘食，常常无法平衡工作与生活，如果不能调节好，到某一刻就容易进入倦怠期，甚至身体健康出现严重问题而无法继续创业。

20. 不愿面对失误

一些创业者由于个性倔强，当他们犯了错时，要让他们主动承认并承担由此而带来的不良后果是一件非常困难的事，这样容易导致公司员工和客户都对此失望而纷纷离职，进而导致企业人去楼空、创业失败。

21. 兼职创业

公司创业初期有很多的事情需要去做，如公司的项目选定、创业团队的打造、商业模式的制定、市场的拓展、产品的销售、岗位人员的招募培训等都需要投入大量的时间，如果创业者采用兼职创业，就无暇顾及公司的方方面面，最终也容易导致创业失败。

第五节　创业中应注意的事项

一、尽早地发布产品

要尽快地获得 1.0 版本的产品，然后根据用户的反应来进行优化、升级、改进。并不是说让创业者发布一款充满 Bug（程序在设计过程中的漏洞）的产品，而是要发布一款有功能、实用的 MVP（最小可行的产品）。所有用户都讨厌 Bug，但如果用的是 1.0 版本，会有所宽容，Bug 以后会修复的。

二、不断地提供新功能

确保公司网站的系统每 1 ~ 2 天都进步一些，让它越来越好，用户喜欢不断更新进步的网站。如果你能够按照用户的建议来修改，他们会越发喜欢你的产品，因为用户已经厌倦了忽略用户反馈的那些大公司。

三、不要犹豫不决

创业切忌犹豫不决，毕竟商机稍纵即逝，机不可失、失不再来。创业公司创始人最重要的创业品质就是敢于果断的做出抉择。当然，是指那种让事情向良好方向发展的果断。果断之余，也要灵活。

四、别对某件事抱有太大的希望

我们支持创业者对于自己的能力、团队、项目及商业模式等要有信心，但同时也希望创业者做好失败的最坏准备。当你听到有人说出"我们想要投资你"或"我们想要收购你"的时候，我希望作为创业者的你心里能这样想："这个事情能成固然好，不成的话，我也有第二套甚至多套方案把公司做好。"总之不要在一棵树上吊死，只有这样，才不会出现一旦事情没办成而导致公司束手无策，甚至倒闭的现象。

五、注意该用什么方法去说服投资人

要想说服投资人给你投钱，首先要能说服你自己，让自己觉得这家创业公司值得投资，然后才是找机会来说服投资人。说服自己的时候，我不建议你玩那些文字游戏、智商游戏，因为这样做的结果只是提高了自己的自信心而已。我的意思是真正地去衡量你

这家创业公司是否值得别人给你投资。如果不值得投资，那么就没有必要去融资了。但是如果值得投资，那你就在说服投资人的时候讲真话，真实地把你的项目优势、团队优势、商业模式的先进性、能给客户带来哪些价值、你比同行有哪些优势等一五一十地讲给投资人听，他们在听的时候会感觉到你的诚意。如果你的公司真的能创造有价值的东西、能给投资人带来比较可观的投资回报，即便你面对投资人很紧张、条理不太清也没有关系。

第六节　融资，如何路演

能否吸引投资人、能否通过路演顺利融资，这对一个创业者和一家初创企业很重要，因为能否解决公司资金短缺的问题将在很大程度上决定一些企业的生死存亡。因此，一场专业的路演就显得格外重要，现在我们就来谈谈路演时应该注意的一些问题。

一、要尽快告诉投资人你正在做什么

尽快告诉投资人你正在做什么，最好在路演开始的第一句话就说明白，因为每个投资人都很想知道"你正在做什么"。

二、要快速进入产品 Demo（演示）

无论你怎样描述产品的好，投资人都会质疑你所说的一切，因此，尽快向投资人做产品演示是解释产品最有效、最生动、最直接的方法。

通过产品演示，让投资人看见你的产品真实效果，从而相信产品会有很大的市场前景，相信产品将会给客户带来很大的价值。同时，投资人也能展望到投资你将会有很好的投资回报，这样才能让投资人和你继续聊下去。

三、最好双人 Pitch

由于路演时是一个人在讲，一个人在操作幻灯片和 demo（演示）来配合，因为 Pitch（推介）的时候是站在很多人面前，而且要面向他们讲，出于礼貌，所有人的注意力都会全部放在你的身上，因此，为了路演达到理想效果，最好两个人在台上。

四、不要说无关紧要的话

一般来讲，由于一次路演只有几分钟的时间让你登台演讲，因此，请你把时间都放在产品是什么、为什么优秀、怎样让客户购买、怎样盈利等上面，让投资人在较短的时间里有比较全面的了解。

五、不要过于深入讨论商业模式

当你在台上简单 Pitch 的时候，精明的投资人是不会过多地考虑你讲的商业模式的，因为你在 PPT 里展示的商业模式，很有可能是错误的。因此，路演时不要过于深入地讨论你的商业模式。

六、要控制好语速，让观众听得懂

如果你感觉自己说话的语速很快或者很慢，那就请多多练习，让自己的讲话速度适当，同时，也要注意恰当的停顿，把握好说话的节奏，让投资人和观众能听得懂你讲的话。

七、让一个人来发言即可

创业公司很想展示多个合伙人地位平等。这是个不错的习惯，投资人也讨厌股权分配不明的团队。但是让所有合伙人都参与 Pitch 并不好，这么做会让投资人分心的。

八、要自信、让别人看起来你很有信心

路演时，你要表现得很有信心，因为你的信心是可以传递和感染投资人的。具体是通过你的着装打扮、面部表情、眼神交流、肢体语言、语速语调等方面让投资人觉得你很有信心，而不是你告诉投资人你很有信心。绝对不要说"我们很有激情或我们的产品很棒"，如果你真的做出了很好的产品，在你和投资人讲话的时候，他们会很感激你给他们带来了这么好的项目。

九、不要为了融资而做假

路演时，你需要做的只是去说服投资人，让他们觉得你很聪明，让他们意识到你正在做你所擅长的事情。如果你努力去掩饰自己的不足，如假装在与联合创始人合伙或者假装自己知道很多事情、假装有很多 VC 在主动找你、假装自己有很好的人脉圈子等，经验丰富的投资人很清楚站在台前的你到底是什么样的人，你的融资就可能会

泡汤。

十、PPT 里不要太多文字

路演时，如果 PPT 里面的文字太多，大多数投资人选择不看，也根本看不清。尽量少看 PPT，别照着 PPT 来念，你只需在 PPT 里列上需要特别注意的数字并配好相关的图片就好。

如果你有数据，可以把数据列上去。PPT 里的数字更容易记在投资人的脑子里。如果你能告诉投资人，每一个访问你网站的访客能产生 12 次 PV，那就最好了。但是给的数字不要超过 4 ~ 5 个，只列出需要特殊注意的数字即可。也没太多必要告诉投资人你的产品所在的市场规模有多大。

十一、讲关于用户的故事

如果你能在 Pitch（推介）的时候告诉投资人一两个有关用户使用产品后解决问题的故事，那最好不过了。告诉投资人，用户在使用了你的产品之后，是如何解决问题的。接下来可以讲自己朋友或者孩子的故事，一定要是亲身经历的事情，这样才更有说服力，更容易打动投资人。

十二、在投资人的脑海里留下一句话

路演结束时，对投资人说，我们这家创业公司是"xx 界的 xx"，比如我们公司是餐饮界的 Uber、我们公司是培训界的领航者等。这样，就会让投资人对你公司有一个深刻的了解。

第七节　创业方式

看菜吃饭，量体裁衣。大学生或者创业新手创业，需要根据自己的经验、资金、社会资源、产品、综合能力等选择一个适合自己的创业方式。并不是所有的创业方式都适合每一个创业者。

现在，我们就来了解一下最常见的九种创业方式：

一、自建公司

自己或者与其他人共同创办企业，是公司的创始人。这需要你对企业的人、财、物、进、销、存、产等各个环节有深刻的了解及相应的实操能力。

二、网上创业

利用现成的网络资源创业。网上创业主要有两种形式：①在网上注册开网店（如微店、淘宝店等）；②网上加盟，以某个电子商务网站门店的形式经营，利用母体网站的货源及各种销售渠道创业。

三、加盟创业

加盟成功的品牌企业，利用其品牌的影响力、借助其成功的经营模式、共享其各种可用资源，采取合伙经营、直营、特许加盟等形式连锁加盟，投资金额根据所在城市、品牌知名度、商品种类、商品数量、店铺要求、加盟方式、技术设备的不同而不同。

四、公司内部创业

公司内部创业指公司里一些有创业意向的员工在公司的支持下，承担企业内部某块业务或项目，并与企业按事先约定的分配比例分享成果的创业模式。创业者在无须投资的情况下，就可借助企业的品牌、资金、产品、技术、资源、市场渠道等创业资源获得成功。由于内部创业具有借力使力、借船出海的优势，因此也受到越来越多创业者的关注和喜爱。

五、兼职创业

兼职创业就是利用工作之余的时间去创业。如教师可开培训班；培训师可利用节假日举办培训；业务员可兼职代理与自己公司不相冲突的产品；设计师可自己开设工作室；编辑、撰稿人可朝媒体、创作方面发展；会计、财务人员可代理做账理财；翻译可兼职口译、笔译；律师可兼职做法律顾问和其他事务所合作；策划师可兼职广告、品牌、营销、公关咨询等。

六、团队创业

寻找到具有相同或者相似相近的价值观、具有互补性、有共同兴趣的人组建团队进行创业。如今，单打独干的创业时代已经过去，而团队创业已成为趋势。由于团队成员各有各的优势且具有优势互补性，因此，团队创业的成功概率会更高。一个团队如果有产品研发、先进技术、擅长策划、市场营销、团队建设、企业管理、融资、社会资源等各种人才组成，那么，这样的创业团队创业成功的概率将非常高。

七、大赛创业

创业者通过参加各种商业创业大赛、创业挑战赛，从而获得创业资金及创业平台，如雅虎（Yahoo）及"驾了么"等企业都是从商业竞赛中脱颖而出的，因此也被形象地称为创业孵化器。

八、点子创业

点子创业即凭借创意、点子、想法去创业。当然，这些创业概念必须标新立异，至少在打算进入的行业或领域是个创举，只有这样，才能抢占市场先机，吸引风险投资机构的眼球。同时，这些超常规的想法还必须具有可操作性，而非天方夜谭（如成都电子科技大学学生的"鱿鱼西施烧烤加盟连锁店"）。

九、收购兼并企业创业

收购兼并企业创业就是如果自己有比较多的资金，可以投资收购兼并那些已经开始盈利，而且市场前景很好但缺乏后续资金支持的企业（如当年孙正义投资马云的阿里巴巴）。

第四章　创业应具备的个人品质能力及思维

在当下这个"大众创业、万众创新"的时代，创业已成为社会关注的焦点，但已经成为一名创业者的你，能否成为创业焦点的中心？下面我们就接地气儿地谈一下作为一名优秀的创业者应该具备的优秀品质及能力。

第一节　创业者应具备的个人品质及能力

一、做最好的自己

"先做人，后做事"，《围城》里有这样一句话："无论做什么事，做人为先。"把自己做好，别人才会喜欢你，进而才会愿意与你合作，这样才容易做成事情。那么，如何做到让别人喜欢你呢？在具体交往中，我们所看中的往往是领导人自身的人格气质，如诚实、自信、感恩、坚韧、勇敢、行动力、学习力等，好的企业领导者多习惯于真诚地欣赏他人的优点，对人诚实、正直、公正、和善、宽容。在《事业革命》一书中提出了创业者的5种人格特征：愿意冒风险、能分辨出好的商业点子、决心和信心、壮士断腕的勇气、愿意为成功延长工作时间。

二、激励他人的能力

组织起一个优秀的团队，是一件非常艰难和重要的事情。激发起他们的热情，挖掘出每一位团队成员的聪明才智与潜力，并将他们协调起来，是成功的创业者必须具备的一种能力。一个成功的创业者必须是一个能激发起员工动力的人。

三、勤劳务实

"踏踏实实做人，扎扎实实做事"。创业是一项需要全身心投入的事业，不是打打闹闹，企业秉承务实的精神建立自己过硬的产品和服务，取得市场和消费者的认可和信赖，这才是企业长盛不衰的保证。创业者只有具备这样积极的态度和务实的精神，方能创业成功。

四、热情和责任

兴趣是最好的老师，热情是创作的动力。创业者是企业的核心，他对事业的热情必定会感染企业的职员，从而将各项工作搞得有声有色。同时，只有强烈的责任感、使命感，才能使创业者无论遇到什么样的困难，都有完成事业的决心。

五、心态积极

创业的道路上既有成功，也有失败，无论是面对成功还是失败，创业者都要充分发挥坚忍不拔的品性。同时，创业者不仅要培养自己面对失败坚忍不拔的品质，而且要在公司内部建立一套宽容的机制，允许公司员工犯错误，鼓励员工勇敢地去创新。现实中，每一位成功的创业者都拥有一颗积极的心态。

六、善于聆听

聆听是最好的倾诉，陪伴是最长情的告白。能够听得进去别人话的人必然是一个有自己想法的人，他往往有一整套自己的逻辑规则，广开言路、集思广益，能够善于倾听他人话语，并从中发现自己的问题加以改正，这是一个创业者必备的能力。

七、终身学习

世界上没有浪费的经历，也没有永远的经验，你今天所做的任何事情，终会在某一天派上用场。学无止境，我们已进入知识经济时代，终身学习越来越成为我们生存发展的必要，它的意义就在于培养一种学习习惯，不断提升我们自身的能力及素养，以适应事业和社会发展的需要。时代变迁、商界风云变幻，竞争无处不在，作为一名创业者，若想获得创业成功，就必须与时俱进，成为一个终身学习者。

八、经营能力

一个优秀的创业者，必须懂得建立正确的创业理念，也懂得采取有效的经营策略。理念是源头，策略是源头流出来的活水。如果创业者缺乏经营的能力，不懂得在有限的创业资源中把握源头和活水，企业经营就会出现诸多危机。

九、重视人才

企业最好的资产是人，创业者的美德在于挑选好的合作伙伴。选一个适合的人，比选一个优秀的人来得重要。一般而言，企业所看重的人才的品质包括3种特质：一是必须精力充沛。有精神、有气派，这样的人可以走长途，可以感染人，适应变动。二是要正直。考虑个人利益的同时，能够考虑到公司的利益。三是要有智慧和胆识，有进行独立思考的能力和魄力。"萧何月下追韩信"、刘备"三顾茅庐"都是识人用人的经典例子。

十、坚定的信念

信心是成功的起点，成功的信念比成功本身更重要！无论遇到多大的困难与挫折，创业者都必须拥有坚定的信念。只有拥有坚定信念的创业者，才能战胜创业道路上的种种困难、挫折，才有可能获得创业成功。

十一、适当的冒险精神

敢想更要敢做，不要"晚上想想千条路，早上起来走原路"！心动更要行动，年轻的创业者，不仅要拥有远大的梦想，更重要的是要立即为自己的梦想付出行动，而且是持续不断的行动。

十二、持续的激情

理性择业、激情创业。创业者不仅自己要拥有激情，保持良好的、积极的情绪状态，更重要的是带动团队保持持续的激情。

创业就是面对困难与挫折，并想法去克服困难、解决问题的过程。

马云说：短暂的激情不值钱，持续的激情才值钱。

怎样才有持续的激情呢？多参加成功人士的励志教育、看励志书籍、听励志音乐、参加培训、自我激励等。

十三、高效的学习力

高效的学习力是人与人之间唯一的竞争力。21世纪，我们每一个人都处在速度、多变、危机的时代，这是一个"快鱼吃慢鱼、速度制胜的时代"，创业者唯有成为一名高效的学习者方能立足于这个竞争激烈的社会。

十四、敏锐的市场洞察力

创业者对市场、商机要有敏锐的洞察力，要有眼光及远见，善于从国家的政策、新闻中洞察商机、捕捉机会。如中国在召开全国两会时所释放的"三农政策"，就可以让我们意识到发展规模化的现代农业（特色种植业、特色养殖业）会有很好的市场前景等。

十五、果断的决策力

面对问题，我们需要考虑，但必须快，否则机会稍纵即逝，或者问题越来越严重。

创业是边做边完善的事，如果等到什么都完善了，机会就没有了。该出手时就出手，抓住时机果断出手，这就是创业。

十六、灵活的创新能力

创新引领创业，创业先创新，这是一个创新的时代，适者生存。因此，创业者要有意识地培养自己灵活的创新能力。

十七、持续的行动力

信念铸就伟业，行动成就梦想！

马云说得好："今天很残酷，明天更残酷，后天很美好，但很多人都死在了明天晚上，见不着后天的太阳。"创业成功不是一蹴而就的，在创业的过程中，会随时遇到各种各样的问题与困难，这就需要创业者做好打持久战的思想准备，做一个有持续行动力的创业者。

第二节　创业者应具备的思维

一、创业思维

创业是一个国家快速发展的核心力量，是国家富强之动力源泉。创业思维是创业行动的前提和核心。一个拥有创业思维的创业者，在创业过程中遭遇困境时，会不断克服困难，寻找新的方案和解决办法，促使自己的创业活动不断获得成功。目前，我国的创业成功率极低，尤其大学生创业者面临创业"双低"的境地，即创业率低，成功率低。创业率低最大的原因是我国创业者的创业意愿不够坚定，缺乏创业精神去看待创业的风险，缺乏创业能力去应对创业的失败局面；而创业成功率低大多数是因为创业者缺乏对创业的正确认识，没有正确掌握成功创业的方法，缺少创业思维对创业实践的指引。因此，提升我国创业者的创业思维，尤其是培养大学生创业者的创业思维势在必行。

（一）思维的构成要素

当人类的思想不断聚集，发现事物的内部本质联系和规律性就会形成特定的思维。思维是认识过程的高级阶段，是为了完成某项任务时大脑进行的活动，通俗地说，思维就是思考、思索。

思维是一种能力，是先天与后天结合、学习与实践结合的综合能力。思维主要由三个基本要素构成：智力、知识与才能。首先，智力取决于基因和后天环境的影响与教育，即天赋与后天教育的统一。智力主要表现为观察力、注意力和记忆力。知识是通过学习和社会实践而建立的对事物的认识，主要表现为科学文化和社会经验等。才能是人们能有效地达到某种目的的心理能量，包括与人的天赋有关的特殊才能和后天的教育实践有关的一般才能。在思维三要素中，智力是基础，通过学习可以获得知识与经验，将知识与经验运用于实践就能培养才能。总之，在人们构成思维能力的过程中，这三要素都不可缺少。

一般而言，思维具有一些常规的划分方法：从思维的形式上可分为感性具象思维、抽象逻辑思维和理性具象思维；从思维的目的上可分为上升性思维、求解性思维和决断性思维；从思维的质量上分为再现思维和创造思维。

（二）创业思维的含义

创业思维从广义上来说，是指创业的意愿及创业类型、方式的选择；从狭义来说，是指创业者必须具备的创业知识、创业精神等可以使创业者成功创业的本领。本书中的创业思维参考狭义概念，其主要包括三个方面：创业意识、创业精神、创业能力。三者都是创业思维的核心部分，在关系上表现为：创业意识是创业思维的知识储备；创业精神是创业思维的意志支撑；创业能力则是创业思维的显著表现。

1. 创业意识

在创业活动发起之前，创业者将自己的知识水平和实践能力相结合产生创业意识。一般情况下，创业意识主要包括以下三点。

（1）独立性思维　创业者应该保持不依赖他人，做到独立思考问题和归纳自己独特的见解，形成一种创业的构想。独立性思考是创业意识的源泉。

（2）多角度看待问题　创业者在面对问题的时候应从不同角度思考问题，试图从不同途径找应对问题的方案，并根据自身能力和现实情况，从中甄选出最优的解决方案。这种多角度地看待问题并解决问题的思路，能够提高创业者的素质和能力，锤炼创业者的创业思维。

（3）创造性思维　创造性思维是指重新整合既有的知识经验，制订新的方案或程序，并获得新成果的思维活动。创业者要具有创造性的思维，不拘于前人的经验，结合现状，创造性发现更多机会。

2. 创业精神

创业精神是创业活动开始之前的创业思想和创业观念，是创业者对于创业活动的理性认识，是创业者的创业个性和创业意志，是创业者从事创业的心理基础。创业精神是创业者在创业活动中的一种良好的行为模式。创业精神类似一种能够持续创新成长的生命力，一般可区分为个体的创业精神及组织的创业精神。所谓个体的创业精神，指的是以个人力量，在个人愿景引导下，从事创新活动，并进而创造一个新企业；而组织的创业精神则指在一个组织内部，以群体力量追求共同愿景，从事组织创新活动，进而创造组织的新面貌。

3. 创业能力

创业能力是创业意识和创业精神的一张显性表现，创业意识和创业精神在创业实践之中则会转化为创业者的创业能力，创业能力分为"硬件"和"软件"。"硬件"就是身体素质和资金实力；"软件"就是创业者的个人能力，包括专业技能和创业素质。创业素质包括创业热情、价值观、发现能力及创新能力等。在创业实践过程中，创业素质主要表现为决策能力、管理能力、执行能力及对市场发展的判断能力。

（三）创业思维与创业活动

随着社会背景和经济条件的变化，创业的成败不仅仅取决于创业活动开始之后的实践行为，还应该取决于创业活动开始之前的主观意识。创业活动需要遵循"情境—思维—行为"的创业认知模式，即我们需要根据现有的社会情境，总结其他创业者的经验，形成自身独有的创业思维，提高创业行为的成效。

创业思维的变化依赖于创业意识、创业精神、创业能力的发展，创业思维的变化会引发创业行为的改变。创业思维可以引导创业活动的发展，主要体现在创业思维各要素和创业活动关系上。创业意识会激发潜在创业者及团队的创业意愿，创业精神是创业活动的意志支撑，创业能力是创业活动成功的能力保证。

从创业思维与创业者及其团队的关系来看，创业思维会决定创业活动前后创业者及团队的经验、知识的学习能力。创业思维会影响创业者及团队的创业情感、创业情绪和创业激情；影响创业者及团队的创业动机和创业期望。

从创业思维与创业资源来说，创业思维会形成创业者独有的个性、习惯及态度，在创业资源相对匮乏的情况下，创业思维会影响创业者的资源获取和资源整合能力。

从创业思维与创业机会来说，创业思维会影响潜在创业者对创业机会的信息获取和机会识别，创业思维会影响创业者对创业机会的理性推理和价值判断。

从创业思维与创业风险来说，创业思维中的创业意识会影响创业风险的认知，创业能力是消除创业风险的保障，创业精神是克服创业风险的内心支撑。

从创业思维与商业模式来说，创业思维会影响商业模式的设计，创业思维中创新思维是打造新的商业模式的力量源泉。

二、互联网思维

（一）互联网思维改造传统企业

德国提出工业 4.0，日本提出机器人时代，美国提出互联网，中国提出"互联网+"并由国家大力推动。

中国的消费者以前购物都是在商场店铺等这些实体店购买，而现在，很多80、90后甚至60、70后购物和创业都在网上进行了。互联网改变了人们的工作、生活等习惯，也影响并改造了传统企业的经营模式。如淘宝、天猫、京东等这些具有互联网思维的企业已经或正在影响并改造着很多的传统企业，很多传统企业也开始纷纷架接互联网走上转型之路。互联网将传统企业不断优化，使之更能适应时代的发展。中国互联网企业中的代表阿里巴巴也已经走向了世界。

（二）跨界思维打劫传统企业

如今，商战中最彻底的竞争就是跨界竞争，一些做得早的传统企业的主要收入往往靠主营项目的收费，如中国移动、中国电信、中国联通这些通讯企业主要靠收取用户的话费、宽带费等。在当下创业竞争激烈的时代，如果你才刚刚开始创业，而且在你的同行中已经有了行业巨头，那么，你要想与之竞争并获得一席之地实在是比较难，比较好的策略就是另辟捷径，运用跨界思维与那些同行中的传统企业竞争。

下面我们来看看腾讯公司运用跨界思维打劫传统企业的典型案例，以便更好地理解并从中获得启迪。

我们平常在发短信时，中国移动、中国电信和中国联通这些公司是要向各自的用户收取一定费用的，而腾讯旗下的微信发消息则全部免费，现在微信已突破8个亿的用户，直接打劫了中国几家通信巨头！那么，腾讯公司究竟靠什么赚钱呢？

腾讯公司盈利主要来自两个方面，即有形和无形的收入。

有形是指能直接赚钱，主要有以下几个版块：①腾讯公司给用户提供增值服务来收费，如贴纸表情、群的人数上限、QQ会员费等。②公共平台商家入驻收取费用，还有商家的微信会员卡。③O2O，现在又打通了支付环节，闭环已经形成。④游戏等应用，类似QQ空间，平台已经建好，其他应用放进来，收入分成。⑤由于微信有8亿的用户，很多企业、商家就在上面打广告，这时，腾讯公司会收取广告费。

无形是指间接的利益收入，主要体现在以下几方面：①微信积累了8亿的用户。②把握了移动终端的流量入口。③带动了腾讯其他产品的发展。

（三）平台思维

互联网的平台思维就是开放、共享、共赢的思维。其精髓在于打造一个多主体共赢互利的生态圈。

传统企业转型互联网，或者新的互联网公司创业，当你不具备构建生态型平台实力的时候，那就要思考怎样利用现有的平台。

马云说："假设我今天是90后重新创业，前面有阿里巴巴，还有腾讯公司，我怎么办？我首先想到的是该如何利用好腾讯和阿里巴巴这些平台来开创自己的事业，我不会去和他们挑战，因为我今天的能力不具备，心不能太大。"

利用平台思维，借助成功的互联网平台去创业，可以相对轻松容易。

拓展阅读

80后小伙借助淘宝平台创业成功，从600元起家到7年后年销售额过亿

1.借助淘宝平台600元开始创业，调味料淘得第一桶金

1980年，朱连锋出生在靖江一个普通的工薪家庭。大学毕业后，朱连锋在靖江电力公司下属企业担任项目经理，常年在外从事工程基础建设，工作辛苦但很稳定。一次无意中的网络购物改变了朱连锋的生活和命运，"如果没有那次购物，我可能会平平稳稳地在单位上班直到退休。"

2008年4月，同事们准备一起去烧烤，打算做奥尔良烤翅。由于朱连锋年龄最小，采购鸡翅的任务落到了他的身上。

"那时候网络购物刚刚兴起，我就在电脑上搜索奥尔良口味，结果看到上海一家公司生产。"朱连锋说，买回来后，大家赞不绝口。

既然大家这么喜欢，为什么不自己进货来卖呢？朱连锋电话联系到上海厂家，投入600元购买调料包，并在淘宝上开了家小店开始销售。"2天时间全部卖光，赚了300元。"朱连锋说，调味料的热卖是自己没想到的，这次试水让他看到了机遇。

挣扎了两天后，朱连锋从公司辞职，一个人一台电脑开始了淘宝创业梦。半年时间，靠600元起家，在淘宝销售调味料，朱连锋赚到了4万元。

2. 涉足休闲食品，7年时间实现销售过亿

很快，朱连锋发现由于产品单一，消费者复购率并不高。"人们购买烤翅调味料只是一时兴起，总不能天天吃吧。"2009年，朱连锋将目光瞄向了自己家乡的特产——靖江肉脯。当时在淘宝网上已经有几家销售靖江肉脯的商家，而且由于价格战，价格一直卖不上去，利润很低。

"传统的肉脯很硬很咸，我就想能不能在口味上做做文章。"为了找到适合市场的口味，朱连锋坐着公交辗转浙江、上海等地做市场调研，他发现苏南、浙江、上海一带顾客纷纷反映，肉脯如果甜一点就更好了。

得到市场反馈后，朱连锋第一时间找到一家生产商，合作推出了靖江首款蜜汁肉脯，一炮而红。"当时淘宝上一斤肉脯价格是28元左右，我们的蜜汁肉脯卖36元每斤还是供不应求。"

"味道老爽了，下次再来"；"宝贝收到了，包装好，口感好，很愉快的一次网购"；"味道非常好，用料实在，纯正口味，价格实在"……看到每天都在增加的顾客好评，朱连锋对自己更加有信心了。

朱连锋回忆，那段时间的销售，从每月几百突然飙升到上万。"几乎足不出户，每天有18个小时坐在电脑面前，还要忙着打包、发货。"

2012年，由于业务量太大，朱连锋成立了靖江叉叉商贸有限公司，招了5名员工，当年即实现销售607万元，平均每天2万多。

2013年，朱连锋在天猫开设牛叉叉休闲食品旗舰店，当年销售过千万元。

2014 年，看中海陵区电商发展潜力的朱连锋，带着企业入驻海陵工业园区内的歌德电商园，当年仅"双 11"一天，牛叉叉即销售 400 多万元，位列淘宝食品类全国销售第 11 位，全年实现销售过亿元。

3. 从买泰州卖全国，到买全国卖全国

"泰州地区特色农产品丰富，给我们电商提供了发展的广阔平台。"朱连锋说，从猪肉脯到芋头到溱湖八鲜，几乎每一样泰州特色农产品上架都会受到市场欢迎。

2014 年 4 月，专业销售泰州特色农产品的淘宝泰州特色馆正式上线，牛叉叉作为首批企业入驻。当年 9 月，包装推出泰州特色芋头，虽然每 3 斤 58 元的价格并不便宜，但短短两个月即卖出 3 万多份。

2014 年底，朱连锋又相继开发出极具泰州特色的姜曲海猪肉脯，受到市场广泛欢迎。浙江临安的小核桃、内蒙古的牛肉干……如今的淘宝牛叉叉旗舰店已经从当初的将泰州特色农产品通过网络卖，发展成买全国各地特色休闲食品再卖向全国的特色休闲食品网络销售公司，产品涉及 70 多个品种。

4. 希望赚钱的不止自己一个，梦想打造"泰州淘宝村"

通过几年的创业，朱连锋已经积累了千万资产，但他的创业梦想没有变。2015 年初，国务院副总理汪洋视察了浙江昌化镇白牛村，调研农村淘宝工作。白牛村地处临安山核桃主产区，在淘宝网店刚刚兴起的当口，白牛村的一些年轻人就开始在网上叫卖山核桃。三五年间，白牛村坚果电商就获得了"裂变式"发展。2011 年，白牛村被阿里巴巴认定为"淘宝村"。

在朱连锋看来，泰州也完全有打造淘宝村的基础。"我们通过淘宝网络平台发现，泰州食品类电商销售占到整个江苏食品类销售的 76%，只要有企业愿意牵头将大家集聚起来，我们完全可以打造泰州的淘宝村。"

"我希望赚钱的不止我一个。"朱连锋说，希望泰州的网络卖家能够集聚起来，大家齐努力，将泰州本地特色农产品包装推广出去，让广大农户得到真正的实惠。

得益于企业的良好发展，目前共有三家风投公司对朱连锋和他的团队表示了兴趣，商谈投资事宜，这也被他视为一种宝贵的认可。"目前还在谈，我的梦想是将企业做成行业标杆，一两年内在新三板上市。"朱连锋说。

5. 每个年轻人都应该有梦想

问：当初从国企辞职时想过吗，万一创业失败怎么办？

朱连锋：我辞职创业时28岁，当时的想法是自己还年轻，就算失败了也是一种人生经历，但如果不去拼一下、闯一下，未来可能会后悔。我觉得年轻人都应该有梦想，未来有无限可能。

问：从创业的角度看，你是成功的，如今也可以说资产过千万了，为什么还是这么拼？

朱连锋：原先我是一个人创业，现在我其实更多是在帮着别人创业。作为泰州最早从事电子商务的人，我对电商模式很了解。从去年开始，我们企业在泰州进行了多次电商培训，主要有两类人：一类是农产品产地的农民，我们培训他们如何在网上销售自己的产品；另一类是大学生，我们告诉他们怎么通过电商创业。

问：你说要打造"泰州淘宝村"，为什么这么有信心？

朱连锋：今年两会李克强总理谈"互联网＋"概念，我们对未来中国电子商务发展充满信心。而泰州自古以来就是富庶的鱼米之乡，特色农副产品丰富，再加上我们有一支庞大的电商从业人员，只要政府加以扶持引导，泰州电子商务发展有很大潜力。

以上关于"80后小伙借助淘宝平台创业，从600元到7年后年销售额过亿"的故事，希望对创业者的思维有所启迪和帮助。

此外，互联网思维还包括简约思维、极致思维、迭代思维、流量思维、社会化思维、大数据思维等。

第五章　如何找创业合伙人

创业，合伙人的重要性甚至超过了商业模式、行业及项目的选择。

21世纪，单打独干的时代已经过去了，如今是合作制胜的时代！小米科技有限公司（简称"小米"）作为"人类历史上达到百亿美元销售，百亿美元估值发展最快的公司"，其4年达到400亿美元估值背后的用人之道值得我们每一个创业者学习借鉴。

第一节　创业，赢在找对人

一、花足够的时间和耐心去"找人"

"千军易得，一将难求"，找对人办对事。小米在创业起步时就非常重视"找人"，而且下足了功夫。小米举了这样一个例子：面对那些候选人，雷军与创始人团队选择以"车轮战"的方式轮番上阵与其面谈。小米手机硬件结构工程负责人第一次去面试，从中午1点开始，聊了4个小时后憋不住出来上了个洗手间，回来后雷军对他说："我把饭定好了，咱们继续聊聊。"后来一直聊到晚上11点多，他终于答应加盟小米。后来这位负责人自己半开玩笑说："赶紧答应下来，不是那时多激动，而是体力不支了。"

要搭建一支精良的创业团队，首先要做的就是"找对人"，而这一点在创业之初显得尤为重要。

在小米成立第一年，公司就将绝大多数的时间花在了"找人"上。

小米在搭建硬件团队上花费的时间最多。因为最初几个创始人都来自互联网行业，不懂硬件也没有硬件方面足够的人脉。在第一次见到现在负责硬件的联合创始人周光平博士之前，小米方面已经和几个候选人谈了两个多月，但进展缓慢，甚至有的候选人还找了"经纪人"来谈条件，不仅要高期权而且还要比现在的大公司还好的福利待遇。"找人"之路可谓困难重重，然而这却是创业公司必须跨过的关卡，毕竟企业竞争就是人才的竞争。

二、寻找能独当一面的人

创业其实是个高危选择，大家看到成功的创业公司背后都倒了一大片。不少今天很成功的企业，当初都经历过九死一生。比如阿里巴巴，马云带领团队 1995 年做中国黄页，失败！接着 1997 年做网上的中国商品交易市场，算是阿里巴巴雏形，还是失败了！阿里巴巴今天的商业帝国，包括淘宝、支付宝和天猫等明星产品，其实最有价值的是背后的团队，尤其是马云和他的 18 个联合创始人。

做老板的要负责把公司的整个班子团队搭建好，而合伙人则只需各管一块，如果没有什么事情的话，基本上都不知道彼此在做什么，也不会管彼此。这样一来，大家都是自己的事情自己说了算，这样就能保证整个决策过程迅速有效。

真格基金创始人徐小平在演讲中着重强调了合伙人的重要性，他表示"合伙人的重要性超过了商业模式和行业选择，比你是否处于风口上更重要"。

三、寻找最好的人

小米在找合伙人方面，一定是要用最好的人。因为研发本身是很有创造性的，如果人精神不放松，或不够聪明，都很难做得好。你要找到最好的人，一个好的工程师不是顶 10 个员工，是顶 100 个。所以，在核心工程师上面，一定要不惜血本地去找最适合最好的人。

最好的人本身就有很强的驱动力，你只要把他放到他喜欢的事情上，让他自己有玩的心态，才能真正做出一些事情，打动他自己，才能打动并带动别人。所以你今天看到很多成功的工程师，他们都是在边玩边创新。

乔布斯有句话非常让人震撼："我过去常常认为一位出色的人才能顶两名平庸的员工，现在我认为能顶 50 名。我大约把四分之一的时间用于招募人才。"据说乔布斯一生大约参与过 5000 多人的招聘，组建由一流的设计师、工程师和管理人员组成的"A 级小组"，一直是乔布斯最核心的工作。

四、寻找最合适的人

要有创业心态，在小米创办四年后，市场估值已经达到 400 亿美元，业界很多人把他们看作创业的明星公司。但在这种前提下，他们依然在"找人"上花费巨大的精力。原因在于他们要找的人才必须要最专业，也要最合适。

最合适，是指这个人要有创业心态，对所做的事情非常专业并要极度喜欢。一个人有创业心态就会自我燃烧，就会有更高的主动性，这样就不需要设定一堆的管理制度或KPI（关键绩效指标）考核之类的条条框框去约束。而创业心态有时更通俗地说就是热爱，如何持续激发团队的热爱？首先，让员工成为粉丝。其次"去KPI化"，没有KPI不意味着没有目标。小米的做法是，不把KPI压给员工，而是合伙人负责KPI。而小米如何定KPI，都只是定一个数量级，比如说今年要卖4000万台，不会去约定如果你完成A档、B档、C档，就给你一个什么样的奖励。而是在定KPI的时候，更多地判断一个公司增长规模的阶梯："我们到底到了哪个阶梯上。"把这个信息测算清楚以后，再分配调度资源。

虽然没有KPI，但小米的员工一天工作接近12个小时，而且这样的状态已经持续4年。网上有人问："如何看待小米6×12小时工作制？"一位小米员工回复说："坚决反对加班。但是如果是创业就算了，创业意味着工作就是生活，何来加班？我每时每刻都在工作。"

第二节　创业，如何找对合伙人？

一、合伙制，关键还是人

无论是阿里巴巴还是万科，也无论企业性质如何、规模怎样，企业的发展，从"雇佣制"走向"合伙制"是大势所趋。然而，在合伙制的探索过程中，大家普遍都将焦点集中在了合伙人的决策模式和激励机制上面，忽略了"如何发掘、识别合伙人""如何锻造、培养胜任的合伙人"这些更加致命的问题。

作为全球人才管理的顶尖专家，费洛迪先生在《合伙人——如何发掘高潜力人才》一书中告诉我们，对于核心团队，究竟该如何"选对人"，并持续发掘出人才的最大价值。

二、如何甄选高潜力人才

费洛迪认为，高潜力人才需要具备四项关键素质，包括求知欲、洞察力、沟通力和意志力。

（1）强烈的求知欲　即好奇心，是指探求新认知的强烈欲望。

（2）敏锐的洞察力　是指深入事物或问题根源的能力。

（3）良好的沟通力　是指让对方达成行动或理解所传达的信息和情感的表达能力。

（4）顽强的意志力　是指为了实现理想、达到目的而坚持到底的决心。

其中求知欲尤其重要。世界上最伟大的 CEO 杰克·韦尔奇退休之后曾经受邀访问阿根廷并与费洛迪共餐，席间杰克·韦尔奇不断地在问问题：阿根廷通货膨胀率怎么这么高，为什么会出现这种情况，为什么政府监管出现各种各样的问题，为什么这么短视等，以至于没有留给其他客人任何提问的机会。客人们都很沮丧，他们本来是想听杰克·韦尔奇告诉他们，他是如何成为 21 世纪最伟大的 CEO 的。费洛迪从中领悟到，韦尔奇之所以能够成为伟大的 CEO，最大的特点就是永不满足的好奇心。

无独有偶，华为的任正非同样善于学习，精于提问。2001 年底，IBM 大中华区总裁周伟焜来华为访问，稍加寒暄之后，任正非直接发问"IBM 如何看待路由器技术未来的发展趋势""路由器和服务器的可替代性"等。任正非经常出国的一个重要原因就是与国际同行企业的领导人进行交流切磋，希望从那些业界领先者的谈话中，清晰或修正自己对未来行业发展的预见。

费洛迪认为，所谓的好奇心不是指我们平时生活当中有什么小事情不知道，去把答案给找出来，而是就自己的行动、行为方式去寻找别人的观点，以及他对这个问题的看法，不断在寻找这些问题的更深层次的答案。

三、优秀合伙人需具备的"8 项领导力"

（1）战略导向　即具备全面、综合的分析性思考和概念性思考的能力。

（2）市场洞察力　指能深刻理解市场及其对业务影响的观察能力。

（3）绩效导向　一切为提升绩效服务，致力于显著提升业绩的能力。

（4）客户影响力　即客户对你的产品效果、服务态度、专业性等所表现出来的满意度。客户的满意度越高，你的客户影响力就越大。

（5）协作能力与影响力　与同事及合作伙伴高效合作的能力，包括与那些不归自己领导的人合作。

（6）组织建设能力　通过吸纳和培养顶级人才来改善公司业绩的能力。

（7）团队领导力　能够使团队目标一致、紧密协作、高效运作的能力。

（8）变革领导力　通过人才来驱动变革，根据新目标对组织进行变革和调整的能力。

研究发现，客户影响力比其他技能更能提升绩效；一些卓有成效的领导人技能分布极不平均，两三项得分较高，其余刚刚达到平均值，甚至低于平均值；集体能力要比个体明星重要；此外，管理团队的能力特征与公司战略保持一致，才能实现有机增长。

因此，要拥有"卓越的人才团队"需要做到以下三点：①了解和增进每个人最为突出的强项（例如格外重视客户影响力）。②保证团队成员的技能互补，使整个团队的合力胜过每个成员的简单相加。③培养这些领导人，使其能力特征与其职业发展阶段相适应，与团队、部门或组织的远大目标相一致。

2002 年，瑞士工程公司 ABB 几乎破产，为了利润增长，公司意识到光靠其尖端产品还不够，公司需要更好地了解客户的需求。于是 2004 年，ABB 公司数千名高管实施了领导力培训计划，重点培养三种能力：客户影响力、人才发展能力和变革领导力。参与者接受其上司、同僚和下属的评估。公司为他们设定改善目标，对他们所取得的进步进行评估，并给予相应的报酬。随后公司对中层管理人员也实施了类似的培训项目。公司利润大幅增长，后备人才力量远超以往。原来 200 个顶级职位空缺中，内部管理人员升任的仅占 20%，而现在却达到了 85%。

四、如何培养高潜力人才

对于如何加速培养高潜力人才，费洛迪建议采取以下 4 个基本步骤。

1. 明确意愿

需要确定对方强烈地拥有提高能力、加速成长的意愿。

2. 客观评估

帮助他们对自己的优势和不足进行客观的评估，找出"真实自我"与"理想自我"之间的差距。

3. 目标落实

确定学习日程或行动计划来缩小差距。必须要重点突出，注重实际，并就特定行为进行训练，目标设定要循序渐进。

4. 鼓励实践

鼓励不断实践新行为，使好习惯变成自然自觉的行为。

研究发现，对于高潜力人才，更加需要注重"软能力"的培养。情商超过经验、教育和智商，成为成功最重要的预兆。费洛迪认为，情商中的自我管理（诸如灵活性、适应性或情绪的自我控制）或关系管理（诸如对他人施加影响、解决冲突或促使变革）需要得到更多的关注。

凯斯西储大学魏德海管理学院的理查德·博雅齐斯曾对 MBA 学生的情商能力开展研究。发现学生们入学 1 年或 2 年后情商方面的能力只提高了 2%（总能力平均提高 40% ~ 50%），博雅齐斯对此感到很失望，决心改变现状。随后魏德海管理学院采用了修订后的 MBA 课程体系，其中包括：①设置一门领导力评估和培养课程。②将所选科目的核心放在培养特定情商能力上（如营销课上的演讲技巧、运营管理课上的合作技巧）。③大幅增加公司或小组项目的现场研究课程。④增加志愿者活动和俱乐部的机会。

改革成果非常显著：全日制的 MBA 学生自我管理能力提高了 47%，关系管理技能提高了 75%。那些花 3 ~ 5 年时间完成学业的在职 MBA，这两项能力也分别有 67% 和 40% 的提高。对在职 MBA 学生毕业后两年再进行评估，其情商能力维持在一个新的高度，这也证实了情商不仅能够被培养，而且这种积极的培养效果惊人且持久。

被誉为"当代德鲁克"的管理大师拉姆·查兰说过："人才决定企业的命运，企业之间的竞争是高管团队的竞争。"做好高潜力人才的甄选和培养工作，企业才能在合伙制的道路上越走越远。

第三节　如何组建高绩效团队

作为一名合伙人，还要具备组建高绩效团队的能力，因为无论任何行业、任何企业，要想生存、发展、壮大，都离不开团队的共同努力。因此，企业拥有一支高绩效的团队就变得尤为重要，那么该如何组建高绩效团队呢？

一、制订目标

1. 制订个人业绩目标，包括个人月度、季度及年度目标。当个人有了一定的目标才会有一定的压力，从而才会有一定的动力，才会更努力地去达成个人目标。

2. 制订团队业绩目标，包括团队的月度、季度及年度目标。领导人在制定他的目标时，一定要和团队成员多交流沟通，以便达成共识、目标一致，从而更好地完成目标。

3. 制订市场目标，即要知道你的产品或服务的目标客户群在哪里、是哪些群体，这样团队成员在做市场时才有方向感。

4. 制订利润目标，因为只有利润才是企业最为主要的目标。

二、积极参与

个人打江山的时代已经过去，团队合作才能打天下，没有完美的个人，只有完美的团队，因此，要想完成目标就必须依靠团队，让团队的每个成员都积极参与其中。团队成员积极参与可以帮助团队成员充分发挥其个人才能、展示其才华、体现其价值，从而更能调动每个成员的积极性，最终促进目标达成或问题解决。

三、相互信任

人与人之间的信任是相互的，你信任别人，别人也会信任你。

如果团队内部没有信任，就绝对不会有高水准的绩效表现，而信任是在团队发展的各个阶段中逐渐孕育形成的，只有团队成员之间相互信任才可以在工作中更好地发挥团队的优势，展示出团队的巨大力量，这是团队合作的前提。因此，在组建高绩效团队时，作为团队的领导人一定要带头信任团队的每一位成员，相信他们一定可以达成个人及团队的目标。

因为有了信任，才能充分调动团队成员的积极性，才能让团队成员之间的协作、配合更好；因为有了信任，团队成员才敢于冒险、敢于创新、敢于尝试，从而提高成功概率。

四、有效沟通

打造高绩效团队，需要定期和不定期地与团队每一个成员进行深入沟通，这种沟通除了工作上的，还需要有关于生活方面的沟通。这是一种尊重他人、相互分享感受和想法的有效沟通，这样可以紧密人际关系，增进友情，提高彼此之间的信任度，激励团队成员之间的合作，创造不断进取的良好工作氛围，帮助预防和解决冲突，从而有利于更好地开展团队工作，实现团队目标。

五、明确流程

打造高绩效团队，需要制订一套操作性很强的业务流程，这便于团队成员按照流程去实施，帮助团队成员解决问题、做出决定、制订规则、制订计划和组织工作，从而达成目标。也有利于工作总结、查出问题、找出解决方案、分析数据、不断改进完善，让整个流程变得更加简单、易行、高效。

六、公众承诺

打造高绩效团队还需要做出公众承诺，在团队召开会议时，让团队的每一个成员发言，承诺自己愿意为团队的目标投入 100% 的努力，这样可以帮助团队成员坚定信念，富有主人翁精神，为实现团队的目标做出贡献。

第四节　合伙人创业法则

一、必须有一个法则

要想获得创业成功，找对合伙人至关重要，那么我们该如何寻找合伙人呢？根据众多成功人士的经验，在寻找合伙人时，可借鉴以下"必须有一个法则"。

1. 合伙人当中必须有一个年纪偏大但不一定有钱的人。

2. 合伙人当中必须有一个思维活跃敢于突破创新的人。

3. 合伙人当中必须有一个沉稳扎实善于及时刹车的人。

4. 合伙人当中必须有一个勤俭节约善计成本的人。

5. 合伙人当中必须有一个口才不错说话靠谱的人。

6. 合伙人当中必须有一个善于玩社会化网络的人。

7. 合伙人当中必须有一个有多年成功销售经验的人。

二、绝不合伙法则

1. 绝不与有故意诈骗犯罪经历的人合伙。

2. 绝不与说话不靠谱的人合伙。

3. 绝不与对父母不孝的人合伙。

4. 绝不与忘恩负义不忠的人合作。

5. 绝不与参与帮派势力的人合伙。

6. 绝不与太讲哥们义气的人合伙。

7. 绝不与经常挑战社会规则和公共道德的人合伙。

8. 绝不与斤斤计较的人合伙。

9. 绝不与喜欢抱怨的人合伙。

10. 绝不与喜欢多嘴搬弄是非的人合伙。

11. 绝不与善于发现问题但从不主动解决问题的人合伙。

12. 绝不与推诿、善辩、找借口的人合伙。

第六章 创业公司如何设计薪酬体系

"经济基础决定上层建筑",一个公司只有制订出了科学合理的薪酬体系,才能够充分调动员工的积极性,从而更好地为企业创造更大的财富!

第一节 薪酬的概念及内容

一、薪酬的概念

薪酬是指员工从事企业所需要的劳动,而得到的以货币形式和非货币形式所表现的补偿,是企业支付给员工的劳动回报或报酬。

根据调查,大多数创业者在设计公司薪酬时,首先考虑的是成本问题,然后考虑的是销售人员可接受的最低薪酬问题,很少考虑激励问题。也就是说大多数创业者都没有全面考虑过如何让公司设计的薪酬能够真正激发员工的干劲。

二、员工想要什么

要想设计出好的薪酬制度,作为老板的你必须了解员工为什么而工作、如何才会努力工作。有打工经历的老板,一般会相对了解员工的需求,通常员工普遍都有以下需求。

1. 安全感

员工首先是要有安全感,也就是说薪酬必须能够给他基础的保障,这个保障不一定是薪酬高低问题,比如合约、约定,都会让员工感受到保障,有了保障才能安心工作。

2. 有盼头

也就是如果员工做得好,公司应该怎样奖励。而这一点往往是很多老板所欠缺的,大多数老板都不能给员工以盼头。很多员工在你那里上班可能只是为了谋一份生计,根本没有做高管、做老板的"创业者心态",当然就没有动力。

3. 适当的压力

压力可不是用管理来施加压力，而是通过目标来施加压力。目前大多数老板都是通过管理来给员工施加压力的。这个做法效果不明显，正确的做法一定是通过设定"数字化目标"，当员工达成目标将会获得什么奖励或福利来传导压力，并且要掌握好这个尺度。

4. 获得与努力相匹配的回报

其含义是，你设定的薪酬一定要与要达到的目标相匹配。员工的努力方向和程度只有与薪酬匹配了，他们才愿意努力去做，所以考核要点一定要相对应。你不能让员工没有方向，也不能对员工的努力视而不见。

5. 考核指标尽量用数字量化

杜绝那种口头承诺，什么好好干，干好了怎么怎么样。什么是干好了？把什么干好了？干到什么程度算是干好了？员工会感觉到忽悠，有些经销商老板本来也就是在忽悠，结果可想而知。

6. 考虑员工的现实处境

要考虑实际管理中遇到的问题。比如，员工流动速度过快，则可以使用年终奖、工龄奖来锁定。如果员工年龄比较大，在管理方法上无法改进，则通过目标设定来提高绩效。如果地域性的员工普遍乐于自己创业，可以整合成事业合作伙伴等。

第二节　制定实际薪酬要考虑的因素

一、制定薪酬重点考虑的因素

1. 我需要聘请几个人？

2. 我希望他们创造多大的业绩？

3. 我要将哪些产品或者哪些市场交给他去做？

4. 我计划投入多少费用用于核算薪酬？

5. 我的期望与目标如何设定？计划的保底薪酬是多少？期望最低完成的任务量是多少？如果完成目标任务额，计划奖励多少？

6. 设定薪酬考核机制。比如，最低目标、考核目标、冲刺（超额）目标。完成最低目标薪酬多少？完成考核目标薪酬多少？完成冲刺目标，薪酬多少？将这些数字换算成公式。比如完成最低目标按照 3% 奖励，完成考核目标按照 4% 奖励，完成冲刺目标按照 5% 奖励。

二、薪酬结构图

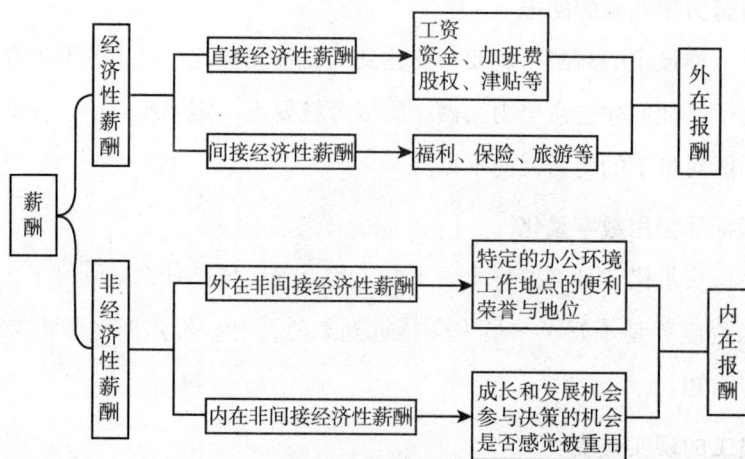

图 6-1　薪酬结构

第三节　薪酬构成

一、基本工资

1. 岗位工资

在企业中，不同的岗位所做的具体工作不一样，创造的价值也不一样，所以，相应的岗位工资也不一样。比如行政岗位和销售岗位，岗位工资就完全不一样。同一个部门不同级别的岗位工资也不一样。比如主管、经理、总经理岗位工资也有很大的差别。

2. 技能工资

技能工资指的是根据某一个岗位需要具备的技能级别而设定的工资待遇。

3. 资历工资

资历工资指的是根据你在企业的工龄而设置的工资待遇。

二、可变工资

1. 激励工资

完成了某项工作，达成了某个业绩而给的额外奖励。

2. 业绩工资

业绩工资指的是完成了某项工作业绩而获得的工资。

三、员工福利

1. 法定福利

法定福利主要指五险一金等法律规定必须支付的各种福利。

2. 自定福利

自定福利指企业根据实际情况给员工的额外福利，如旅游、车房奖等。

第四节　薪酬策略及薪酬体系设计参考

一、薪酬水平策略

1. 市场领先策略

市场领先策略是指薪酬水平领先于同行业的其他公司，这种薪酬水平的好处就是能吸引优秀人才，但对初创企业压力比较大。

2. 市场跟随策略

市场跟随策略是指薪酬水平定位在行业的平均水平，对于一些可替代性比较强的岗位，一般采用这种定位策略。

3. 成本导向策略

成本导向策略是指在定位薪酬水平的时候更多得考虑公司的成本，没有考虑员工的需求，这种薪酬策略，长远来看不利于留住人才。

4. 混合薪酬策略

混合薪酬策略是指综合考虑行业水平、公司成本、岗位职责及员工实际情况后，进行薪酬策略设计。

二、薪酬结构策略

薪酬结构是指，固定部分薪酬（主要指基本工资）和浮动部分薪酬（主要指奖金和绩效薪酬）之间的比例。可分为以下三种薪酬结构体系：

1. 高弹性薪酬模式

高弹性薪酬模式是指浮动部分薪酬比例大于固定部分薪酬体系。一般适合销售岗位或中高层管理人员。

2. 高稳定薪酬模式

高稳定薪酬模式是指薪酬主要由固定部分组成，浮动部分占的比例相对较少。一般适合行政类或普通员工工作岗位。

3. 调和型薪酬模式

调和型薪酬模式是指既有固定部分，同时根据贡献大小及业绩的多少适当设计浮动比例。比较适合刚入职的销售类岗位的员工。

三、薪酬体系的设计参考

薪酬总额		价值因素	性质	激励效果
	基本工资	岗位、能力	固定与定期考核调整	短期与长期
	绩效工资	绩效	浮动，比例考核调整	短期与长期
	奖金	绩效与能力	固定与浮动	短期与长期
	股权与股金分享	绩效与能力	浮动	长期
	福利	岗位、绩效等	固定与浮动	长期

图 6-2 薪酬体系的设计

第五节 薪酬设计的总则及方法

一、薪酬设计的 4 个总则

1. 薪酬永远只保障强者的利益，要让强者永远不吃亏，让平庸者自觉向强者过渡，让弱者自动淘汰！

2. 根据对公司所做贡献的大小发薪水，做到公平、公正、透明、共赢。

3. 机会大于薪酬，也叫发展大于现在，员工很多时候离职是因为没有发展的空间和施展才华的机会。

4. 树立标杆，要让员工看到希望，看到通过机制、通过努力就能获得高的报酬。

二、薪酬设计的 6 种方法

薪酬设计得根据不同行业、工作岗位，甚至不同阶段来灵活制定，在企业经营中，常见的薪酬设计有以下 6 种。

1. 基本工资＋超额绩效提成（如基本工资 5000 元／月＋超额部分提成）

这种薪酬设计主要针对员工所负责的工作已经有一定的市场基础而制定的。这既保证了员工有稳定的基本收入，又可以激励员工通过自身的努力而获得超额部分的提成收入，同时，企业也增加了更多的财富。

例如：公司过去在某个地区的产品销售每月都稳定在 50 万元左右，但一直没大的突破。现在，公司计划业绩增加 30 万元，即每月销量达到 80 万元。公司计划派 A 去负责这个市场，为了实现这一目标、调动 A 的积极性，特针对 A 这类负责人制定"基本工资＋超额绩效提成"，具体为：如果 A 负责市场每月完成 50 万元的产品销售，A 可拿到基本工资 5000 元／月。如果每月销量在 50 万元的基础上，考核目标额超过 30 万元，则 A 还可以再拿到 30 万元的 3% 的提成，即 30 万元 *3%=9000 元，那么，A 当月的总收入为：5000+9000=14000 元；如果每月最低增加目标为超额 20 万元，可拿 2% 的提成；如果冲刺销售额为超过 40 万元，则可以拿到 4% 的提成。

2. 无责任保底基本工资＋有责任工资（如基本工资 3000 元／月＋有责工资 4000 元）

这种薪酬设计主要由没有任何考核的保底基本工资和有责任工资两部分组成，主要针对有一定能力的员工而设计。无责任保底工资这部分收入是为了保证他们最基本的生活需求，生活没压力。有责任工资这部分既是让公司不养闲人、懒人，同时也是为了调动员工的积极性，让其有更多的收入，从而获得更好的生活品质。

例如：保底基本工资 3000 元／月＋有责任工资 4000 元，其中保底基本工资 3000 元这部分收入是没任何考核的，而有责任工资 4000 元就要实行绩效考核，即要求考核的业绩不能同期降低，只要不降低，就可以拿到这 4000 元，那么员工总的月收入为 3000+4000=7000 元。

如果降低，就按照业绩下滑的百分比计算。如果业绩下滑了 10%，有责任工资只能拿到 4000*90%=3600 元，那么员工当月的总收入是：保底 3000 元 + 有责工资 3600 元 =6600 元。

3. 基本工资 + 同期超额提成工资（如保底工资 5000 元 / 月 + 同期超额提成工资）

这种薪酬主要适用于业绩稳健增长的公司，目的在于使公司本年度的业绩能够稳定比上一年年度、季度、月度同期增长一定的百分比，进而通过设计这种薪酬来激励员工，以期达成公司的目标。同时，也很好地调动了员工的积极性，增加了员工的收入，可谓两全其美。

例如：公司用今年超过去年年度或月度、季度销售额的部分进行核算。

假设，A 业务员本年月度超过去年同期月度 20 万元，可拿 8% 的提成（即 20 万元 *8%=16000 元，那么 A 当月总收入为：保底 5000 元 +16000 元提成 =21000 元）；超额 30 万以内，按照 10% 提成；超额 40 万以上的，按照 12% 提成。

4. 保底基本工资 + 季度奖、年终奖

这种薪酬设计，一方面保底基本工资保证了公司员工每个月有稳定的收入，同时，季度奖和年终奖的设计，又有利于调动员工的积极性，还可以防止公司员工中途离职，尤其适用于公司的中高层管理人员。需要注意的是：在设计这种薪酬时，一般把季度奖的提成比例相对定低一点，而把年终奖的提成比例定高一点（比如季度奖为 5%，年终奖为 12%）；这样，员工中途离职的概率就相对会小很多，有利于公司的稳定及公司整个年度业绩的稳定。

例如：公司在制定季度奖时，假设制定员工第一季度的最低考核业绩为 100 万元，而员工季度实际完成业绩为 150 万元，超额 50 万元，如果公司制定的季度奖是按照超额部分的 5% 计算，那么该员工第一季度的季度奖为：50 万元 *5%=25000 元。

年终再具体核算超额的数量，比如年终核算后应统一按照 12% 提成，则在年底统一核算，该补得补该扣得扣。员工如果提前离职，则如有多余的点数，视为自动放弃，公司不能补给。

5. 基本工资 + 每月表现奖

这种薪酬的设计主要适用于公司的办公行政人员、客服人员及后勤人员等，这类工作人员的工作相对轻松，没有做市场的业绩压力，工作含金量相对要求不是特别高，但对公司来讲又必不可少。基于此，在设计这类人员的薪酬时，在保证他们每个月有稳定的保底工资的同时，有必要增加"表现奖"，希望他们在工作岗位上认真负责。因此，

每个月的"表现奖"主要针对那些在工作中表现积极、认真负责、服务好的员工，可以另外给予一定的奖励。奖励最好是由公司形成文字，有言在先，这样员工才有目标和动力。

6. 基本工资 + 股权

这种薪酬设计主要适用于稳健发展中的公司。公司为了稳定并有更大的发展，首先得留住那些为公司立下汗马功劳的关键岗位中的中高层核心人才，为此，公司除了给这部分员工每月较高的保底基本工资外，同时还配置一定比例的股权（这里的股权建议最好是让这部分人出钱买，或者公司赠送一部分、员工自己出资买一部分，这样才更加公平合理；同时，员工愿不愿自己出钱买，也能看得出这些员工是否愿意长久在公司发展、对公司的未来是否看好等）。基本工资每月按时发放，股权一般每年年终结算一次。

三、福利类薪酬

当然，公司除了以上6种常用的薪酬设计方法外，还有必要制定一些"福利奖"，让公司的员工感觉到企业对员工的关心和人性化管理及家的温暖，从而更能够留住人才，进而调动员工的积极性，更好地为企业发展做出更多更大的贡献。

一般公司给员工的福利类薪酬常见的有以下几种：

1. 带薪年假

年假可不是大企业的专利，中小微企业更应该有年假。比如工作满一年，给5天年假。平时也可以给探亲假之类的，增加员工的归属感，有利于稳定员工、稳定企业发展。

2. 旅游奖

员工可能平时工作比较枯燥、辛苦劳累，公司可以制定出获得"旅游奖"的标准，形成文字并公布，对考核达标的员工实行"旅游奖"。这样，既可以让员工适当放松、更好地工作，又可以在公司树立榜样，激发公司所有的人员努力，争取去旅游；同时，又调动了全员的积极性，为企业创造更多的财富。

3. 不定时红包

对于员工表现优异的，或者有贡献的，可以在适当时机发些红包，这个对拉近感情非常有效，给员工一些惊喜。当然，这种激励方式不可频繁。

4. 聚餐庆功奖

公司可根据市场具体情况，每月制定一些比较有挑战性的业绩目标，凡是考核达标的员工，公司每月都为他们特举办聚餐庆功宴，以表彰其做出的业绩，从而激励其再接再厉，争取以后每次都能完成业绩考核。同时也激励更多的员工去争取获得此殊荣，既调动了企业全体员工的干劲，又为企业创造更多的业绩。

5. 产品推广特别奖励

在推广某些产品时，可以增加一些奖励。举例，下月要推广某洗发水，只要推出去一件，公司额外奖励 50 元。

6. 新开发客户奖励

对于以前未合作过的、本次开发到的客户，公司可以给员工额外的奖励。比如每增加一个新客户，无论开单金额多少，公司直接奖励 100 元。

7. 职业发展成就奖励

对于部分优秀的员工，根据其业绩，可以设定一些职务，比如起步是经理，做一段时间达到考核的可以晋升为高级经理或市场总监。这样员工的自我感觉会比较好，也是一种激励方式。更有利于员工职业生涯规划的达成，同时也有利于公司更好地发展。

8. 车房奖

如果企业效益特别好，可对那些为公司做出巨大贡献的员工奖励车房，既可以是公司付全款买来奖励，也可以采用公司出首付、员工自己付月供的按揭方式，具体根据企业及员工的情况而定。

总之，激励员工的方式非常多，重要的是要摸透员工的需求，遵循原理，根据企业自身特点，制定出真正适合自己公司的薪酬激励体系。

第七章 如何写商业计划书

第一节 企业商业计划书——企业融资的第一门面

一、商业计划书的概念

商业计划书，通俗讲就是融资大纲，是公司、企业或项目单位为了达到招商融资和其他发展目标，根据一定的格式和内容要求而编辑整理的一个向受众全面展示公司和项目目前状况、未来发展潜力的书面材料。

二、商业计划书的大纲和重要性

商业计划书是一份全方位的项目计划，其主要意图是递交给投资商，以便于他们能对企业或项目做出评判，从而使企业获得融资。因此，融资公司的商业计划书给投资人的第一印象尤为重要，商业计划书能否吸引投资者，基本上决定了企业能否融资成功。

1. 商业计划书的大纲

商业计划书的最终目的是说服投资者，那么在商业计划书的大纲范围内，有条不紊地呈现融资公司的想法就是必须要做到的事情。所以，当开始写商业计划书的时候，你心里必须有大纲。大纲主要从以下几方面去考虑：

（1）自己的融资项目是否足够好　足够闪亮的项目，投资人都是追着去的，不过这种传说级别的项目毕竟是少数。因此，对于大多数创业者而言，要重视自己想要融资的项目，以便赢得与更多投资人接触、交流的机会。

（2）商业计划书是对自己商业的梳理　BP（商业计划书，下同）是给投资人看的，更是给融资公司自己看的，通过 BP 梳理自己公司的发展状态、发展战略和资本部署是非常必要的。

好的商业计划书可帮你提炼和梳理创业思路，指导你分析市场和用户，找到好的定位和切入点，明确产品逻辑和业务走向，规划发展路径，搭建团队，定制资金规划。

2. 商业计划书的重要性

（1）商业计划书是找投资人的敲门砖　打动投资人，不是靠一份商业计划书就可以完全做到的事，它只能帮你打开大门，进门以后的路会有更多的挑战。写好一份商业计划书，不仅是对投资人的尊重，更是对自我创业初衷的肯定。

商业计划书有利于交流，更容易把企业的商业构思讲给投资人、供应商听，讲给客户听。写出来的商业计划书能让你们的交流和视野聚焦在重点上。

商业计划书只是一块敲门砖，目的是让投资人对你产生兴趣，有了兴趣才可能和你进一步洽谈，最终达到融资的目的。

（2）商业计划书可简洁、快速地展示项目　一份简历，如果没在 10 秒钟内引起 HR 的兴趣，通常会被扔到一边。同理，想在风投 VC 堆积如山的商业计划书中脱颖而出拿到融资，更需要功夫。

一个项目如果 5 分钟说不清楚，基本上不是什么好项目。我问了一个做投资的朋友，你觉得好的项目有多少？他的回答是，大部分不及格，小部分能打 60 分，一小撮 80 分，90 和 100 分的都是可遇不可求的。

（3）一份好的商业计划书能为企业加分　凡事预则立，不预则废。创业之前，一定要做一份商业计划书来审视自己的想法。在企业发展初期，尽管商业计划书很难对销售或企业利润起到直接的作用，但它能帮你建起公司，让公司顺利运转，减少创业失败的概率。

三、充分了解投资人背景

创业者需要对自己的业务和投资人的背景做充分的准备和思考：

1. 投资人跟你要做的项目有冲突吗？他是不是投了类似的公司？这也是可以事先了解的。

2. 他的投资公司靠谱吗？你们之间的契合度怎么样？你是否愿意接受这样一个长期的合伙人？要抱着找创业伙伴的心态来找投资人。

3. 你害怕抄袭吗？还是你有竞争壁垒不惧抄袭？

四、准备商业计划书的时间

可能在融资、招合伙人、招投资商，也可能是申请某项基金，甚至是为了说服自己去创业。这个时候，就可以开始写商业计划书了。

五、商业计划书的篇幅

1.关于商业计划书的页数，调查结果有很多种：有1页说的，也有7页说、5～8页说、10页说、10～20页说、15～20页说、30页说……

2.商业计划书的内容要少而精：在保证展示重要内容的前提下，商业计划书的页数越少越好。很多投资人可能每天都能收到十几份甚至更多的商业计划书，如果页数太多，看不完的概率会很高，甚至根本就不会太仔细地看你的商业计划书，如果这样，你的心血就白费了，企业融资计划更是落空了。

3.综合调查结果，建议如下：商业计划书的PPT最好控制在10页以内，尽量不要超过15页。

六、商业计划书的格式

关于商业计划书的格式，有WORD、PPT、PDF、思维导图等。

1.众多调查结果中，绝大多数投资人更喜欢PPT而不是WORD。使用PPT，图文排版更方便、表现更丰富，方便讲清楚创业项目。PPT一般是按页查看，让人更有耐心去了解。

2.PPT版的商业计划书适合在展示或路演时使用，而WORD或PDF版本则适用于通过筛选后的进一步展示，内容上也更翔实。

3.思维导图，能让思路变得一目了然。

无论哪个版本，把所有内容融会贯通、熟记于心都是必要的。

第二节　如何写好商业计划书

一、商业计划书的要点

1.用一句话说明理念由来（切入点）。

2.用一句话（包括具体数字）来描述巨大的市场规模和潜在的远景。

3.用一句话来清晰地描述你的商业模式，即你的产品或服务。

4.用一句话来明确表述为什么你的创新及时解决了用户的问题，填补了市场的空缺。

5. 用一句话说明还有谁提供了这些需要（竞争对手）。

6. 用一句话说明你们提供的比竞争对手提供的强在哪（你的竞争优势）。

7. 用一句话说明你们如何做出这个"强"（如研发或商业模式）。

8. 用一句话说明你们如何把"强"弥补到"需要"那里去（市场运作）。

9. 用一句话说明你们弥补的需要能赚多少（盈利模式）。

10. 用一句话（包括具体数字和时间）来概述你将如何在最短的时间内让投资人收回投资并大赚，准备分多少给投资人，需要投资人给你提供什么（回报）。

11. 用一句话来形容你和你的团队是一个"最佳组合"（团队优势）。

12. 用一句话来陈述你希望融多少钱、主要用来干什么（融资用途）。

二、商业计划书应包含的 10 个板块

（一）公司基本情况

1. 公司名称。

2. 公司地址。

3. 公司性质。

4. 公司股东组成。

5. 公司控股结构。

6. 公司主要业务范围。

7. 公司员工组成。

8. 公司财务情况。

9. 公司近期目标和长期目标。

（二）公司管理

1. 概述。

2. 高层人员构成。

3. 高层简介。

4. 高层分工。

5. 管理体系。

6. 融资后要设立的机构及相关的人员配备。

7. 管理层及关键人员将采取的激励机制和奖励措施。

8. 管理层的薪酬，是否有员工持股计划。

9. 公司是否建立人事管理制度。

10. 对有关知识产权、技术秘密和商业秘密采取的保护措施。

11. 公司是否存在关联经营。

12. 公司、公司主要管理人员是否卷入法律诉讼及仲裁事件中，对公司有何影响。

（三）行业情况

1. 概述。

2. 市场前景。

3. 产品使用对象。

4. 使用者的购买目的。

5. 列出产品的前三大客户类型，以及他们的购买力。

6. 所投资的产品行业目前所处发展阶段。

7. 拥有的专门技术、版权、专利、配方等。

8. 更新换代周期。

9. 本产品是否有标准，若有，列明标准。

10. 产品与同类产品的比较。

11. 本公司产品的新颖性、先进性和独特性。

12. 重点说明在性能、价格、售后服务和技术支持等方面的优势。

13. 本公司与行业内五个主要竞争对手的比较。

14. 影响行业和产品发展的因素。

15. 过去 3 ~ 5 年各年全行业销售情况，列明资料来源。

16. 未来 3 ~ 5 年各年全行业销售收入预测，列明资料来源。

17. 公司未来 3 ~ 5 年的销售收入预测（融资不成功情况下和融资成功情况下）。

（四）研发

1. 概述。

2. 产品成品演示。

3. 产品功能表。

4. 依据功能表的研发架构。

5. 已研发成果及其先进性。

6. 未来研发对象。

7. 公司的研发资金总投入。

8. 计划再投入的研发资金。

9. 列表说明每年购置开发设备金额、开发人员工资、试验检测费用，以及与开发有关的其他费用。

10. 现有技术资源。

11. 研发模式。

12. 对研发队伍的激励机制和措施。

13. 未来 3 ～ 5 年在研发资金投入和人员投入计划，列表说明。

（五）产品制造（互联网行业则自行替换成产品运营）

1. 概述。

2. 公司目前的年生产能力、厂房面积和生产人员数量（替换成互联网行业即维护人员多少，服务器并非数据量，维护效果如何，以下自行替换）。

3. 生产方式。

4. 生产设备先进程度、价值，是否投保，最大生产能力及使用寿命。

5. 如需增加设备，采购计划、采购周期及安装调试周期。产品的生产制造过程和工艺流程。

6. 控制产品制造成本的措施。

7. 产品质量管理体系。

8. 关键质量检测设备、成品率控制方法和采用的控制标准。

9. 原材料、元器件、配件、零部件等采购情况。

10. 原材料质量控制手段。

（六）市场方案

1. 概述。

2. 产品定价方式。

3. 销售成本的构成。

4. 销售价格制订依据和折扣政策。

5. 销售渠道、网络、广告促销、设立代理商和售后服务方面的策略和办法。

6. 市场方案的竞争优势相关因素。

7. 对销售人员采取的激励和约束机制。

8. 竞争对手的销售方案。

9. 公司的优势。

10. 短期销售目标。

11. 长期销售目标。

12. 列表营业额预测。

13. 列表说明市场份额的预测。

（七）财务状况

1. 概述。

2. 列简表说明公司过去的基本财务数据（主营收入、主营成本、主营利润、管理费用、财务费用、净利润、补贴收入、总资产、总负债和净资产、主营产品的盈亏平衡点、毛利率和净利率）。

3. 说明财务预测数据编制的依据。

4. 在此依据下，提供融资后未来 3 年项目盈亏平衡表、资产负债表、损益表、现金流量表。

5. 说明与公司业务有关的税种和税率。

6. 公司所享受的优惠政策，由谁提供。

（八）风险

1. 概述。

2. 详细说明创业中可能遇到的政策风险、研发风险、市场开拓风险、运营风险、财务风险、对公司关键人员依赖的风险等。

3. 如何量化这些风险。

4. 这些风险的对策和管理措施。

5. 决策后风险是否降低，程度如何。

6. 最终投资风险有多大。

（九）融资计划

1. 概述。

2. 融资目的和额度。

3. 说明拟向投资者以什么价格出让多少股权，作价依据是什么。

4. 资金用途和使用计划。

5. 列表说明融资后项目实施计划，包括资金投入进度、效果和起止时间等。

6. 说明投资者可享有哪些监督和管理权力。

7. 哪些方式参与公司事务及参与程度。

8. 说明公司将为投资者提供怎样的报告（如年度损益表、资产负债表和年度审计报告）。

9. 说明投资的变现方式，如上市、转让、回购等。

10. 说明融资后未来 3 ~ 5 年平均年投资回报率及有关依据。

（十）进度表

详细列明项目实施计划和进度，注明起止时间、已完成成果、计划完成目标、各项目资金投入、各项目资金产出。

中国中小企业家勤奋努力，并具有极强的创新精神，但在现代市场竞争中他们面临着巨大的压力和挑战。其中，缺少资金是广大中小企业面临的最持久、最难解决的问题。有的企业因为缺少资金错失发展良机，有的好项目因为缺少资金不能落地实施，有的甚至因为缺少资金而面临倒闭，资金成为中小企业家发展的瓶颈。

现代企业的竞争将是资本的竞争，不懂资本的知识，没有融资的技巧，没有金融的圈子，没有众筹能力，没有股权划分的思维，企业要想赢得现代的竞争显得分外艰难。

三、通过数据为商业计划书锦上添花

1. 团队和数据往往是投资人的初期判断和兴趣点。

如果有飞涨的数据，那就直接拿出来秀一秀吧，亮出数据，有利于增加底气，提高双方兴奋度，并且可以将谈话角度引入"为什么数据涨这么好"的趋势，进一步提高谈话气氛。

2. 数字最有说服力，投资人最喜欢看的就是数字和图表。

有多少注册用户？多少活跃用户？网站有多少 PV（即页面浏览量或点击量）？官微粉丝几位数？传播效果如何？有收入的话，收入怎样，利润怎样，平均客单价是否合理？投资人没法仅通过 BP 就试用你的产品，因此运营数据成为产品以外最直观的体验。

3. 适当罗列运营数据，建议展示量级和数据里程碑。

比如 APP 上线三个月，用户到百万量级，每天活跃用户在十万量级等之类的，不用写的特别细。

四、写好项目的产品介绍

写好项目的产品介绍，需注意以下几点：

1. 不能太苛求细节

产品的交互图、流程图、具体功能、操作都不需要，如果用户体验或者视觉设计是很重要的卖点，可单独拿出体现；但投资人想了解得更多的是产品如何解决用户的需求。

2. 不要只讲想法和点子

投资人要的不是点子，一个点子往往在一个人想到的时候，还有其他很多人都想到了，怎么做才重要。

3. 不要吹牛、夸张

别说"我们要成为中国最大的……"也别说自己是"最好最好的……"

4. 不要追求大而全

这里核心是要突出专注，表明你就只想做一件事，而且就想解决这件事中的某一个关键问题。

五、关于商业模式和发展规划

1. 商业模式部分主要是说明企业的盈利方式。

2. 投资人需要的是能够把钱当作自己的钱来花并且能涨的创业者。

3. 如果真的不知道怎么挣钱，你可以不说。

4. 明确自己的战略思想。

产品分析要能细分到自己一年内做的事，列出自己超越对手的关键点及一年期的工作要点。

六、做好市场和行业分析

1. 市场定位

你的产品或服务针对什么市场？这个痛点背后的商业价值有多大？你的目标是占有多大的市场份额（根据产品和定价来估算的真实有效收入市场，而不是瞎扯万亿市场）？

用一句话来描述市场规模和潜在的远景。

2. 用户量级

有多少用户可能使用你的产品，百万级、千万级还是亿级？

当然，市场预期不能仅看用户数量，一些用户数少但客单价高的产品或服务也可以被认为有很大的市场预期，比如各类 B2B 服务。

3. 市场竞争情况

有几家在做？行业和市场的细节是什么情况？为什么你现在切入的时机正好？

应该告诉投资人的是你的市场选在哪、你的机会在哪。别斗胆说你需要 1000 万去做媒体广告建立企业品牌……初创的公司是没钱玩那些奢侈游戏的。你不如说"我们已经和 XX 达成战略合作意向，通过他们的渠道进行捆绑在全国推广……"

5. 行业分析

突出对行业的理解和认知，不是简单地罗列数据。

宏观市场数据，VC 们大多数都一清二楚。市场大，不代表有需求。

要描述在目前的市场背景下，你的项目抓住了一个用户的痛点。或者你的项目可以为用户带来更高性价比的产品或服务。

尽量列出你与竞争对手的对比分析，列出与你的产品直接相关的市场数据，即微观市场、力所能及的市场，这些数据越详细越好。这些都能表明你捕捉住了当前的最佳商业机会。

七、正确分析竞争对手

关键词：竞争对手、核心竞争力、竞争壁垒、渠道优势、差异化。

1. 核心竞争力

如果投资人投给你的投资款项到期了，你却兑现不了本金和投资回报，试想：风投为什么要投资给你？因此，你得正确分析自己有什么特别的核心竞争力，有什么与众不同的地方。关键不在于所干事情的大小，而在于你能比别人干得好，与别人干得不一样。

2. 渠道优势

名人明星创业，成熟企业转型，都会为新项目带来很多现有渠道。自己或团队的亲朋好友提供的资源，自己团队里有巨头公司过来的员工，这些都是渠道优势的一部分。

相比技术和团队，渠道优势并非真的优势，因为渠道是别人也可以用的。渠道仅作锦上添花，决不能拿来当核心竞争力。

3. 差异化

保持差异化，将有限资源集中到一个简单明确的点上。

分析竞争对手需要注意：不要说"我这个想法前无古人后无来者"这样的话，投资人一听这话就要打个问号。有其他人在做同样的事不可怕，重要的是你能不能对这个产业和行业有一个基本了解和客观认识。

八、做好团队介绍

1. 团队的重要性

在投资界有这样一种说法"宁可投资一流人，二流项目；也不投一流项目，二流的人"；也就是投人投人再投人。只要团队好，模式、市场与利润都是可以创造的。因此，企业融资最应该关注的是团队，而投资者最关注的也是团队。

2. 投资人希望看到你要做的事是适合你做的

创业者做项目，需要团队成员有相关气质，积累过相关经验，在要做的事情上有过积累，不能只是因为你想做一件事你就去做。

3. 突出团队项目的经历和经验与当前项目的匹配之处

需要介绍团队主要成员的背景和特长。强调个人的能力适合该岗位，团队的组合适合创业项目。稳定的团队更利于融资。

投资人不会被顶级文凭、过去大公司的工作经历所蒙蔽，他们首要关注的是某个行业面临的主要挑战，以及你的团队是否有经验应付这样的挑战。

九、关于财务预测与计划

商业计划书是根据具体需求而制定的，但是考虑到业务的实际情况，企业几乎毫无例外地都会做一些基本的财务预测，即便经营的是一家非营利性组织，也同样避免不了资金的运作。

任何一份商业计划书，都需要对财务进行预测，那么商业计划书需要包括哪些财务预测方面的内容呢？

几乎所有财会业务都与以下三张基本财务报表有关：利润表（也称作损益表）、资产负债表和现金流量表。

但是会计报表与商业计划书之间存在本质的不同，会计是对历史交易情况的记录，并将这些交易数据分录到三张财务报表内。

而商业计划书则着眼于未来，通过对未来每月经营情况的估算，预测未来的业务经营状况。

1. 利润预测表

无论是利润预测表，还是利润报表，都是对企业经营损益情况的记录，显示企业在某一特定时期内（月度/季度/年度）的财务表现。

商业计划书中所使用的利润预测表格式与财会所使用的利润报表格式相同。

利润表的编制是以销售额开始的，然后是与销售额相关的直接成本费用。其中，这些费用可以是单位成本、商品销售成本，或者是提供服务的直接成本。扣除直接成本费用，得出毛利润，以金额或者百分比表示。

在对比本企业的经营状况与同行业标准时，毛利润率会派上大用场，并且银行和财务分析师也希望能够了解企业的毛利润情况。

从销售收入中扣除各种费用，包括利息和税金，就是所谓的净利润了，即众所周知的"损益表底线"。

在制定商业计划书过程中，不可能编制出真正意义上的利润表，因为通常情况下还没有产生收入。你所编制的是一份利润预测表，也称为"预计利润表"。

利润预测表所使用的格式与真正的利润表相同，但是内容是对未来业务经营状况的预期，因此里面的数字都是基于实际经营情况所做的估算。

首先对月度的经营情况进行精确估算，再以此为基础对其他财务项目进行估算。

2. 资产负债预测表

资产负债表显示企业在某一特定时间（月末或年末）的财务状况，包括资产、负债和资本的情况。

资产通常指企业所拥有现金、应收账款、经营性财产和设备，如桌椅、咖啡机及车辆等。负债是指企业的应付账款、负债。资本是指投入公司的资金，通常包括初期投资和未分配利润。

近期盈利通常计入资本项下，也因此与损益表相关。

商业计划书会涉及资产负债预测表，或"预计资产负债表"，这是另一项依据实际情况所做的估算，是对未来资产、负债和资本情况的估算。

借贷相等是整套资产负债表的关键所在。

资产必须与负债和资产的总额相等，如果不相等，就说明借方和贷方不平，表内一定有地方出错了。

3. 现金流量预测表

在制作实际财务报告过程中，现金流量表有时给人感觉像是后期附表，但在制定商业计划书过程中，现金流量表却至关重要。

如果此处出现错误，你会因为繁杂的财务复核工作，而导致商业计划书以失败告终。

现金流量表内的信息来自利润预测表和资产负债预测表，并将这两张表联系在一起。它显示每月的资金流入与流出情况，并且对现款结存进行预测。

现金流量表之所以如此重要，原因在于利润表并不能体现所有的现金流。例如可能存在的尚未支付的销售收入，而资产负债表也无法反映所有现金流。例如贷款偿还、新增贷款、新增投资、资产购置等，而这些项目均无法在利润表上体现。现金流量表则将两张表联系在一起。

4. 其他报表和预测项目

你可以根据具体情况，选择使用其他一些财务报表。在某些情况下，这些表不是必需的。

首先要提到的是市场情况预测和市场数据表，例如潜在市场规模、目标市场总规模和/或市场增长率。多数人认为对于寻求外部投资的企业来讲，这些市场数据是必不可少的，因为投资者希望首先了解市场情况。其他常见的财务报表还包括盈亏平衡分析预测表和退出估值预测表。

以上所提及的其他类型的表适用与否，要视商业计划书的具体目标。但是，几乎每份商业计划书都需囊括利润预测表、资产负债预测表和现金流量预测表。

创业者尤其要注意以下两点：①如果业务成功，什么时候能达到盈利；如果业务遇到问题，自己的财务状况能够继续支持企业运营多久，这些都是创业者需要思考的问题。②不要预测过高、过于夸大和吹牛；难以置信的利润和回报都是不足取信投资者的。

十、关于融资需求与股权结构

1. 早期项目的盈利不重要，投资人主要对高增长感兴趣。表明你的融资计划，需要多少资金，准备稀释多少股份。

2. 分析一下自己一定时间需要用的钱，将在接下来的 3 ~ 6 个月时间里做哪些事。

例如团队如何组建、产品如何开发、营销推广如何开展、各个方面的费用开销大概是怎么样的，以及你希望融资的金额和出让的股份比例。

特别值得一提的是，项目早期融资的时候，过高的估值或过多的股份出让，对于公司未来发展都是非常不利的。

3. 说明需融资多少，前几轮融资是谁投的，当时怎么遇到或者决定的。

早期没有必要特别纠结估值的问题，更重要的是拿到一笔钱先把项目启动起来，这比纠结估值更重要。

4. 立场上，你的需求是估值越高越好、出让比例越低越好，而投资人正好相反。估值和出让比例可以人为调整，于是创业者和投资人有了博弈的空间。

5. 估值应该基于投资者真正支付金额的合理估算，荒谬的估值会对融资不利。

6. 建议设定阶段性融资目标，小步快走，并考虑好下一轮融资预计在什么时候启动。

十一、关于风险投资的退出机制

由于国内创业板市场迟迟未能退出，使得国内风险投资企图通过在创业板市场上IPO（首次公开发行）方式退出变得不现实，而对于广大处于创业阶段的中小企业而言，寻求海外上市方式也是不切实际的选择。针对这种情况，下面几种退出方式正好符合孵化器内创业企业实际情况。

1. 股权协议转让

该种方式交易双方一般都对创业企业较为熟悉，省去了双方不必要的猜疑，另外，这种股权安排方式也容易得到创业企业的接受，同时也可以帮助创业企业找到理想的大股东，帮助创业企业实现在业务、管理等方面更上一层楼。转让方式可以通过自有渠道完成，也可以借助专业机构如投资银行促成。

目前，越来越多的国际战略投资人和上市公司愿意收购国内企业，尤其是产权清晰、有完整盈利模式的民营高科技企业。内资收购最好采取现金方式，外资收购可以采用现金与股票组合的方式。

2. 股份回购

根据签订的投资协议设定，投资期满后，创业公司无法上市或股权无法转售给其他公司的情况下，创业公司以自有资金回购风投公司的股权。这种退出方式尤其对广大科技型民营中小企业具有较强的吸引力。一方面解决了创业公司阶段性资金需求；另一方面又满足了创业者对公司控股权的要求。

3. 产权交易所挂牌上市

目前，国内各大城市如北京、深圳、上海、成都等地都已经建立了健全的产权交易机构和体系，担负着促进高科技产业发展、构架技术与资本间的桥梁、完善风险投资退出机制等方面的职能。通过产权交易所挂牌上市，可以很快找到交易对手，另外，通过交易所的集中竞价交易，可以最大限度地提高卖价。

4. 管理层回购

管理层回购主要是指创业公司发展到一定规模之后，公司的管理层包括核心技术人员利用信托等融资方式购买风投公司所持的股份，并通过这种重组方式改变创业公司的控制权结构、资产结构、所有者结构，以期激励管理层的创业激情，提高企业效益的一种并购方式。这种退出方式能够最大限度地保护老股东的利益，同时也是一种激励机制的创新。但现在存在两个主要问题：一是定价问题，二是杠杆融资问题。

5. 清盘

这种退出方式主要是在被投资的创业企业遭遇经营不善或管理团队发生重大变动，或受到市场和环境的重大不利影响等情况下，风投机构只能选择清盘方式来减少投资损失。

综上所述，风险投资在考虑退出方案的时候，一定要明确自己的目标，结合每个公司的实际情况设计出相应的退出方案。

十二、商业计划书内容注意事项

BP 是你和投资人沟通的核心框架，你需要确保 VC 想要了解的问题都包含在里面。

做一份好的商业计划书，下面几点是需要注意的：

1. 清晰、简捷。

2. 重点突出。

3. 观点要客观，不要套用模板。

4. 要自信，有说服力。

5. 别太多图片与视频。

十三、书写商业计划书的禁忌

1. 切忌谈平台。

2. 切忌谈公司什么都不缺，只缺钱。

3. 切忌谈市场很大很大。

4. 切忌谈没有竞争对手。

5. 切忌声明"必须签署保密协议"才可查看商业计划书。

6. 切忌求多求全。

7. 切忌过多强调细节。

8. 切忌生搬市场数据。

9. 切忌空话太多。

10. 切忌专业术语晦涩难懂。

11. 切忌赌咒发誓。

12. 切忌过分修饰、内容空洞。

13. 切忌只谈情怀。

14. 切忌呆板不生动。

15. 切忌兜圈子。

十四、了解投资人的兴趣点

简而言之，比较直接的投资人，最关注的就是下面这些点：

1. 市场大不大，增长快不快。

2. 产品好不好，逻辑顺不顺。

3. 数据涨不涨，指标硬不硬。

4. 模式有没有，收钱行不行。

5. 团队齐不齐，老大强不强。

6. 融资多不多，价格低不低。

十五、投资人经常问的问题

1. 验明正身，你到底是谁？

2. 你要做什么？你的产品或服务到底有什么价值？

3. 你为什么要做这件事情？

4. 这件事情为什么重要？

5. 怎么做？你是不是有执行能力和成功的把握？

6. 为什么你能做这件事情（技术、团队、市场营销、销售、竞争、里程碑）？

7. 公司的股权架构是什么样的？

（1）公司注册在哪里，海外还是国内？有哪些分公司、子公司、关联公司？投资人的钱从哪里注入？公司的架构关系到股东利益是如何体现的？

（2）你的公司是如何运转的，有哪些部门？你的COO、销售副总、技术总监们是否分工明确，各就各位？你是否既是董事长，又兼任CEO、CFO、系统构架师、人事总监……集大权于一身的封建领主？

8. 你自己在项目中实际投入了多少资金？

9. 什么时候公司账上开始有收入进来？什么时候公司达到盈亏持平？

十六、写好商业计划书后如何找投资人

1. 几流的项目，就找几流的投资人。尽管不想把项目或者投资人分成三六九等，但不可否认，越级挑战总是比较难的事情。

2. 投资人都有圈子，找到一个投资人以后先交朋友，即使没谈成也可能会介绍很多做投资的朋友给你。

3. 公司创业团队内选一个有经验的人专门负责沟通融资，经常和投资人喝喝茶、联络感情。其他团队伙伴则应专注到各自的事情上，避免被融资这件事牵涉太多精力，进而影响公司其他各项业务的发展。

4. 平时多关注媒体、新闻报道的投融资大会、创业大赛、创业路演等活动，尽可能去参加，在这些会上能见到很多各种各样的投资人，可以从中找到适合自己项目的投资人。

十七、邮件发送商业计划书的注意事项

1. 邮件标题和商业计划书的主题页：项目名称＋创业领域＋模式，方便投资人和自己搜索和存档。

如果邮件正文能够把附件内容大概地罗列出来，打开附件的概率会更高一些。

2. 不要群发：这是基本的尊重，最好稍微花些时间。

到这些VC的网站上去看一下他们各自的投资方向和领域，对症下药找到适合自己的投资人。

3. 不要压缩包：很多投资人是用手机查看邮箱的，解压缩不一定支持。

4. 不要大文件：将PPT转成PDF文件会小一些，除非是数据图，一般的图片都可以适当压缩。

十八、怎样知道投资人对项目是否感兴趣

根据经验，你可以准备三份不同的资料试探 VC 是否对你的项目感兴趣：①项目简介；②商业计划书；③完整的财务预测计划。

操作步骤：

1. 找到与你项目对口的 VC 名单，写一封简短的邮件，送他几句恰当的恭敬赞美之词，附上你的"项目简介"发出去。

2. 如果 VC 马上有回信，问你有没有更加详细的商业计划书，你应该兴奋地立刻把商业计划书发出去。

3. 在你发出商业计划书之后，VC 又主动和你联系，问你有没有详细的财务计划，你再马上把详细的财务计划发出去，瞧，你商业计划书所花的工夫见效了！

与此同时，你还应该做好与投资人面谈的一些准备，很可能 VC 过几天就会主动来邀请你去他（她）办公室面谈。

4. 如果在两个星期以内 VC 对你的"项目简介"没反应，你可以再次发邮件，包括一两句赞美之词，并主动附上你的"商业计划书"。

5. 如果该 VC 有正面回复，请把（3）的动作重复一遍。如果在两个星期内该 VC 对你的商业计划书没反应，你不妨主动再发一封邮件询问一下他（她）对商业计划书的反馈。

如果还是没有反应，你就不必再浪费时间了，赶紧寻找下一个投资人并再重复以上动作。

十九、种子／天使轮、A轮、B轮商业计划书的区别

1. 种子／天使轮的 BP 最重要的是把"我在做什么"这件事情讲清楚。这时候项目处于 0 到 1 的阶段，可以有节操地画饼，投资人也接受这种做法。

2.A 轮，最重要的是告诉投资人"我已经证明了项目的价值，需要钱获得更多的用户"。

这时候项目处于 1 到 10000 的阶段，大部分情况下投资人已经可以试用产品，最有说服力的就是漂亮的用户数据。

3.B 轮，最重要的是展示"我已经有好多用户，需要融资来驱动商业模式"。

这时候项目大结构应该已经稳定，下一步就是要告诉这个阶段的投资人这个项目的变现能力，让投资人对自己投资的回报有信心。

二十、商业计划书现场演示注意事项

1.问一下投资人有多少时间可以用来开会，再在他告诉你的时间数据上打个 8 折。

2.创业团队的核心成员尽量全部到路演现场。

3.初始阶段与投资人面对面交流，一定保持一个好心态。

有些投资人喜欢用比较有攻击式的语言，这时你不要着急，沉着地应对就可以了，大不了换一家 VC 聊。

如果你有更进一步的探索，可以不是简单地对标，以 A+B 的模式也能吸引投资人。比如大众点评是 trip adviser+group on+xxx 等类似的案例可以参考。这样讲故事会比较方便，投资人也会更加信服。

你会发现其实写给 VC 的商业计划书里的很多事都不可能发生，例如，今年销售额不会是你的预期，市场占有率是错的，公司发展不是按着你的想法一步一步来的，竞争对手比你认为的成长更快等。

第三节　实用商业计划书 12 项

商业计划书是创业者找 VC 的敲门砖。如果没有一块有分量的敲门砖，就很难敲开 VC 的大门。

有太多的创业者过于自信，总认为凭着一腔热情，凭着一个美妙的故事，幻想着在电梯里与 VC 偶遇就能说服他们，融资到创业资金。

这世界上永远是来要钱的人多，能给出去的钱少，僧多粥少，融资是有门槛的。如果没有一份有分量的商业计划书，你根本就进不了 VC 的门。而每一个 VC 的桌子上都有堆积如山的商业计划书，所以你的机会是非常有限的，你面临着巨大的挑战，关键是你要能够脱颖而出。当然，打动 VC，从来就不是一份商业计划书就可以完全做到的事，商业计划书只能帮你打开 VC 的门，进门以后的事情还很多，还要靠你的继续努力。

通过总结很多拿到过投资的创业者们的成功经验发现，一份商业计划书，无非是要写清楚三大要素：你是谁（WHO），你要做什么（WHAT），你怎么做（HOW）。如果把这三大要素换成看起来更专业一点的词语，那就是核心团队、商业模式、市场空间。

如果 VC 对你列出的这三点都非常有兴趣，那恭喜你，你已经敲开了 VC 的大门。接下来，请你拿出更实在的东西，去证实你的话。现在需要解决的是，如何简洁实用地将这三点阐述清楚。我的建议是，用 PPT 来表现，用 12 页写一份有分量的商业计划书，具体如下。

1. 第 1 页：封面

请郑重地用大字写出你的创业项目名称。

2. 第 2 页：一句话概括

这一页非常重要。所谓的一句话概括，就是用高度凝练的语言，分别用一句话来讲清楚你的项目，相当于一份浓缩版的商业计划书。这些描述至少包括 8 项内容：

（1）产品与服务，即商业模式。

（2）创新定位。

（3）市场空间。

（4）竞争优势。

（5）创业团队。

（6）盈利预期。

（7）融资规划。

（8）资金用途。

所有这些内容，都需要用一句话来阐述。投资人的时间是很宝贵的，看了这一页，有兴趣他才会继续认真地看下去，没兴趣就互不浪费时间了。如果你没有一句话概括的本事，那也许说明你的项目还有问题，最好再认真想想吧。

3. 第 3 页：产品与服务

就是你的商业模式，你的公司怎么赚钱，你解决了人们的什么问题，你填补了什么市场空白。如果你的项目切实解决了困扰人们很久的问题，这些人又心甘情愿地为你的产品或服务买单，那这个项目一定具有成功的潜质。不要说你的模式很复杂，一般人理解不了。如果真是那样的话，不能说别人不懂，只能说你的模式或者你的语言概括能力有问题。因为再复杂的模式，也不能脱离商业的本质。

4. 第 4 页：市场空间

仅仅能赚钱的项目还不够，要想真正地打动 VC，还必须要在能赚钱的模式上加注一下空间，就是你这个项目的市场空间。如果一个项目能赚钱，但整体空间有限，天花板伸手可触，那么 VC 是不会有兴趣的。VC 感兴趣的是：你现在自身就能年赚十金，他现在给你投资 1 亿元，就能让你进化到日赚万金。从年赚十金到日赚万金，这事想想就心跳，还愁 VC 不给你投资？

5. 第 5 页：市场营销策略

营销是企业经营中最重要又最具有挑战性的环节，影响营销策略的主要因素有：①消费者的特点；②产品的特性；③企业自身的状况；④市场环境方面的因素；⑤营销成本和营销效益因素。

在商业计划书中，营销策略应包括以下内容：①市场机构和营销渠道的选择；②营销队伍建设和管理；③促销计划和广告策略；④价格决策。

对创业企业来说，由于产品和企业的知名度低，很难进入其他企业已经稳定的销售渠道中去。因此，企业不得不暂时采取高成本低效益的营销战略，如上门推销、线上推广、大打商品广告、向批发商和零售商让利，或交给任何愿意经销的企业销售。对发展企业来说，它一方面可以利用原来的销售渠道，另一方面也可以开发新的销售渠道以适应企业现阶段的发展。

6. 第 6 页：竞争优势

你的竞争对手是谁，你有哪些竞争优势，这些都是你要向投资人描述的。不要说你做的是独门生意，没有竞争对手。在如今这个信息爆炸的时代，几乎很难有独门生意了。

7. 第 7 页：核心团队

这一点至关重要，因为同样的项目，换不同的人来做，结果一定是不同的。在看你的商业计划书之前，投资人也许已经看过同类的项目，他们对这个项目已经很有兴趣，只是还没有遇到让他们倾心的团队。如果你的团队有清华北大的高才生，或者各大小国家的海归，或者曾在知名公司工作过，一定要清楚地列出来。如果你的团队都是学历不高的，也不用自卑，尽管把你们曾经做过的牛事罗列出来。这里的禁用词是"技术高超，经验丰富"等，最好的表述则是"我曾经开发一个小软件，帮公司减少 1000 万的损失"，或者"我做售楼代表时，曾经一天卖出 100 套房"等。

8. 第 8 页：里程碑与现状

这个内容主要是让投资人清楚你的发展进程。你的产品什么时间上市，什么时间收入第一块钱，什么时间实现盈亏持平，什么时间开始盈利等。

第 9 页：市场预期与规划

这一项内容专业的做法是，给出一份详细的 3~5 年财务预测。但很多初创公司是很难做到这一点的。那你就选择替代做法，列出你的市场预期与营销规划。没有详细的财务预测没关系，如果你连一年、两年大概可以做到多少营收都不清楚，那估计会有一些麻烦。即使你在初次敲门时提供的商业计划书没有专业的财务预测，一旦真的达成投资意向，最终你还是需要向投资人提交这些东西。无论是对投资人，还是对你自身管理公司，财务都非常重要。我的建议是，哪怕在仅仅是流水账阶段的初创公司，最好也给团队招一个专业的财务人员，这对公司的未来发展至关重要。

10. 第 10 页：股权结构与投资情况

与谁合伙很重要，所以投资人需要了解一下你的股权结构，有几位股东，他们都是什么来路，哪些股东参与日常运营，实际投了多少钱，这里指的是实际的投资额，而不是注册资金。如果你自己都没投钱，想找投资人给你投资，你玩空手套白狼，那估计难实现；如果你已经把房子抵押，一定要把这个项目做成，投资人应该喜欢听你再细聊一下。如果你已投入巨资仍前路渺茫，也许说明这个项目本身就有问题；如果你只投入1000元，现在日赚1万元，那么恭喜你，投资人也许不会接着往下看了，而是迫不及待地现在就给你电话约你面谈。

11. 第 11 页：融资规划

你想要融多少钱，出让多少股份，这些钱都准备用到什么地方，这些内容必须写清楚，这也是你对自己项目整体预期的一部分。融资并不是越多越好，而是适当最好。一般的惯例是，融到足够你未来18个月所需的资金量就行了。当然，如果你预计6个月后就能日赚斗金，那你就只融6个月所需的钱。出让多少股份其实就是估值的问题。另外，关于融资这笔钱的用途，再大方的VC，也不会拿着钱让你马上去买豪车豪宅、环球旅行，而是让你把钢用到刀刃上，用这些钱把产品优化好，把市场开发好，为他们创造更大化的财富。

12. 第 12 页：封底

写上你的姓名及联系方式，另加三字"谢谢您"。

第八章 创业公司股权结构设计及股权激励方案

第一节 股权期权概念及股权用途

一、股权期权的概念

1. 股权

又称为股东权，是指公司的投资者所具有的与其对公司出资比例或者拥有的股票相应的权益及一定责任。通常适用于创业合伙人（创始人与联合创始人）。

真正的股权：必须同时具有钱和权——分红权与投票权。

股东权利主要有：股东根据所持股票或者出资比例的大小，享有公司利润的分配权，剩余财产的索偿权，参与公司重大事项决策和选拔任用管理者的权利，同时需要按其所持股份对债权人承担有限责任。

2. 期权

期权指预期可以实现但还未实现的股权。就是一开始并不是股权，只有当员工达成公司事先既定的目标业绩、以事先约定好的价格购买公司股权的权利、并行权后才变成股权，比较适用于参与感与心理安全感相对较低的公司技术合伙人及公司各岗位中的骨干人才。

期权实质上是一种选择权，即被授予者享有的在未来规定的若干年内（行权期）按授予时（授予期）规定的价格（行权价）和数量（额度）自由购买公司股票（行权）的权利。这个权利被授予者可以使用，也可以放弃。如果员工行权时企业的股票价格上涨，那么员工可以获得市场价和行权价之间差价的收益，如果企业的股票出现下跌，员工可以放弃行权，避免损失。只有通过行权后，员工的期权才能转化为股权。

3. 限制性股权

限制性股权分期兑现，与业绩挂钩，离职时有条件地收回。

简言之，股权类似于先领证结婚，发现不合再离；期权类似于先恋爱，符合条件再结婚。

二、股权的用途

现在很多人都在谈论股权、买股权，很多企业在进行股权顶层设计，那么股权对创业公司究竟有哪些用途呢？

1. 公司治理。

2. 扩张市场。

3. 激励人才。

4. 兼并收购。

5. 股权融资。

6. 激励投资。

7. 上市。

8. 套现退出（变现）。

拓展阅读

中国将进入股权时代

2016年北京两会焦点：这一届两会上，新金融成为各界关注的焦点，各业内人士都在盼望国家出台促进行业发展的政策或指导方针，私募行业也不例外，金融机构、企业乃至个人都在翘首以盼，期待私募业"春天"的到来。

两会中对于股权投资行业带来了一系列的利好政策：①总理鼓励股权投资基金的设立；②引导股权投资基金良性发展。

第二节 股权投资是当今中国最赚钱的投资模式实例

说股权投资是当今中国最赚钱的投资模式，可能很多人都不相信。事实胜于雄辩，我们一起来看看下面这些上市公司的股权造就了多少富豪。

1. 百度公司

百度公司 2000 年 01 月上线，2005 年 08 月上市，从成立到上市用了 5 年时间，上市 9 年股价上涨近 100 倍！

百度上市当天创造了 8 位亿万富翁（包括李彦宏、刘建国、徐勇、梁冬、朱洪波等），50 位千万富翁，240 位百万富翁，所有的股东一夜无眠，彻夜庆贺。百度一位前台小姐的手机被打爆，因为她也随着百度上市成了百万富翁。百度上市后 9 年，市值涨了近 100 倍！这在常人眼里几乎是不可能的事情，但却发生了。

2. 巨人网络——史玉柱

巨人网络于 2004 年 11 月上线，2007 年 11 月上市，从成立到上市用了 3 年时间。

2006 年 7 月 26 日，史玉柱前往开曼群岛注册巨人网络公司。2007 年 11 月 1 日，巨人网络集团有限公司成功登陆纽约证券交易所，市值达到 42 亿美元，成为在美国发行规模最大的中国民营企业，创企业上市速度最快的案例。史玉柱的身家突破 500 亿元，共造就了 21 个亿万富翁，186 个百万和千万富翁。1 位是巨人的高管，186 位是在巨人网络上市前认购了巨人内部股的老百姓。一家仅仅成立两年零几个月的公司，成就了像梦一样的传奇。

3. 阿里巴巴

阿里巴巴 1999 年 09 月上线，2007 年 11 月上市，从成立到上市用了 8 年时间。

2007 年 11 月 6 日，阿里巴巴集团的 B2B 子公司正式在港交所挂牌，总市值超过 200 亿美元！最引人注目的是其独特的内部财富分配格局，阿里巴巴 4900 名员工竟持有 B2B 子公司 4.435 亿股，当时发行价上限 12 港元计，市值共计达 53.22 亿港元！当天有 1000 多位阿里人变成百万富翁，创下国内 IT 类上市公司最大规模的员工造富纪录。

2014 年 9 月，阿里巴巴在美国纽交所成功上市，市值高达 2457 亿美元（约 1.5 万亿人民币），收益率达百倍以上！创始人全部成为亿万富翁，包括曾经的前台小妹童文红（现任阿里副总裁，拥有公司股权 0.2%，身价上亿）。

日本软银孙正义投资阿里获利 2500 倍，一举成为日本首富！

4. 腾讯公司

腾讯公司 1998 年 11 月上线，2004 年 06 月上市，从成立到上市用了 5 年时间，上市 11 年涨了 217 倍！

2004 年 06 月 16 日，腾讯上市当日造就了 5 位亿万富翁，7 位千万富翁和几百位百万富翁。2015 年时，腾讯市值 1.4 万亿人民币。

5. 海普瑞公司

海普瑞公司 1998 年上线，2010 年上市，从成立到上市用了 12 年时间。

2010 年 4 月 26 日，海普瑞以每股 148 元的价格招股，这家鲜有人知的生物医药公司几乎闯进了所有投资者的眼球。其创始人李锂、李坦夫妇合计持有 28803.7 万股，以发行价计算，其身家为 426.29 亿元，荣登内地首富。在这之前有几人知道李锂？是股权让他荣登内地首富。

6. 蒙牛

蒙牛的上市成就了五个亿万富翁，十多个千万富翁，几十个百万富翁。

7. 红杉资本

沈南鹏 4 年买原始股权 4 次，卖股 4 次，用 100 万美元赚了 80 亿美元，收益 8000 倍。

8. 聚美优品

聚美优品于 2014 年 5 月 16 日上市。

上市的聚美优品开盘价 27.25 美元，以市值 38.7 亿美元推算，天使投资人徐小平共投资 38 万美元，占股份 8.8%，现账面财富高达 3.4 亿美元。4 年时间获得了 800 多倍的回报。

第三节 股权架构设计的目的与类型

一、股权架构设计的目的

创业企业要设计一个股权架构，这样才有利于公司整体的快速发展，而不是个别股东利益最大化。股权设计的主要目的如下。

1. 维护创始人控制权

当然这种控制权是有益的，其目的是保障公司有一个最终的决策者。用控制权树立创始人在团队内部的影响力和话语权也是很有帮助的。

2. 增强合伙人凝聚力

随着创业竞争的加剧、节奏的加快，联合创业的成功率远高于个人创业。特别是在竞争白热化、智商情商财商遍地、每个团队都要奋力拼搏的行业，更不可能在公司发展的过程中再慢慢去找适合的人。股权架构的设计，要能够凝聚好合伙人，这样才能让团队更有竞争力。

3. 让员工分享公司财富效应

有创始人和合伙人，对一个快速发展的创业企业来说还不够，还需要有积极努力的员工，这样才能完成创业的使命。

4. 促进投资者进入

现在创业创新，很大一个特点就是有资本的助力，所以股权架构设计要考虑资本如何进入。因为投资人投出巨额资金，但往往只是占小股东，所以需要有一些特别的设计安排。

但是，股权架构的设计一定不能构成公司以后上市的障碍。以前在国内 IPO 很难，但是随着证券法的修改，在本土的资本市场，创业创新企业上市的门槛也越来越低，但是合规的要求不会降低，不能有法律的硬伤，特别是在股权架构方面。

二、股权架构类型

1. 一元股权架构

一元股权架构是指股权的比例、表决权（投票权）、分红权均一体化。在这种架构下，任何股东的权利均是根据股权比例而区别的。这也是最简单的架构，需要重点避免的就是公司僵局的问题。实务中存在几个表决权"节点"：一是一方股东持有出资比例达到 33.4% 以上的；二是只有两位股东且双方出资比例分别为 51% 和 49% 的；三是一方出资比例超过 66.7% 的；四是有两股东且各方出资比例均为 50% 的。在这里，第三种出资比例意味着，公司在任何情形下都不会形成僵局，因为表决权比例已经高达"三分之二"以上，对任何表决事项都可以单方形成有效的公司决议，除非公司章程对股东须"同意"的人数做出最低限制。最为糟糕的是第四种股权架构，在两股东各占 50% 表决权的机制下，意味着公司做出任何决议均必须由双方一致同意方可有效。

2. 二元股权架构

二元股权架构是指控制股东和没有强有力监督权的非控制股东并存，以及流通股和非流通股分置。

二元股权架构是中国证券市场所特有的一种分割的股权架构体系，上市公司的股本架构中包含着多种相对独立、相互割裂的股权形式。首先，上市公司的股本被分割为流通股和非流通股，其中流通股又被分割为 A 股（人民币普通股，以人民币计价，在沪深交易所进行交易）、B 股（人民币特种股票，以港币或美元计价，在沪深交易所进行交易）、H 股（以港币计价，在香港联合交易所上市交易）和 N 股（以美元计价，在美国证券市场进行交易）等；非流通股可以细分为国有法人股、社会法人股、自然人持有的非流通股等。上述不同的股权形式之间难以相互转换，相互之间形成割裂状态，每一种股权形式背后所代表的所有者架构体系有很大差别，具备不同的权利特征。其中，流通股和非流通股的分割是二元股权架构中最主要的内容，非流通股在二元分割的股权架构中占有公司的绝对控股地位。

这种股权架构设计，适合那些需要将分红权给某些合伙人，但将决策权给创始人的多个联合创始人的情况。

3. 4*4 股权架构

这就是在二元股权架构的基础上，将公司的股东分为四个类型，创始人、合伙人、员工、投资人，针对他们的权利进行整体性安排，以实现股权架构设计的目的。4*4 股权架构这个名词，是一个比喻，大部分人应该知道 4*4 是啥意思，当然不是等于 16，这里是指汽车的四驱。为什么这么说呢，比如把每一个创业公司比作是一辆车，大家从事的行业就是赛道，创始人就是赛手。现在的创业创新，本质上是一场比赛，不管是越野赛还是 F1，创业者作为赛手，必须要好的赛车，而且必须是四驱的，那样动力足，克服困难及阻力能力强。但是，现实中很多创业公司还是一辆自行车，或一辆三轮摩托车。四类这样的股东构成了 4*4 架构，但只有架构还不行，比如说你有四个轮儿，不过还是辆 QQ。

根据对硅谷创业公司及中国赴美上市的互联网公司股权架构的实证分析，得出一个参考模型，这里给出一个思考的维度，主要有 4 个方面。

（1）发起人身份股　又称"干股"，无偿赠送给发起人的股票。由于发起人在公司筹划组建过程中要付出许多劳动，还要承担一定的风险和责任。因此，当公司正式成立时，除发起人必须自己认购部分股票外，许多公司章程还规定无偿送给发起人若干股票，作为他们的酬劳。这部分发起人股票的股本主要应从时价发行的溢价部分中支付。发起人股票大多为后配股票，即在盈利分派和剩余财产的分配顺序上列为优先股票、普通股票之后，其股利率视公司盈余盈利状况而定。

发起人股是指股份有限公司的发起人认购的股份。根据《公司法》的有关规定，发起人可以用货币、实物、工业产权、土地使用权等资产作价折股。发起人认购的股份，自股份公司成立之日起 3 年内不得转让。

（2）出资股　是指现金出资或渠道资源等能评估的对创业早期必需的资源，这里不包括外部投资的出资，仅仅考虑创业发起人的出资。

（3）岗位贡献股　是指能够给公司带来贡献，以全职为原则，包括 CEO、COO、CTO、CPO 等，根据职位和公司业务导向，确定各自比例，建议在均分原则上调整。如果是兼职，则只能是该岗位全职的 20% 股权，其余部分股权须待全职后可分配。

（4）创始人身份股　创始人是指 CEO，为何独占？因为在创业早期，必须有一个敢于承担责任的人，如果他是小股东，可能会承担责任，但人性经不起考验，活雷锋相对很少。25% 的身份股是中位数，如果是 3 人以上的创始人团队，那么创始人身份股的配额不应低于 20%。

第四节　股权兑现机制及创始人如何抓住控制权

一、股权兑现机制

创业是一个充满热情和能量的过程。但是有时过于热情可能会让创业者做出错误的决策。

比如，你有一个完美的想法和一个志同道合的联合创业伙伴，你们开始了创业之旅。在最开始的几个月里，你和你的合伙人勤奋工作，但是突然你的合伙人因为一些原因退出了。但是你仍然相信这个想法能成功，所以你继续孤军奋战。最终你取得了成功，将你的公司卖出了 2 亿美元。但是随后，你接到电话，是你原先的合伙人，他来向你要他的 1 亿美元，因为当初创立公司的时候，你们约定两个人各占 50% 的股权。

如果这样的事情发生了，那么对于创业公司的成功会有很多的危害。因此创业公司的股权兑现制度（vesting）才这么重要。

股权兑现制度要求，在创业初期各个创始人要确定每个人的股份数量，但是当有人退出时，公司有权将其股权购回。这就是说，如果一个合伙人在创业开始的几个月之内退出了，那么今后他就不能要求他的那部分利益，在他退出的一刻，公司就收回了他的股权。所以股权兑现制度是在保护每一个创业者的利益，并驱使所有的人朝一个目标努力，那就是真正把公司做强、做大。

一般来说，股权兑现制度会按照 4 年来计算，其中第 1 年属于 cliff vest 期限，就是说如果创始人在 12 个月内退出，那么他的实际股权为 0，必须坚持够 1 年，才能一次兑现 1/4 的股权。比如起初规定你有 50% 的股权，但是创业两年后你退出了，那么你的实际股权变为 25%。也就是说你坚持的时间越长，你起初的股权就会更多地被兑现，直到 48 个月之后全部兑现。每多工作一个月，多兑现 1/48 的股权。

比如一家创业公司已经有了一定的交易量，并在第 24 个月获得了天使投资人的种子基金。两个合伙创业者各占 35% 股权，天使投资人占 30% 的份额。那么如果一个创业者要退出，他将实际获得 17.5% 的股权。那么剩下的 17.5% 的股权如何处理呢？按照股权兑现制度的规定，这 17.5% 的股权被公司回购了。如果这家公司注册总记 200 万股，那么创始人的退出会导致数量为 35 万股的 17.5% 的股份被回购，也就是说公司总股本变为 165 万股。这样的话，其他的股权持有人就会受益，因为他们所占股权百分比增大了。

另外，如果创业公司取得了更大的成果，比如在联合创业人的股权全部兑现之前，就被成功收购了。那么股权兑现制度会加速股权的兑现速度，具体可以分为两种情况：单激发（single trigger）和双激发（double trigger）。

所谓单激发（single trigger），一般是加速兑现 25% 到 100% 的股权，一般不改变时间期限；而双激发（double trigger）通常用于公司被并购并且创始人同时离职的情况。

至于确立股权兑现制度的时机问题，通常选在公司进行融资前进行。其实，只要创业者们感觉公司步入正轨时，都可以确立股权兑现制度。另外，在创业的初始阶段，还可以先确立一份非正式的股权兑现制度。

二、创始人如何抓住控制权

一定要股权控股，才能拥有控制权吗？股权控制是最直接的方式，走资本市场的情况下，融资被稀释，还有以下几种常见的方式来获得控制权。

1. 投票权委托的模式

投票权委托又称表决权代理和委托投票，英文叫 Vote by Proxy，这是在英美公司法中比较盛行的一种制度。授权委托书（proxy）是股东授权他人代其在股东大会上投票的书面凭据。股东如有投票权，可由他本人或其特别授权的代理人以书面委托书授权其他人代理投票。得到授权委托的人，可在股东大会上投票或就某一特定问题投票。正如韩国学者李哲松所说："表决权的代理是指第三人为特定股东，在股东大会行使表决权，将它视为股东的表决权行使的制度。"根据投票权代理的含义，不难看出其具有以下特征：①委托人必须是有表决权的公司股东；②受委托的"第三人"原则上应理解为可以是委托人以外的任何其他人（既可以是自然人又可以是法人或其他机构）；③代理的对象仅限于股东的表决权而不是股东的其他权利；④代理权行使的方式是第三人在股东大会上为特定的股东行使表决权。众所周知，股东有两种行使表决权的方式，一是自己行使，二是委托他人行使。投票权代理就属于第二种方式。投票权代理不仅是公司法上的一项制度，同时还是证券法的内容之一，作为特别法的制度，它必须以民法的代理制度为基础，遵循民法代理制度的一般原则。

例如京东上市之前用的就是投票权委托模式，由于京东上市前有 50% 以上的资金来自于融资，当时刘强东个人的股权不到 20%，这种情况下刘强东的控制权就是通过投票权委托实现的。

2. 一致行动人协议

无论是主板上市还是新三板企业挂牌，均需要详细披露公司的实际控制人，并明确控制权的稳定性。对于控股股东股权架构清晰的公司，在披露认定上述问题时较为简单；对于股权架构相对分散，或没有绝对较高持股的情形时，公司的实际控制人及其稳定性便产生界定困难。

在实践中，为项目操作需要或为取得公司控制权决策权的需要，股东通过签署一致行动协议，形成一致行动人，从而保证公司经营决策的科学、高效及治理机构的稳定。

在实践中，依据《公司法》和《上市公司收购管理办法》等，公司股东还可通过签订一致行动协议，结成一致行动人，共同成为公司的控制人，或者通过签署委托协议，委托某一股东行使其他股东的权利。一致行动协议也是用来确认公司的控制权及核查控制权稳定性的因素。根据公司法第二百一十六条第（三）规定：实际控制人，是指虽不是公司的股东，但通过投资关系协议或者其他安排，能够实际支配公司行为的人。根据证监会《上市公司收购管理办法》（2014 年修订）第 83 条的规定：一致行动，是指投资者通过协议其他安排，与其他投资者共同扩大其所能够支配的一个上市公司股份表决权数量的行为或者事实。

一致行动人是指通过协议合作关联方关系等合法途径扩大其对一个上市公司股份的控制比例，或者巩固其对上市公司的控制地位，在行使上市公司表决权时采取相同意思表示的两个以上的自然人法人或者其他组织。

通俗地讲，一致行动人协议就好比是股东会说："CEO 投赞成票，我们也投赞成票。"

3. AB 股计划

也叫牛卡计划，也可以叫双股权，是舶来品。简单讲就是公司里存在两种股权，但工商意义的性质是一样的，只是表决权不一样。例如我虽然占股30%，实现不了控制，但是如果要求在表决权上放大，那也能实现对公司的控制。所以总结来说，就是股票所有权和投票权分离，放大自己的表决权。

4. 持股平台

就是指做一个持股平台来实现股权控制，是把一些零散、小额的股权集中起来实现投票权，或者有些人占股30%，可以放一部分到持股平台里。持股平台主要有两种方式，一种是有限公司，另一种是有限合伙（LP）。从法律的角度，我们建议还是放在有限合伙企业中，因为治理方便，基本是GP（管理合伙人）说了算，其他人只要负责做就行。

第五节　股权设计的原则

大家都知道股权设计很重要，但又不能乱设计，那么我们来谈谈在股权设计中要注意些什么及应遵循哪些原则。

一、规避均分

股份平分导致企业出现问题的太普遍了。很多创业者在刚开始创业时，通常都会找几个与自己关系挺好或者熟悉的亲朋好友或同学合伙，由于创业刚开始，大家都还见不到什么效益，同时大家又相互碍于情面，常常实行股份平均分。可是到后期一旦出现公司赚了钱要平分时，或者公司有什么棘手的问题出现时，就往往会出现诸如"谁谁干活又少了、谁谁的贡献又小啦、这件事该你去做啦"的一些扯皮的事，这时，由于每个人的股权是一样多的，谁也不听谁的，导致出现的问题无法进行有效决策，形成僵局，阻碍企业的良性发展。例如真功夫的蔡达标与潘宇海、西少爷的宋鑫就是活生生的案例。

二、避免外部人占大股

一开始心血来潮给投资人或有资源的人一大部分股份，导致后来的投资人及合伙人无法进入。例如，一个创业者在自己公司进行天使轮融资的时候，有个投资人投资100万元，占了该公司40%的股份，可是当公司要进入第二轮融资时，由于第一轮的投资人占有的股权太多，导致后面的投资人无法进入，最后公司不得不进一步稀释股权，花大笔资金用于回购股权。

三、避免股权分散

股权分散导致没有决策者，企业的发展无法掌控。对于股权分散最痛的领悟莫过于万科了，这也是万科的致命伤。王石自传《道路与梦想》中写"万宝之争"（万科王石与宝能集团姚振华争夺万科的控股权），"那几日惊心动魄的较量仍让我深深意识到股权分散可能带来的危险"。核心创始人持股比例过低，一方面无法掌控企业，另一方面在企业融资中也非常不利，投资人看到这股权比例，也会望而却步。

四、过早分配股权

过早分配股权容易导致后期无法吸引人才进入公司。如果公司刚招进一个人才，就立即毫不犹豫地给他股权，这样后期退出就会有问题。随着企业的扩大，需要越来越多的优秀人才加入，过早地分配股权出去，后续就会面临无股权可分的地步，最终导致吸引不了优秀的人才，进而阻碍了公司更好的发展。

五、设计好股权的比例和成熟方式

设计好股权比例最重要的是，要确保有核心大股东，建议占股50%以上，以保证控制权；联合创始人占股20%～30%，设立期权池20%～30%，吸引新的合伙人和投资人。对合伙人进行股权成熟度的考核，即每年需要完成多少业绩考核，才能获得约定的股权。对于公司新进的骨干苗子，可以实行"先干股，后虚拟股，再期权"，最后可以考虑给实股。后期在股东协议里约定好风投进来后如何进行股权稀释，把利益建立在制度的笼子里。进入机制和退出机制都要设计好，防患于未然。

公司法赋予了股东自治的权利，包括表决权和分红权的行使，有限责任公司章程中另有规定的除外，可以要求同股不同权，同股不同利。包括约定好合伙人的责权利，这样可以保证对公司的控制权。股权架构比例设计需要突破公司法的常规要求，在实际中需要做细致的操作设计，方可达到有效的结果。

六、运用董事会与股东会治理

公司法里只是粗略地规定了股东会及董事会的职权及表决方式，而每个公司的实际情况千差万别。公司在设计股权架构时，应该通盘考虑一些重大事项决策所归表决部门及表决程序。有的公司就规定股东对外转让股权时，要求全体股东三分之二的表决权通过，以维护公司的股东权益及员工的利益。像华为公司，任正非在设计的时候，董事的提名权只归属任正非。包括马云的合伙人制度也是通过控制董事会来控制公司。

总之，股权设计要根据公司实际来运作。公司中最重要的是人，人比资本重要。公司健康发展是最大的赢，运用好公司章程和股东协议约定，把问题和漏洞规避掉，提前进行公司的顶层及股权架构设计。股权是企业的根，为企业战略服务，需要提前设计、提前规划，一定要引起足够的重视。

第六节　公司股权结构设计

一、股权设计的重要性

股权是企业的根，是企业的命，可管企、筹人、融资、并购与上市。股权设计及应用对了，企业才会有更好的未来与价值！

中国企业最常见的聚散模式，在公司创办之初，合伙者们以感情和义气去处理相互关系，制度和股权或者没有确定，或者有而模糊。企业做大后，利益开始惹眼，于是"排座次、分金银、论荣辱"，企业不是剑拔弩张内耗不止，便是股东愤而离开倒戈对手。最终导致企业人才流失、人心不稳、业绩下滑甚至公司倒闭。因此，公司股权的设计变得很重要。

二、股权设计的 5 种常见模型

1. 股权占 67% 的股东，拥有公司绝对控制权。

创始人（老大）股权：67% 以上，占三分之二。控制权有两个坎，50%（大多事项拍板）和三分之二（绝对控股，所有事情可拍板）。

合伙人股权：18%（指的是联合创始人）。

员工激励股权：15%。

这种股权设计适用于创始人占 67% 的股份，又出钱又出力。关于这个公司合伙人的基本标准是：合伙人是公司全职的核心团队，合伙人的股权需要自己出资购买；合伙人要有自己的核心技术、创业思路和团队。

案例：京东刘强东。

即使是技术合伙人，放到阿里巴巴还是腾讯模式也不同，没有通用公式，不同公司用不同模型。

2. 股权占有 51% 的股东，拥有公司相对控制权。

创始人股权：51% 控股，拥有重大决策权。

合伙人股权：34%。

员工激励股权：15%。

这种股权设计适用于公司有一个老大，创业能力相对比较集中，但他一个人把公司做不好，需要公司其他的几个合伙人跟他一起合作，这种股权模型适用于这种相对控制型的分配。

案例：新东方股权结构：51%，25%，24%。

3. 股权占 34% 的股东，拥有一票否决权。

创始人股权：34%，只有重大事项的一票否决权，没有决定权，既没有绝对控制权，也没有相对控制权。

合伙人股权：51%。

员工激励股权：期权 15%。

这种股权设计适合于企业股东及合伙人的能力都很强，每个人都能独当一面，如运营、产品、技术、管理等方面。

案例：腾讯马化腾：47.5%，张志东：20%。

以上 3 个模型有以下 4 个特点：①创始人的股权越来越少。②合伙人的股权越来越多。③员工激励股权没有变。④没有投资人的股权。因为投资人进来股权是同步稀释的，一开始不需要考虑投资人也不需要预留。

4. 股权占 20% 的股东，拥有界定同业竞争权利。

同业竞争是指公司所从事的业务与其控股股东（包括绝对控股与相对控股，前者是指控股比例 50% 以上，后者是指控股比例 50% 以下，但因股权分散，该股东对上市公司有控制性影响）或实际控制人或控股股东所控制的其他企业所从事的业务相同或近似，双方构成或可能构成直接或间接的竞争关系。

5. 股权 10% 的股东，有申请召开临时股东会和提议解散公司的权利。

第七节 期权激励机制

一、期权激励机制概述

1. 期权激励机制的概念

主要是指针对公司高层管理人员报酬偏低、激励不足的现象，在上市公司中进行的有关股票期权计划的尝试，以期能够更好地激励经营者、降低代理成本、改善公司治理结构的一种激励制度。

2. 我国期权激励机制的现状

由于我国目前的经济和政策环境还不够成熟、对股票期权这项高难度的体制创新的认识还不够，许多上市公司的股票期权激励方案偏离了激励经营者的预期目的，并且引发了一系列如国有资产的处置、公司股权结构的变化等新问题，并没有达到预想的激励高管的效果。

3. 期权激励机制的原理

期权（option），又称为选择权，是在期货的基础上产生的一种衍生性金融工具。从其本质上讲，期权实质上是在金融领域中将权利和义务分开进行定价，使得权利的受让人在规定时间内对于是否进行交易行使其权利，而义务方必须履行。期权激励机制是针对公司高层管理人员报酬偏低、激励不足的现象，在上市公司中进行的有关股票期权计划的尝试，以期能够更好地激励经营者、降低代理成本、改善治理结构。比如，授予高管一定数量的股票期权，高管可以在某事先约定的价格购买公司股票。显然，当公司股票价格高于授予期权所指定的价格时，高管行使期权购买股票，可以通过在指定价格购买，市场价格卖出，从而获利。由此，高管都会有动力提高公司内在价值，从而提高公司股价，并可以从中获得收益。

二、公司核心人员期权操作方法

1. 挖掘核心人员的具体需求（如张三想拥有一辆 20 万元的车）。

2. 评估满足需求需要什么条件（如评估发现，张三如果要实现获得 20 万元车的需求，还要再做三年）。

3. 帮助实现（只要再干三年，就送张三一辆 20 万元的车）。

4. 签字画押按手印。

期权机制操作示范：物质可以先给，钱不能先给。例如给车：如果先给车，车属公司；油费可由公司报销一部分；出现事故由员工承担。如果给钱：期权机制的时间里，可直接给或按月支付；如 10 万元，可一次性给 10 万元，也可每月给一万元，十个月给清。

公司全员期权操作方法：

例如：连续一年考核达到 80% 以上，多给年薪 20%（如年薪 5 万元，则再多给 10000 元）；两年中有 23 个月考核达到 80% 以上，则第二年多给年薪 35%（如年薪 5 万元，则再多给 17500 元）；三年中有 34 个月考核达到 80% 以上，则第三年多给年薪 50%（如年薪 5 万元，则再多给 25000 元）。

第八节　股权机制

一、股权进入机制

获得公司的股权，有以下几种方式：

（1）创业合伙进入。

（2）创业投资进入（如出现金、提供资产等）。

（3）创业身段进入（如凭业绩、工龄、特长、技术、绩效、影响力、资源等）。

（4）创业期权或期股进入。

（5）中途股权受让进入。

（6）中途增资认购进入。

（7）中途股权激励进入。

（8）中途公司重组进入。

（9）继承所得进入。

入股核心：让大家共同为企业操心。

公司针对入股人员，需要着重考虑以下几方面：①入股者必须能独当一面（不能独当一面，入股就是负担；就不能分股份）。②必须在每个层面吸纳股东（不是缺人才，是有人才没有给股份；如财务总监、销售第一名、技术总监等关键岗位的骨干人才）。③入股人员必须出钱（必须要拿钱买股权，只有自己出了钱，才会珍惜，工作也才会更努力）。

二、股权退出机制与预期管理

公司发展过程中，不是所有人都会陪你到创业的终点，为了保证企业的良性发展，公司就需要事先设计好股权退出机制。针对退出人员，公司要在股东中选一个德高望重的、善于交流沟通的人去和他们谈，通过沟通，让大家都接受公平合理的退出条件，以免给公司带来不利。一般来讲，股权退出有以下几种情况：

（1）对公司不忠，必须退出。

（2）股权期满退出（要把合同签成活的，股权送得出还要收得回来）。

（3）退休退出。

（4）辞职退出。

（5）意外退出。

（6）违法退出。

股权退出机制的核心就是预防对公司不利事件的发生。

股权退出机制的命脉是公司害怕什么就把什么列为退出机制。如公司如果害怕股东中途退出，就把中途退出列入股权退出机制；如果股东中途退出，则净身出户，只享受当年已发生的利润的分红。如公司害怕股东不忠、出卖公司商业机密，则把出卖公司列为退出机制；如果股东出卖公司，则净身出户，只享受当年已产生的利润。

三、股权退出该如何处理

（1）对内转让（对董事会成员转让）。

（2）对外转让（对想入股的员工转让；必须全体股东通过）。

稀释（逐年减少至退出；合作了几年就按几年时间退出；每年享受股份分红逐年减少）。如某人拥有 10% 股份，大家合作了 5 年，就按 5 年退出，每年减少 2%，每年享受足额分红：第一年 10%；第二年 8%；第三年 6%；第四年 4%；第五年 2%；第六年 0，已退出。

四、股权操作流程

（1）列出入股标准及条件。

（2）符合入股条件者，可写入股申请书（看意愿）。

（3）分阶段逐渐入股。

一个一个或一部分一部分进入，股份改革是持续的事；要做到入股者自己非常渴望成为股东；必须让 1 ~ 2 人入股后，跟公司老板成为一条心，然后再吸收新的股东，这样才能驾驭；必须保证老板能掌控公司整个局面。

（4）明确合作年限（8 年、10 年、15 年、20 年，合作期间只能做公司的事）。

五、股权激励 3 大策略

（1）公司让员工买股权（上策）。

（2）公司借股权给员工（中策）。

（3）公司送股权给员工（下策）。

第九节　公司股权激励方案（范本）

一、股权激励的目的

为了提高企业的凝聚力和战斗力，规避员工的短期行为，维持企业战略的连贯性，开拓企业与员工的双赢局面，本公司决定推行股权激励制度。

二、股权激励的原则

1. 公开、公平、公正原则。

2. 激励机制与约束机制相结合的原则，即个人长远利益与公司长远利益相联系，收益与风险共担。

3. 存量不动，增量激励的原则，即在公司资产保值增值的前提下，在净资产增值中解决奖励股份的来源问题。

三、股权激励的股份来源

公司大股东转让总股份的 20% 用作股权激励。其中预留 10% 作为未来引进人才的激励（将用作股权激励的 20% 视为 200 股）。

四、公司成立监事会

监事会成员 5 人，其中大股东 2 人、激励对象代表 2 人（由被激励对象选出）、普通员工 1 人。监事会有权查验财务收支情况，确保激励对象能知晓公司财务状况。股权激励计划实施后，监事会负责公布公司每个季度的财务状况。

五、激励对象及其享有的股份个量

1. 与公司签订正式劳动合同、工作满 6 个月的员工。

2. 部门经理及业务、技术骨干和有卓越贡献的人员。

暂定名单如下：

姓名	部门	岗位	股份个量（95）
XXX	XX 事业部	市场部经理	10
XXX	XX 事业部	XX 部经理	5
XXX	XX 部	XX	10
XXX	XX 部	XX	10
XXX	XX 部	XX	10
XXX	XX 部	XX	5
XXX	XX 部	XX	10
XXX	XX 部	XX	10

六、实施日期

计划于 2017 年 1 月 1 日起执行

七、年度分红额计算

自实施日起，激励对象所享有的股份分红范围是该年度所实现的税后利润增长部分，扣除 30% 作为企业发展留存外，按激励对象所享受股份数量的百分比进行分红。

1. 激励对象在取得股份的两年内按下述办法兑现权益金额：

（1）激励对象在激励岗位上服务第一年，年终股份分红金额兑现 60%，另外 40% 记入激励对象权益金额个人账户内，未兑现的权益按每年 8% 计算利息记入个人账户。

（2）激励对象在公司激励岗位服务第二年，年终股份分红金额兑现 80%，另外 20% 记入激励对象权益金额账户，未兑现的权益按每年 8% 计算利息记入个人账户。

2. 激励对象在取得股份满两年后按下述办法兑现权益金额：

（1）当年的权益金额 100% 兑现。

（2）从第三年起，前两年服务期间内的个人账户历年累积的激励权益金额分两年兑现，每年兑现 50%，未兑现的权益每年按 8% 计算利息记入个人账户。

3. 在激励岗位工作满两年后，激励股份转化为实股，激励对象对激励股份拥有完整的股权，经公司监事会同意后，可进行股权转让、出售、继承等事项。

八、异常情况

1. 激励对象职务发生变更，按相应的职务岗位变动激励分红股份数量，已记入个人账户的权益金额不变。

2. 若激励对象不能胜任岗位要求，本人要求或公司调整至非激励岗位，按下列办法兑现股权激励权益：

（1）在激励岗位上工作不满一年的，取消激励股份，不享有激励股份的年终分红。

（2）在激励岗位工作满一年不满两年的，取消激励股份，累积的个人股份分红金额按 80% 一次性兑现。

（3）在激励岗位工作满两年的，只要激励对象还在公司工作，股权激励权益即为激励对象所有。

3. 员工离开公司时，按下述办法兑现股权激励分红额：

（1）在激励岗位工作不满一年的，取消激励股份，不享有激励股份的年终分红。

（2）在激励岗位工作满一年不满两年的，取消激励股份，累积的个人权益金额按 60% 一次性兑现。

（3）在激励岗位工作满两年的，因激励对象已拥有实股，按"七、年度分红额计算"中的第二条每年兑现股份分红。

九、股份分红的日期

次年 6 月 30 日前一次性兑现上一年度的分红。

十、公司的权利

1. 公司有权要求激励对象按其所聘岗位的职责要求做好工作，若激励对象不能胜任岗位要求，经经理室成员讨论通过，可以调整激励对象的岗位，股权激励权益按上述有关规定处理。

2.若激励对象因触犯法律、违反职业道德、泄露公司机密、失职或渎职等行为严重损害公司利益或声誉，公司可以取消激励对象尚未实现的股权激励权益，并有向激励对象要求赔偿损失的权利。

十一、激励对象的权利和义务

1.激励对象自本方案实施之日起，享受本方案规定的股权激励权益。

2.激励对象应勤勉尽责、恪守职业道德，为公司的发展做出贡献。

3.激励对象因本方案获得的收益，应按国家税法规定缴纳相关税费。

根据公司的具体情况，每年对本方案调整一次，调整后方案经监事会讨论通过实施。

举例：

2016年公司净利润为2000万，2017年1月1日施行股权激励方案，A员工被授予10股激励股。2017年全年公司净利润为3000万，则A员工2017年的股权红利为：

（3000–2000）×70%×60%×10÷2000 = 21000元，其中：21000×40%=8400元记入公司个人激励账户。A员工2017年1月份可收入21000×60%=12600元的分红。

第十节　股权激励的9种常见方式

企业为了更好地激励员工，通常会设计一些不同种类的股权，以期能激励公司不同岗位的各类骨干员工，同时也为了留住人才、调动大家的积极性，从而促进公司更快更好的发展。常见的股权激励有以下几类。

一、干股

1.关键词：免费，分红。

2.定义：根据岗位或人员，直接给予一定数量的股份（一般初步只给予分红权，根据时间、业绩条件进行工商注册转为实股）。

3.特点：一般无业绩要求；不局限于经理人；分红比例与岗位挂钩。

4.适用范围：可以作为试水；作为其他股权激励的补充或组合使用。

二、期权

1. 关键词：权利，未来。

2. 定义：可以在规定的时期内以事先确定的价格（行权价）购买公司一定数量的股票（此过程称为行权），也可以放弃购买股票的权利，但股票期权本身不可转让。

3. 特点：可以无偿授予，也可以收取期权费；公司请客、市场买单；约束机制不健全，可能导致经理人的短期行为。

4. 适用范围：企业处于竞争性行业；企业成长性好、具有发展潜力；人力资本依附性强。

三、业绩股票（股份）

1. 关键词：目标，回报。

2. 定义：在年初确定年度业绩目标，如果激励对象在年末实现了公司预定的年度业绩目标，则公司给予激励对象一定数量的股票，或奖励其一定数量的奖金来购买本公司的股票。

3. 特点：业绩未达成、违规行为或中途主动离职，取消剩余部分；可设置风险抵押金，每年实行一次，能够发挥滚动激励、滚动约束的良好作用；但公司的业绩目标确定的科学性很难保证，容易导致公司高管人员为获得业绩股票而弄虚作假。

4. 适用范围：业绩稳定；处于成熟、稳定期的企业；公司现金流充足。

四、限制性股票

1. 关键词：限制。

2. 定义：所谓限制性有两种含义，一是股票的获得条件（业绩限制），二是股票的出售（禁售期限制）。

3. 特点：激励相关人员将更多的时间精力投入到某个或某些长期战略目标中，由于限制期的设置，可保证相关人员的稳定性；计划开始时，即享有分红权。

4. 适用范围：进入稳定期的公司；可以将其组合使用（例：对10个关键人才实施期权，其中2个追加限制性股票）；作为主要使用时，适合商业模式转型企业、创业期、快速成长期。

五、期股

1. 关键词：即期享受，分期付款。

2. 定义：激励对象掏钱首付获得期股资格，然后分期付款获得最终股份。

3. 特点：价格固定，以授予期为准；在偿还完所有购股款项之前，只有分红权，无所有权。

4. 适用范围：公司处于发展阶段，有相对稳定的利润。

六、虚拟股票

1. 关键词：虚拟，目标。

2. 定义：是指公司授予激励对象一种"虚拟"的股票，如果实现公司的业绩目标，则被授予者可以据此享受一定数量的分红，但没有所有权和表决权，不能转让和出售，在离开公司时自动失效。

3. 特点：实质上是一种享有企业分红权的凭证，除此之外，不再享有其他权利。因此，虚拟股票的发放不影响公司的总资本和股本结构；激励对象分红意愿强烈，导致公司的现金支付压力比较大。

4. 适用范围：不想控制权失去，可以采用干股＋虚拟股票；公司现金流充裕；不推荐单独使用。

七、股票增值权（账面价值增值权）

1. 关键词：增值部分收益。

2. 定义：在规定的期限内，公司股票价格上升或公司业绩上升，经营者就可以按一定比例获得这种由股价上扬或业绩提升所带来的收益。

3. 特点：模式简单易于操作，股票增值权持有人在行权时，直接对股票升值部分兑现；无须解决股票来源问题；股票增值权的收益来源是公司提取的奖励基金，公司的现金支付压力较大。

4. 适用范围：对于非上市公司，可以选用账面价值增值权：净值＝（公司资本金＋法定公积金＋资本公积金＋特别公积金＋累积盈余－累计亏损）/股份总额；不推荐单独使用，一般配合其他激励方式。

八、股权延递支付

1.关键词：享受权利，分次获得。

2.定义：公司为激励对象设计一揽子薪酬收入计划，一揽子薪酬收入中有一部分属于股权收入，股权收入不在当年发放，而是分次、分批给予。

3.特点：约束性比期权强；捆绑期长；激励力度较期权弱；延期内享有分红权。

4.适用范围：公司在成熟期，业绩稳定。

九、储蓄－股票参与计划

1.关键词：福利，人人有份。

2.定义：允许激励对象预先将一定比例的工资（常见税前工资额的2%～10%）存入专门为本公司员工开设的储蓄账户，以一定折扣折算成股票。

3.特点：无论股价上涨还是下跌，都有收益，当股价上涨时盈利更多，因此福利特征较为明显；为企业吸引和留住不同层次的高素质人才并向所有员工提供分享公司潜在收益的机会创造了条件，在一定程度上解决了公司高管人员和一般员工之间的利益不均衡问题；与其他激励模式相比，激励作用相对较小；收益组成：实际价格－折扣购买价＋期间股票升值部分。

4.适用范围：成熟型公司；抵御恶意收购；国企改制。

第九章 如何设计商业模式及赢利模式

第一节 商业模式概述及常见的商业模式

一、商业模式概述

商业模式通常是指企业家为实现企业价值最大化，把能使企业运行的各要素整合起来，形成一个完整的、高效的、具有独特核心竞争力的运作系统，并通过最优实现形式，满足客户需求、实现客户价值，同时使系统达到持续盈利目标的整合解决方案。简单地说，商业模式就是企业赚钱的方式方法。

商业模式主要包含了4个板块：产品模式、用户模式、推广模式及收入模式。

1. 产品模式

产品模式是指你提供了一款什么样的产品。商业模式要建立在产品模式的基础之上，没有产品和对用户的思考，公司做不大，走不了多远。

产品模式应该考虑到以下几点：

（1）你提供的产品是什么？

（2）产品能为用户创造什么样的价值？

（3）你的产品解决了哪一类用户的什么问题？

（4）能不能把复杂的产品变简单（如电脑到智能手机）？

（5）能不能把贵的产品变成便宜的，甚至是免费的？

这些是任何一个创业者在研究商业模式的时候，首先要考虑的问题。

2. 用户模式

用户模式是指创业公司一定要找到对产品需求最强烈的目标用户，例如 VR 虚拟游戏玩家，这些人就是产品感受最强、需求最强的用户。

3. 推广模式

推广模式指用怎样的方式去接近目标用户群。要根据产品及用户群去设计相应的推广方法。如 VR 虚拟游戏推广模式：去游戏玩家多的网群上推广、线下网吧推广、IT 公司大楼推广、高校推广、游乐园等玩的人多的地方去推广。

4. 收入模式

收入模式即赢利模式、收入来源。如苏宁、淘宝靠收取佣金、商户管理费及延缓付款给厂家、商家获得大量现金流，再靠这些现金流用于投资获得收入。

二、商业模式的设计

商业模式的概念、构成要素和特点为企业商业模式的设计提供了理论基础。每一个企业管理者都想为企业设计一个具有开创性且难以被别人复制的商业模式，以商业模式创新在竞争中脱颖而出，甚至颠覆行业内现有的企业。所以，如何设计符合自身企业发展的商业模式是当下备受关注的问题。通常，商业模式设计有以下几种方法。

（一）学习模仿

通常情况下，学习模仿其他成功企业商业模式的方法主要分为两类：一类是照搬照抄，全盘复制；第二类是学习借鉴，不断提升。

1. 照搬照抄，全盘复制

全盘复制，即对成功企业的商业模式进行直接复制，全部照搬照抄。这一类方法主要适用于行业内的企业或完全不同的行业。

如果企业选择全盘复制，需要注意以下三点：一是必须快速捕捉到商业模式的关键信息，谁先复制谁就有可能具备先发优势；二是要学会甄别，并掌握真实有效的信息；三是要提高因全盘复制带来的风险管理能力。

2. 学习借鉴，不断提升

学习借鉴即企业通过学习和研究优秀企业的商业模式，根据企业自身发展方向和细分市场进行适应性调整，对商业模式的核心内容进行总结提炼，在此基础上进行部分引用。站在巨人的肩膀上，才能看得更远。

在借鉴提升的过程中，第一，要注意在原有的商业模式基础上进行延伸扩展，延伸扩展可以进一步细分市场，针对细分市场进行优化调整，精细化延伸，寻找新的发展机会；或者实施相关多元化战略，寻求新的市场。第二，在模仿学习中运用逆向思维，反向学习；企业避开主流的市场竞争，直接切割行业领导者忽略的市场份额，开发市场蓝海，并打造与之相匹配的商业模式。第三，在借鉴中形成优势互补。在互利共赢的竞争中，拥有不同商业模式的企业也能成为价值创造的合作伙伴，实现共同进步，形成相互促进的良性循环，实现协同效应。

拓展阅读

返利网

返利网成立时间为 2006 年，其商业模式并不复杂，简单来说，即用户通过返利网络口进入 B2C 网站如京东商城、亚马逊中国等进行购物时，可以获得返利网给予的积分，当积分累积到一定规模便可以折现返回。折现返回给消费者的实惠实际上是 B2C 网站支付给它的广告费用，而返利网的收入来自于其中的利差。

2007 年，不到 26 岁的葛永昌在工作之余研发了返利网，当时同济大学工程系毕业的他已经有了五年多的互联网技术从业经验，一次偶然的机遇，葛永昌邂逅了美国 Pactec 软件，一个能够给企业带来订单，还能帮助用户省钱的赚钱软件。仔细研究 Pactec 的模式之后，葛永昌意识到这种一举三得的模式似乎也可以运用在 B2C 领域，他便在工作之余自己开发了返利网。

在葛永昌看来，返利网与百度或者其他 B2C 广告不同，最大的优势便在于提高了商家的用户转化率。普通导购网站用户转化率只有 1%，即便京东商城、淘宝也分别只有 3% 和 7%，而返利网的用户转化率高达 25%。由于此类服务网站属于轻资产运营，葛永昌只投入了 10 多万元，在短短几个月来便开始盈利，葛永昌索性辞去工作。

2010 年，由于 B2C 网络购物井喷式发展，返利网也迎来了真正的爆发性增长。葛永昌透露，目前返利网注册用户已经 300 万，每月新增用户 30 万～50 万；每月生成 5 万笔订单，为 B2C 网站带去超过 3 亿元人民币的销售额。为此，返利网每月差不多要给消费者带来 500 万～600 万的返利优惠。

返利网这一链接消费者与 B2C 网站入口的商业模式，若要获得成功，一方面必须拥有庞大的商家资源，给用户更多的购物选择；而另一方面也必须拥有足够多的注册用户，让 B2C 网站依赖你。如今，对于返利网而言，它的挑战依旧是如何进一步扩大自己的用户规模。事实上，目前淘宝网已经开始推广这种返利模式，而支付宝在推广其支付登录时，也已经开始采用这种方式。而伴随着今年互联网的"开放"热潮，连360这样的公司也进入这一领域。

葛永昌并不畏惧竞争，在他看来，商业不仅需要精确的数字模型，更需要艺术的执行。腾讯QQ也推出过返利模式，但并未成功。返利网模式给予消费者的购物体验，不仅仅是便宜和便利，价格战不可持续，更为关键的是留住用户并为他们提供更加多维的购物体验。

目前，返利网正试图让入口变得更像一个社区，这样便于吸引更多的用户参与使用，同时也能增加现有用户的黏性，真正地留住他们。为此，返利网建立了自己的论坛，每天都有上万张照片晒单，分享购物体验。不仅如此，返利网还为他们开设了C2C的优惠券交易平台。葛永昌分析说，很多用户拿到优惠券，如果不用浪费了很可惜，不如和那些有需要的用户进行交易，让他们的需求互补起来。

300万注册用户对于返利网而言，已足以支撑他的运营，但葛永昌的野心不止如此，他坚信，随着B2C电子商务的持续发展，返利网依旧还有很大的发展空间。当然，他的挑战依旧不小，就返利的模式本质而言，也是互联网"开放"模式的一种，任何"开放"的背后都需要用户基础，返利网若要进一步获得增长，增加用户数依旧是首要任务。

（二）试错调整

商业模式的设计是基于各种要素假设进行的，一旦开始投入运作，这些假设都要在市场中不断接受检验。商业模式也不是一蹴而就的，企业要实现自身商业模式的良性循环，需要经营者在模式实施过程中根据实际情况不断试错，不断进行调整，甚至全面改革。通过调整现有商业模式来打造新的关键要素之间的良性循环，使整个商业模式的每个细节和举措都能提供有价值的反馈，达到预期目标。

从某种意义上说，商业模式的设计就是一个不断检验和修订的过程。

在一次著名天使投资人查立对两位草根创业者的访谈中，当被问及"创业公司一般需要花费多少时间才能独立完成对商业模式的试错"时，蓝灿辉——北京个性时代服装有限公司（Teeker）创始人/CEO认为，试错在企业发展的任意阶段都需要，商业模式的试错是动态性的，永远不会有一个完美的商业模式可以供你一劳永逸。同时，周汉东——八步电商创始人/CEO也认为，这个时间应该越短越好，如果一定要说一个时间点，那就是在你还能生存之前必须要完成试错。

资料来源：新浪科技，天使投资人查立，"资本越冷，创业越有机会"。

三、最常见的 3 种商业模式

商业模式是企业的经营根本，现如今，商业模式研究已经成为企业界最热闹的话题。在商业模式中，又属赢利模式最为重要，所以我们才会经常说商业模式其实就是最赚钱的模式。但是真正能够了解甚至运用得好的人是少之又少。以下三种模式，是商业模式中赚钱较快的模式，我们在学习的时候，应该采取"拿来主义"，而不是生搬硬造。

1. 免费模式

免费模式似乎随处可见，例如买一个送两个，买这个送那个。有些人用这个模式做得风生水起，有些人用这些模式搞得一塌糊涂，有些人只是为了凑热闹。

免费模式是最伟大的商业模式，但是很多人看不懂背后的商机。

我们看看常见的案例：充话费送手机模式。

举例：消费者预存 3000 元话费，商家赠送一部价值 3000 元的手机，3000 元话费分 24 个月用完，有的另外还赠送你 200 元的手机新业务等。

作为消费者，看到这个信息一般都会心动，然后就行动了。众多普通的消费者看后认为很划算，认为商家在赔钱做生意，大家想想，他们真的会赔钱吗？不但不会，还会挣钱。

我们仔细分析一下，消费者存 3000 元的话费，商家赠送价值 3000 的手机，这种手机市场价也确实是 3000 元，但商家批量从厂家购买时可能是 1000 多元，其他赠送的都是基本没有什么成本的业务，并且要求你每月有最低消费等业务。

其实他们赚了，而消费者却认为自己占了大便宜。因此，我们在学习这些免费赠送模式的时候，要设计出自己的商业模式，在免费送的同时，还要有利润才行。

还有一些企业，我们不得不佩服，例如麦当劳、肯德基，它们的卫生间永远对任何人都是免费的。假如有一天，我们在城市的大街上想找一个公厕，这时你会想到什么？去麦当劳、肯德基，为什么？因为那里免费，可以随便去。

麦当劳、肯德基这样做，能为他们带来什么？

第一：带来了客流量。

第二：烘托了人气。

第三：有助于品牌的传播。

第四：让"过客"成为"顾客"。

而我们中国绝大部分的酒店、餐厅是不是这样呢？不是的，并且他们还说"包厢要收包厢费""谢绝自带酒水""有最低消费"，更不用说免费用他们的厕所了，甚至有的地方可能还会把你赶出来。

2. 招商加盟连锁模式

招商、加盟、连锁是很多企业常用的销售模式，但是还有一些企业还在收加盟商的定金、保证金、违约金等，你想想今天还有多少人愿意交给你。时代不同了，我们要把这些模式进行适当的调整，才能不断地做大做强。

如果你的公司现在准备做全国连锁，你可以参考下面的一些建议。

（1）把你的股份"买赠"一部分给店长，让连锁店的店长拥有股份，让员工变成老板。

（2）推行创业计划，公司和店长共同投资开连锁店，实行捆绑式发展。

（3）为了增加店铺的人气，可以把你的某一个产品变成零利润来吸引客人。当客人冲着买这个产品到你店时，一般都会顺便买一些其他产品，这样也可以赚钱。

（4）实行会员制，让客户办会员卡，锁定客户群，为商家带来持续的收益。

（5）让你的上游供货商提供支持，例如告诉你的供应商，你准备在某一天举行开业庆典，在开业当天要做一天的免费赠送活动，希望你的上游供货商提供一些免费试用的产品来赞助活动等。

3. 跳楼价模式

举例：假如有一天我们看到一个产品，原价1980元，现在促销活动价是1700元，大家想想购买的人会多吗？能激发客户的欲望吗？消费者是否充分占到了便宜？你的利润还有多少？

我们换一种思路做销售，例如把原价 1980 元的产品标价为 2980 元，现在做促销活动，公司赔钱大甩卖，简直想跳楼，现在只需要 1980 元，直降 1000 元！

我们对比一下，同样一个产品，不同的销售模式，你感觉哪一种会有更多的消费者？我相信第二种会有更多人买，因为第二种消费者感觉太划算了，太实惠了。

每年"双十一"那一天，很多人都会在网上购物，你认为那一天的产品价会是最便宜的吗？不一定，只不过你感觉占到了便宜。

当然，任何一个成功的商业模式一般都有其不可复制性，如果一味地"生搬硬造"，反而可能会使企业陷入"困境"，因此，模仿加创新才是制定商业模式较好的办法。

正如哲人曾经说过的一句话，"善学者，学根本，是为胜；不善学者，学皮毛，必败无疑也"。模仿别人商业模式的本质，在其基础上创新，制定出适合自己的新商业模式才可能获得成功。

第二节 "互联网 +" 常见的商业模式

当今企业之间的竞争，不是产品之间的竞争，而是商业模式之间的竞争。

——现代管理学之父 彼得·德鲁克

百度的李彦宏在 2014 年百度联盟峰会上表示，传统 PC 互联网商业模式在移动互联网时代面临挑战，用户数量不决定一切，不重视对移动互联网商业模式的探索，就像开着豪车酒驾，很刺激但也很危险。因此，在移动互联网时代，企业一定要尽早考虑商业模式。

"互联网 +"企业四大落地系统（商业模式、管理模式、生产模式、营销模式），其中最核心的就是商业模式的互联网化，即利用互联网精神（平等、开放、协作、分享）来颠覆和重构整个商业价值链。目前来看，"互联网 +"主要分为六种商业模式。

一、工具 + 社群 + 商业模式

互联网的发展，使信息交流越来越便捷，志同道合的人更容易聚在一起，形成社群。同时，互联网将散落在各地的星星点点的分散需求聚拢在一个平台上，形成新的共同的需求，并形成一定的规模，解决了重聚的价值。

如今互联网正在催熟新的商业模式，即"工具 + 社群 + 电商 / 微商"的混合模式。

比如微信最开始就是一个社交工具，先是通过各自工具属性／社交属性／价值内容的核心功能过滤到海量的目标用户，加入朋友圈点赞与评论等社区功能，继而添加了微信支付、精选商品、电影票、手机话费充值等商业功能。

为什么会出现这种情况呢？简单来说，微信这个工具如同一道锐利的刀锋，它能够满足用户的痛点需求，用来做流量的入口，但它无法有效沉淀粉丝用户。而微信朋友圈这种社群是关系属性，用来沉淀流量；商业是交易属性，用来变现流量价值。三者看上去是三张皮，但内在融合的逻辑是一体化的。

二、长尾型商业模式

长尾概念由克里斯·安德森提出，这个概念描述了媒体行业从面向大量用户销售少数拳头产品，到销售庞大数量的利基产品的转变。虽然每种利基产品相对而言只产生小额销售量，但利基产品销售总额却可以与传统面向大量用户销售少数拳头产品的销售模式媲美。通过 C2B 实现大规模个性化定制，核心是"多款少量"。所以长尾模式需要低库存成本和强大的平台，并使得利基产品对于兴趣买家来说容易获得。

例如 ZARA，ZARA 是西班牙 Inditex 集团（股票代码 ITX）旗下的一个子公司，它既是服装品牌，也是专营 ZARA 品牌服装的连锁零售品牌。1975 年设立于西班牙的 ZARA 为全球排名第三、西班牙排名第一的服装商，在世界各地 87 个国家内，设立超过两千多家的服装连锁店。其深受全球时尚青年的喜爱，设计师品牌的设计优异，价格却更为低廉，简单来说就是让平民拥抱 High Fashion。

三、跨界商业模式

不管你们是做哪个行业的，真正对你们构成最大威胁的对手一定不是现在行业内的对手，而是那些行业之外你看不到的竞争对手。

——互联网预言帝 凯文·凯利

马云曾经说过一句很任性的话，他说，如果银行不改变，那我们就改变银行，于是余额宝就诞生了，余额宝推出半年规模就接近 3000 个亿。雕爷不仅做了牛腩，还做了烤串、下午茶、煎饼，还进军了美甲。小米做了手机、电视、农业，还要做汽车、智能家居。

互联网为什么能够如此迅速地颠覆传统行业呢？互联网颠覆实质上就是利用高效率来整合低效率，对传统产业核心要素的再分配，也是生产关系的重构，并以此来提升整体系统效率。互联网企业通过减少中间环节，减少所有渠道不必要的损耗，减少产品从生产到进入用户手中所需要经历的环节来提高效率，降低成本。因此，对于互联网企业来说，只要抓住传统行业价值链条当中的低效或高利润环节，利用互联网工具和互联网思维，重新构建商业价值链就有机会获得成功。

马化腾在企业内部讲话时说，互联网在跨界进入其他领域的时候，思考的都是如何才能够将原来传统行业链条的利益分配模式打破，把原来获取利益最多的一方干掉，这样才能够重新洗牌。反正这块市场原本就没有我的利益，因此让大家都赚钱也无所谓。正是基于这样的思维，才诞生出新的经营和赢利模式及新的公司。而身处传统行业的人士在进行互联网转型的时候，往往非常舍不得或不愿意放弃依靠垄断或信息不对称带来的既得利益。因此，往往想得更多的是仅仅把互联网当成一个工具，思考的是怎样提高组织效率、如何改善服务水平，更希望获得更大利润。所以传统企业在转型过程中很容易受到资源、过程及价值观的束缚即阻碍。

四、免费商业模式

互联网行业从来不打价格战，它们一上来就免费。传统企业向互联网转型，必须要深刻理解这个"免费"背后商业逻辑的精髓到底是什么。

——小米科技董事长　雷军

"互联网＋"时代是一个"信息过剩"的时代，也是一个"注意力稀缺"的时代，怎样在"无限的信息中"获取"有限的注意力"，便成为"互联网＋"时代的核心命题。注意力稀缺导致众多互联网创业者们开始想尽办法去争夺注意力资源，而互联网产品最重要的就是流量，有了流量才能够以此为基础构建自己的商业模式，所以说互联网经济就是以吸引大众注意力为基础，去创造价值，然后转化成赢利。

很多互联网企业都是以免费、好的产品吸引到很多用户，然后将新的产品或服务给不同的用户，在此基础上再构建商业模式，比如 360 安全卫士、QQ 用户等。互联网颠覆传统企业的常用打法就是在传统企业用来赚钱的领域免费，从而彻底把传统企业的客户群带走，继而转化成流量，然后再利用延伸价值链或增值服务来实现盈利。

如果有一种商业模式既可以统摄未来的市场，也可以挤垮当前的市场，那就是免费的模式。信息时代的精神领袖克里斯·安德森在《免费：商业的未来》中归纳基于核心服务完全免费的商业模式：一是直接交叉补贴，二是第三方市场，三是免费加收费，四是纯免费。

五、O2O 商业模式

2012 年 9 月，腾讯 CEO 马化腾在互联网大会上的演讲中提到，移动互联网的地理位置信息带来了一个崭新的机遇，这个机遇就是 O2O。二维码是线上和线下的关键入口，将后端蕴藏的丰富资源带到前端，O2O 和二维码是移动开发者应该具备的基础能力。

O2O 是 Online To Offline 的英文简称。O2O 狭义来理解就是线上交易、线下体验消费的商务模式。主要包括两种场景：一是线上到线下，用户在线上购买或预订服务，再到线下商户实地享受服务，目前这种类型比较多；二是线下到线上，用户通过线下实体店体验并选好商品，然后通过线上下单来购买商品。广义的 O2O 就是将互联网思维与传统产业相融合，未来 O2O 的发展将突破线上和线下的界限，实现线上线下、虚实之间的深度融合，其模式的核心是基于平等、开放、互动、迭代、共享等互联网思维，利用高效率、低成本的互联网信息技术，改造传统产业链中的低效率环节。

1 号店联合董事长于刚认为，O2O 的核心价值是充分利用线上与线下渠道各自的优势，让顾客实现全渠道购物。线上的价值就是方便、随时随地，并且品类丰富，不受时间、空间和货架的限制。线下的价值在于商品看得见摸得着，且即时可得。从这个角度看，O2O 应该把两个渠道的价值和优势无缝对接起来，让顾客觉得每个渠道都有价值。

六、平台商业模式

互联网的世界是无边界的，市场是全国乃至全球的。平台型商业模式的核心是打造足够大的平台，产品更为多元化和多样化，更加重视用户体验和产品的闭环设计。

张瑞敏对平台型企业的理解就是，利用互联网平台，企业可以放大。原因有：第一，这个平台是开放的，可以整合全球的各种资源；第二，这个平台可以让所有的用户参与进来，实现企业和用户之间的零距离。在互联网时代，用户的需求变化越来越快，越来越难以捉摸，单靠企业自身所拥有的资源、人才和能力很难快速满足用户的个性化需求，这就要求打开企业的边界，建立一个更大的商业生态网络来满足用户的个性化需求。通过平台以最快的速度汇聚资源，满足用户多元化的个性化需求。所以平台模式的精髓，在于打造一个多方共赢互利的生态圈。

但是对于传统企业而言，不要轻易尝试做平台，尤其是中小企业不应该一味地追求大而全的平台，而是应该集中自己的优势资源，发现自身产品或服务的独特性，瞄住精准的目标用户，发掘出用户的痛点，设计好针对用户痛点的极致产品，围绕产品打造核心用户群，并以此为据点快速地打造一个品牌。

美国流行的 17 种新兴互联网商业模式

下面我们来学习一下美国现在比较流行的 17 种互联网商业模式，希望能对创业者们有所启发，以便借鉴乃至创新。

1. Skillshare

成立时间：2011 年。

公司创始人：MalcolmOng 和 Michael Karnjanaprakorn。

创新视角：一个能学到任何东西的平台。

之前，Skillshare 推出的是一个类似"点餐"式的教育平台，教学专家可以按照任何学科教授一个班级，任何人都能参加这个课程，只需支付 20 美元或 25 美元即可。不过在 2015 年 3 月，Skillshare 转型了，他们推出了一个每月 10 美元的自助式套餐，这种商业模式可以让用户每月只支付十美元，就学习平台上的全部课程。和绝大多数教育初创公司不同，Skillshare 的授课老师不是来自顶尖大学的专业教授，也就是说，如果你想当老师给大家传授知识，完全没有必要拥有一个博士头衔。而在学生这边，事情就更加简单了，因为学习知识的成本一点儿都不贵，而且这个平台可以让你"活到老，学到老"。

经验：依靠拥有专业知识和聪明智慧的普通人，开发出了一个可人人参与的教育平台。

2. Stitch Fix

成立时间：2011 年。

公司创始人：Katrina Lake。

创新视角：依靠数据和兼职时尚界人士提供的趋势，提供更智能的个性化造型。

Stitch Fix 公司创始人兼首席执行官 Katrina Lake 表示，他们公司探索到了零售行业里其他人没有发现的一块处女地，更是艺术和科学的结合。她的初创公司拥有专门的算法处理新用户时尚造型的调研，然后根据收到的信息提供反馈，帮助 Stitch Fix 在加州和德克萨斯州 300 多位兼职时尚师开发出最适合用户的时尚服饰，他们会给订购用户寄送出装有五件时尚商品的礼盒，而且保证会得到用户的喜爱。Lake 表示，"没有任何一家服务商，可以提供真正个性化的零售体验，而且价格还如此优惠，只有 Stitch Fix 做到了"。

Stitch Fix 最初的用户定位在 25 岁左右的都市白领阶层，因为他们工作非常繁忙，而且没有太多时间去购物，但是这帮人又非常喜欢时尚，希望能把自己打扮得漂漂亮亮。随着公司的发展，Lake 非常明确，她知道，"没有时间打扮自己的女人非常多"，不管是待在家里的家庭主妇，还是在职场上的女性高管，都对 Stitch Fix 好评如潮。"我们可以专注在一件事上，然后为用户提供一个有趣和愉快的零售体验，为她们带来真正的个性化服务。"Lake 说道。

经验：通过智能数据开发产品，给消费者带来惊喜和快乐，还节省了消费者的时间。

3. Warby Parker

成立时间：2010 年。

公司创始人：David Gilboa，Neil Blumenthal，Andrew Hunt，Jeffrey Raider。

创新视角：绕过中介商，特别是那些巨头中介商，并把一个医学设备转型成一个时尚饰件。

Warby Parker 的影响力是不可否认的，现在圈子里的科技记者们都拿 Warby Parker 做例子，一提到某个传统行业，就会说，"要做 ** 行业的 Warby Parker"。一直以来，眼镜行业都是由 Luxottica 集团所统治，但是 Warby Parker 却从价格这一点上闯出了一片天，他们改变了奢侈的眼镜购物方式，现在反而有些像线上买鞋了。消费者评论说，"嘿，真的，一副眼镜只要 95 美元，那我也来一副蓝色的吧"。Warby Parker 是从电子商务起步的，现在他们也开设了实体店，而且是和 Tiffany 这样的奢侈品店开在了同一位置。Warby Parker 的眼镜款式很多，比如"The Standard""Alchemy Works"等。它不仅去掉了中间环节，还增加了许多很酷的元素和社交功能。超低的价格，时尚的感觉，还有什么能比这两点更能吸引消费者的呢？

经验：改变了人们看待一个行业的眼光。

4. Paperless Post

成立时间：2008 年。

公司创始人：James Hirschfeld 和 Alexa Hirschfeld。

创新视角：彻底改变了信函世界，从线上起步，又回到线下。

Paperless Post 成立于 2008 年，它是美国邮政服务公司的最大竞争对手，该公司鼓励人们通过电子邮件发布通告和邀请，而且他们拥有数百个设计模板。这个网站是免费的，不过，如果用户需要使用高级模板和信封，只需要预付"Coins"。在 2012 年末，他们又开创了另一个收入模式，推出纸质的 Paperless Post 服务，允许用户在

PaperlessPost.com 网站上面设计一张卡片，然后可以通过电子方式，或是纸质邮政方式发送给对方。Alexa Hirschfeld 向媒体透露，60% 的 Paperless Post 用户希望可以通过纸质邮政寄送卡片。"他们告诉我，他们喜欢 Paperless Post，但是在某些时候，他们也需要用纸张来寄送东西，因为毕竟纸张是有质感的，而且还可以保存很久时间。"同时，该公司数字化的创新速度并没有减缓，为了提升美学设计，他们和许多设计师进行了合作，分享收入，这些知名设计师包括 J.Crew、Oscar de la Renta，以及 Kate Spade，他们都负责为 Paperless Post 网站进行模板设计工作。

经验：重视设计美学。

5. Zady

成立时间：2013 年。

公司创始人：Soraya Darabi 和 Maxine Bedat。

创新视角：透明化销售，强调告知购买者衣服的制造地及设计的相关背景信息。

Zady 旨在改变人们看待时尚产品的方式，特别是快销时尚行业。该公司创始人 Soraya Darabi 和 Maxine Bedat 非常专注于提供高品质、纯手工制造的商品，而且这些商品都是在美国本土生产——"Made in America"，并极具环保意识，在她们眼里，少即是多。

经验：讲述产品故事是非常重要的，也是人们愿意花钱购买你产品的一个重要原因。

6. Handybook

成立时间：2012 年。

公司创始人：Umang Dua，Oisin Hanrahan，Ignacio Leonhardt，以及 Weina。

创新视角：定制化家务服务，比如打扫房间、维修家电，所有服务都可以通过移动 App 轻松搞定。

我们生活在一个定制化的时代，如果想要某种东西，就恨不得马上得到。Handybook 在此时出现了，他们在全美 26 个城市提供服务，最近募集到了 3000 万美元资金，帮助提升团队，特别是公司的移动工程开发团队。Hanrahan 表示，"我们成立 Handybook，就是想帮助你解决家务服务的难题，而且我们可以提供远程服务，管理这些服务"。每周 Handybook 的预定数量都超过 1 万，据该公司透露他们的增长率保持在 20%。

经验：方便才是关键。

7. Popsugar

成立时间：2006 年。

公司创始人：Brian Sugar，Lisa Sugar，Andy Moss，Jason Rhee，Arthur Cinader，Krista Moatz。

创新视角：多元化共生的收入流，为 Popsugar 女性用户提供服务。

Popsugar 的服务内容都是人们感兴趣的，娱乐、名人、时装、美容、健身、食品及育儿等，而且以多种形式提供服务，包括线上、App 应用、电视等。2007 年，该公司收购了购物搜索引擎公司 ShopStyle，同时与 Birchbox 公司合作，推出了 Popsugar Must Have，它是一个由 Popsugar 编辑推荐的订购时尚包。Popsugar 现在已经成为一个全球生活方式品牌，网站每月有 4100 万独立访问量，以及 2.34 亿页面访问量。

经验：内容驱动商务，人们都喜欢一站式服务。

8. NatureBox

成立时间：2012 年。

公司创始人：Gautam Gupta 和 Kenneth Chen。

创新视角：一种全新的订购服务，Naturebox 按月订购健康零食。

Naturebox 已经获得了 6400 万美元融资，提供健康的零食，到目前为止，他们已经在控制食品科学和不健康添加剂方面有所建树。而且，Naturebox 已经开发出 120 多种小吃，可以装载 100 万个集装箱。他们一半的订购用户集中在美国中西部地区，在那里有丰富的有机市场，而且 Whole Foods 超市也不多，竞争并不激烈。"我们解决了一个难题，把更好的零食直接送到了人们家门口，"NatureBox 的 Amanda Natividad 说道，"我们让那些爱吃零食的人感到无比幸福"。2013 年该公司出现了 20 倍的增长，公司网站博客流量也在稳定地增长，这表明，越来越多的人开始对健康饮食感兴趣。

经验：让你自己的产品和竞争对手不同，帮助企业获得竞争力。

9. Hukkster

成立时间：2011 年。

公司创始人：Erica Bell 和 Katie Finnegan。

创新视角：通过库存量跟踪你想要的商品，通过一个类似 Tinder 应用的界面，让你的购物更加愉快。

Hukkster 可以为消费者提供最大限度的折扣信息。这家初创公司开发的 Hukk It Chrome 插件为消费者提供了一键体验，轻松跟踪你想购买的商品优惠打折码（实时），这些商品包括了服装、配件及家用器皿（市场上 70% 的打折都是通过优惠打折码来提供的）。Hukkster 跟踪优惠码，然后按照库存量水平进行销售，之后给购物者发送实时提醒。该公司创始人 Bell 表示，Hukkster 发送的提醒邮件，阅读率达到了 70%，他认为对买卖双方来说，这都是一种双赢的模式。Hukkster 直接和品牌合作，帮助驱动流量和效率；而消费者则可以通过优惠码获得自己感兴趣的商品。"目前，Hukkster 的付费会员可以直接在我们的平台上购物，合作伙伴通过支付更多的佣金，可以发送更好、更具个性化的销售提醒电子邮件。"Bell 说道，"Hukkster 非常兴奋，因为目前我们正在和许多品牌商进行直接洽谈"。Hukkster 通过自己的 App 应用收集数据，这款应用的界面和 Tinder 应用很像，消费者可以向左滑动屏幕选定一个心仪的商品，向右滑动屏幕就删掉。

经验：购物者都喜欢省钱，帮助他们实现这一目标，将会实现双赢。

10. Zola

成立时间：2013 年。

公司创始人：Shan-Lyn Ma，Nobu Nakaguchi，以及 Kevin Ryan。

创新视角：一家在线选购婚礼礼物的网站，非常个性化的婚礼注册，可以支持群组购买大型礼品和"现金基金"。

该公司创始人 Kevin Ryan 是一个创业老兵，之前在纽约创始过 Gilt 公司和其他初创公司。他觉得婚礼注册非常过时，而且缺乏想象力，借用 Pinterest 帮助情侣想象出了许多有创意的婚礼想法。Zola 是一个包含图片、婚礼建议等内容的网站，里面还包含了未婚服务意愿礼品清单，希望情侣通过这个网站讲述专属于自己的婚礼故事。根据公司另一位创始人 Ma 透露，公司成立第一年就有 3000 对夫妇使用了他们的服务，而且在刚成立七个月时间里就有 1.6 万对新人注册了，Ma 表示 Zola 主要通过口碑相传的。

未婚夫妇通过 Zola 可以创建自己的个性化网站，在这个网站上可以添加照片，也可以罗列希望收到的婚礼礼物，如厨具、食物、家具等。Ma 表示，Zola 上面最畅销的是洛奇铸铁煎锅、华夫饼干和面条盘。未婚夫妇可以自己选择礼物被寄送的时间，这样就避免了礼物到达太早落灰或是太晚没有派上用场的情况。Zola 的目标是发展成一个更大、包含类目更多的 O2O 购物平台。为了这个目标，Zola 也在逐渐增加自己的服务范围，例如，在 Zola 上，你可以发现很多在传统商店根本找不到的商品。

经验：一个漂亮的节目，和提供个性化服务的能力，能帮助企业走的路更长，而且重塑了婚礼的传统形式。

11. Oyster

成立时间：2013 年。

公式创始人：Eric Stromberg，Andrew Brown，Willem Van Lancker。

创新视角：电子书，搭配华丽的用户界面。

订购电子书已经成为一种趋势，但是在过去的几年里，Oyster 已经获得了成功。在 2012 年，这家社交阅读初创公司就获得了 Founders Fund 公司的 300 美元投资，之后又获得了 1400 万美元的融资。目前他们已经拥有 50 万份书籍内容，包括新闻发布、纽约时报最佳销量书籍，以及美国国家图书奖的获奖作家作品。其平台上的发行商数量更是达到了 1600 家。Oyster 的每月订购费为 9.95 美元，这个价格比买一本书便宜多了。

经验：要拥抱媒体消费习惯这一趋势，再提供一个让人无法拒绝的价格。

12. Uber

成立时间：2009 年。

公司创始人：Travis Kalanick 和 Garrett Camp。

创新视角：利用按需服务的驾驶员和动态的价格，颠覆了传统出租车/交通运输生态系统。

尽管面临法律方面的困境，以及定价方面的问题，Uber 还是成为世界上一些大城市中最受欢迎的打车工具。截至目前，该公司已经募集了 15 亿美元资金，而且他们也暗示会继续扩张到物流市场，比如提供当日送达的快递服务，或是其他跑腿服务。当你看到街上无数汽车在完成"任务"时，贝索斯，你看到未来是什么样子了吗？

经验：创新是一场艰苦的战斗，但也是一场非常值得的战斗。

13. Serengetee

成立时间：2012 年。

公司创始人：Jeff Steitz，Ryan Westberg，以及 Nate Holterman。

创新视角：自筹资金，动机导向的服装，而且有一批校园销售代表支持。

每个衣服口袋上都有一个 Serengetee tee 的图案，这源于公司创始人曾经与某一地区的社会事业相联系。客户个性化的衬衫，标准颜色和口袋样式，代表着你正在支持一项事业，而且为解决一些全球性的问题做出了贡献。

"我们传递的信息，不是要去挽救世界，但是通过可持续性的商业模式，可以改变这个世界。"公司联合创始人 Ryan Westberg 说道。他们利用校园代表项目，发动了校园里的年轻人，预计在今年夏天会有 2500 人加入。

实战
创
新
创
业
教
育
指
导

经验：把自己打造成一个个性化，并且关注社会的企业，周围人会为你传播"福音"。

14. StyleSaint

成立时间：2010 年。

公司创始人：Allison Beal 和 Brian Garrett。

创新视角：在一个时尚标签下，时尚与媒体相结合，从客户的兴趣中激发设计灵感。

StyleSaint 公司位于洛杉矶。图片分享网站受到越来越多人的青睐，而 StyleSaint 更是将图片分享与电子商务完美结合，用户可以将自己搜集的图片在线制作成个人"时尚手册"，StyleSaint 会选择其中一部分投入实际生产，销售给用户。公司创始人 Allison Beal 开发了一个社区模型，她自称为"创造者的壁橱"，公司获得了 101 万美元的风险投资。这种直接与消费者建立联系的方式，有助于减少库存，对快销时尚行业非常有利。

经验：客户是对的，特别是当你提供的服务对上了他们的口味。

15. Airbnb

成立时间：2008 年。

公司创始人：Brian Chesky, Joe Gebbia and Nathan Blecharczyk。

创新视角：创造一个分享经济，利用空置房屋、公寓，甚至是自己的家，颠覆了酒店服务行业。

像 Uber、Airbnb 这些公司，都在受到法律问题的困扰，但是，整个市场价值高达 100 亿美元，而 Airbnb 已经成为共享经济的一个典范，当然还有 Rent the Runway、Lyft、Neighborgoods 等公司。消费者这种行为被称为"协同消费"，该网站帮助了 400 万旅行者预订到住所。

经验：分享就是关怀，p2p 模式帮助消费者省了一笔钱，也帮业主赚到了钱，为旅行者创造了一个更加真实的本地体验。

16. Rent the Runway

成立时间：2009。

公司创始人：Jennifer Hyman 和 Jenny Fleiss。

创新视角：出租高端服装，为他人创造一个"灰姑娘时刻"，为女性提供一些体验自己不常穿的服装品牌的机会。

随着 Instagram 和 Facebook 上的照片越来越多，意味着女人将更喜欢穿不重复的衣服。Rent the Runway 让用户以名牌服装售价 10%～15% 的价格，租赁衣服出席重要场合，从而解决大多数女性一直以来所面临的"满柜子衣服却发现无衣可穿"的难题。

经验：让用户穿上梦寐以求的服装，另外在购买之前先试穿也是一种有效的销售手段。

17. Birchbox

成立时间：2010 年。

公司创始人：Katia Beauchamp 和 Hayley Barna。

创新视角：订购化妆品盒，满足你内心美容"小恶魔"的欲望。

Birchbox 是一家化妆品初创公司，但是它却震撼了整个行业。Birchbox 为用户带来了专家精选的化妆品，而且经常会给消费者带来惊喜。这家公司的增长，已经证明了他们的商业模式非常有效果，而且目前也获得了 7190 万美元的融资。"我们仍然觉得自己刚刚起步，但是在这个时刻，却是一个转折点，在我们看来，这个行业充满了竞争力，也很有动力，十分令人兴奋。"该公司创始人 Katia Beauchamp 说道。

第三节　创业公司的赢利模式及案例分析

凡是想做平台的企业都有一问：平台从哪里赚钱？任何商业模式最终指向的是赢利模式，唯有确立可持续的赢利模式，平台才能够拥有持续的生命力，获得丰厚的营收与回报。天进品牌营销顾问机构研究发现，不同行业的不同平台，基于各自的核心资源能力与核心竞争优势，最后往往孵化出不一样的赢利模式。我们盘点了九个平台案例的营收路径与方式，从中探索平台在什么阶段、在哪些方面、从什么路径可以切入赢利模式。

1. 猪八戒网

赢利模式：佣金＋增值服务费＋延伸产品价值。

猪八戒网是服务类交易平台，服务交易品类涵盖创意设计、网站建设、网络营销、文案策划、生活服务等多种行业。平台汇集几百万的中小微企业用户及上千万各界专业人才，可以为企业、公共机构和个人提供定制化的解决方案，将创意、智慧、技能转化为商业价值和社会价值。平台最初的营收是佣金收入，作为第三方中介，平台为供需双方提供发布信息的平台，协助供需双方进行沟通，最后双方交易达成，平台抽取一定的佣金作为服务费。但这种模式有一个缺点，平台交易有赖于双方沟通，但是只要一沟通，服务商与买家就会翻墙跑单，逃避佣金。平台必须挖掘更深层次的赢利模式。猪八戒网仔细研究发现，客户设计完标志以后，大部分还需要做知识产权保护，其中最核心的是商标注册代理和版权登记，因此平台为用户增加商标代理服务。据了解，今年猪八戒网仅商标代理就可以实现营收 3 个亿。而基于几百万的中小微企业用户、上千万的专业人才，以及海量的作品数据、交易行为数据，未来猪八戒网还可能开发出更多的增值服务、产品延伸价值。

2.Facebook

赢利模式：广告 + 互联网增值服务 + 第三方应用分成。

Facebook 是扎克伯格一手创立的互联网社交平台，目前主要赢利模式有三种：第一种是广告收入，从平台一开始就切入的赢利模式，伴随平台用户量越来越大，广告收入也是节节攀升。Facebook 在每个人的页面上投放平面广告，收取广告主的广告费，像通用公司等都投放过类似的广告，非常昂贵，是目前最主要的盈利来源。第二种是基于用户网络社交需要而开发的互联网增值服务，首先 Facebook 用户可以直接付钱购买虚拟礼品，这是很多社区比较重要的一种盈利模式，例如 QQ 这方面做得也很强悍（Q 币、各种钻、会员等）；其次是基于商业用途的付费调查问卷，Facebook 拥有巨大的真实用户，可以提供企业所需要的客户调查服务，将调查问卷发给愿意支付费用的人。第三种是第三方应用分成，Facebook 是全球首创开放平台的互联网企业，又拥有海量用户，因此有很多第三方开发商为它开发各种应用，对于付费应用，其收入需要和Facebook 分成。随着第三方应用开发越来越丰富，这块利润想象空间非常可观。

3. 淘宝天猫

赢利模式：广告 + 增值服务费 + 支付宝账户沉淀资金 + 商城提成佣金 + 商城保证金与服务佣金。

淘宝以免费模式打败竞争对手 e-Bay，获得大量的商家用户与消费用户后，逐渐开发出广告 + 增值服务 + 支付宝账户沉淀资金 + 商城提成佣金 + 商城保证金与服务佣金的多元化赢利模式。首先切入的是广告收入，当商家越来越多，对首页或有利位置的争夺就越来越激烈，这让淘宝平台获得广告收入的空间，点击淘宝收费广告可以提高宝贝排名，例如淘宝直通车广告服务。其次是付费购买增值服务，例如旺铺服务、会员关系管理服务、限时折扣服务等将近 50 多个增值服务事项，商家想要做好店铺，几乎大半服务必须购买。第三是支付宝庞大的沉淀资金，可以通过投资去盈利。第四是商城的提成佣金，为了保证商城产品品质，淘宝在 2008 年为入驻商城构筑较高的门槛，申请入驻的商家要做出销售额的保底承诺，达不到承诺的卖家甚至要进行补偿；佣金费用超过 5%，2011 年天猫销售额破千亿，淘宝就赚了 60 亿。最后是商城的保证金和服务佣金，保证金有 5 万、10 万、15 万三个标准，服务佣金为 1.5 万 / 年和 3 万 / 年两个标准，1 万个商家一年就有 10 亿的保证金和服务佣金，这是一笔多么可观的收入！

4. 宝宝树

盈利模式：线上广告＋线下活动＋电子商务＋产业链深度挖掘。

宝宝树定位母婴平台，从社交模式切入，成功吸引大量妈妈、准妈妈用户，到 2015 年平台月访问量已经突破 1 个亿。拥有这么庞大的用户量，自然而然就成了众多母婴品牌想要争夺的广告平台，广告收入是宝宝树一个重要的收入来源。其次，是借助线上用户，延伸到线下活动。有资料显示，宝宝树跟迪士尼、强生、惠氏、费雪等品牌已经开展线上线下营销合作，例如线上主题活动、线下亲子聚会等。第三是开通基于母婴类、婴幼儿类产品商城。最后是基于母婴产业链深度挖掘赢利机会，例如开辟早教服务、宝宝主题摄影服务、包包书籍、宝宝音乐等，这些都是可以基于平台生态圈去不断挖掘的多元化赢利模式。

5. 大众点评网

赢利模式：佣金收入＋广告收入＋订餐代理收入＋无线增值服务。

大众点评网刚开始建立的时候，一方面以超低的折扣优惠吸引消费用户，另一方面以免费推广及差价补贴的方式吸引了很多餐厅、商家入驻。入驻的商家越多，消费用户的可选择性就越大，又反过来吸引更多消费者成为平台用户。具备影响力后，大众点评网在用户与餐馆之间搭建起消费平台，佣金模式得以实现。较早大众点评网收取的佣金为实际消费额的 2% ~ 5%，但现在已经提升到 5% ~ 8%。广告收入也是大众点评网的主要收入来源，大众点评网的用户量有 4200 多万，这对很多商家来说是一个绝好的宣传平台，首页广告位、搜索排名顺序、展现时间段等都可以获得丰厚的回报。另外，大众点评网还开发出基于区域地理位置的订餐代理收入，其可以凭借为会员提供订餐服务向餐馆收取费用。最后是无线增值服务，大众点评网与 SP 合作，为用户提供手机搜索内容，比如发送短信"小肥羊、徐家汇"，就可以获得餐馆地图、订餐电话、网友点评等信息。

6. 携程网

赢利模式：佣金＋广告费＋分销渠道＋互补或相关产品延伸。

在携程网平台上，被补贴方是有旅游需求的消费者，携程网为他们提供远低于市面价格的酒店与机票。生态圈里的付费方则是酒店、机票销售中心等供应商，在通过此网络平台进行分享之后，拆分一部分佣金给携程。携程通过与全国各地众多酒店、各大航空公司合作以规模采购大量降低成本，同时通过消费者在网上订客房、机票积累客流，客流越多携程的议价能力越强，其成本就越低，客流就会更多，最终形成良性增长的盈利模式。从产业价值链定位来看，携程网抓住互联网与传统旅行业相结合的机遇，力求扮演航空公司和酒店的"渠道商"角色，通过发放会员卡吸纳目标商务客户、依赖庞大的电话呼叫中心做预订服务等方式将机票、酒店预订、度假预订、商旅管理、特约商户及旅游资讯在内的全方位旅行服务作为核心业务。其利润来源可以是广告，可以是互补或非相关产品延伸，也可以是另类的分销渠道，甚至可能源于某个更大的生态圈。

7. 世纪佳缘

赢利模式：多元化会员制度。

多元化会员制度：任何人在登录此世纪佳缘婚恋平台后，都能上传自己的照片，且能浏览数以万计的异性照片与资料。但只有那些愿意支付额外费用的，才能通过各种增值服务，大幅提升与理想对象结缘的机会，例如查看异性的来信、"谁看过我"等，都是需要付费的。世纪佳缘盈利模式的关键就是控制会员之间的沟通渠道，设置多元化付费机制。无论你想进行即时聊天，或单纯与对方打声招呼，或是写封充满诗意的信给对方，都必须通过付费机制才能如愿。同样，若你收到陌生异性寄来的电子信，想打开信件阅读，也需要付费。这里的收费模式是基于平台的互动机制、互动模式触发的单身男女的心理需求。

8. 美乐乐家具网

赢利模式：自营＋销售提成。

2013年以前，美乐乐家具网主要是自营平台，平台营收主要是自营的单一品牌销售收入，优势在于控制采购成本，以低价吸引大量用户。2013年美乐乐启动平台开放策略，同时新的线下体验店尝试开大店，将原来500平方米的面积扩大至5000～10000平方米，目的就是想引入更多合作品牌。据悉，美乐乐跟品牌商的合作主要采取"分成模式"，即在线上平台和线下体验店对品牌商"零租金"，但收取其销售额15%～20%的销售提成。同时，美乐乐作为家居电商的平台提供者，在帮助品牌进行渠道拓展和品牌造势的同时，收取品牌进驻平台的管理维护费用。这一部分的收入，最终取决于美乐乐平台能够吸引到多少品牌商入驻。

9. 土巴兔

赢利模式：会员服务费 + 认证年费 + 软件服务费 + 广告费 + 家居商城。

土巴兔是家装互联网平台，从帮家装用户找装修公司、找设计师出发，现在已经汇集从家装公司到设计师再到家装产品，可以提供整体家装解决方案。平台是从哪里赚钱？第一是针对家装公司收取会员服务费，这两年家装公司生意不好做，大家都在抢夺消费者资源，土巴兔作为入口平台，拥有家装公司梦寐以求的庞大用户，家装公司愿意付费进入平台以获得客户资源。第二是认证年费，付费的对象还是家装公司，目前市场上家装公司良莠不齐，经过认证的公司更容易获得消费者的信任，土巴兔通过严格的培训考试选择进入平台的装修公司，推出装修保、第三方监理等保障装修服务的产品，家装公司不得不每年付一笔认证年费给平台。第三是软件服务费，土巴兔本身是一家技术公司，可以帮助有需要的软装公司开发多媒体终端展示系统。第四是广告费，这基本上是所有平台做流量达到一定大规模时都可以产生的赢利模式，商家想要在平台上获得更多的曝光机会，获得更多的交易机会，就不得不付出广告成本，以获得更优的位置或资源。最后是家居商城，能够找到家装公司的客户，对家装、家居类产品自然也是有采购需求的，平台开设家居商城就是水到渠成。

总　结

第一，平台在达到一定的网络效应或规模用户之前，盈利模式的接入口相对较少，平台本身的营收可能不足以支撑、推动平台的大规模运营战略，这时候平台可以通过资本运作获得资本支持，完成平台的前期建设与影响力推广。这过程中很关键的一点是，平台要定位清楚谁是补贴方，谁是被补贴方，这是牵一发而动全身的战略。例如土巴兔，消费者是被补贴方，家装公司、软装公司就是补贴方，但是在刚开始平台还没有那么大用户效应时，平台对家装公司、软装公司等补贴方也要给予足够诱惑或优惠或服务吸引他们进驻，当有足够多的家装公司、软装公司选择，又将会影响到更多的消费用户加入。

第二，从上述平台案例中看到，有很多相似的赢利模式。但在实际操作过程中，因为每个平台所处的行业特性、行业痛点不一样，资源能力不一样，所整合的生态圈成员也不一样，所以赢利模式的切入阶段、切入模式、运营模式、实际效果可能都会不一样。因此，平台盈利模式一定要结合平台所处的行业、生态成员、平台战略及资源优势、创新能力等去设计。

第三，补贴方与被补贴方是可以发生转化的。补贴战略不是一成不变，当双方都达到一定规模效应之后，原本是被补贴方也可以变成付费方。例如网络视频平台——优酷，最初用户在优酷视频可以免费看所有视频，平台主要是向品牌商家收取广告费。现在用户已经习惯用网络看视频，针对用户也开通会员服务，例如付费可以去掉插播广告、可以看最新上映的影视剧，这时候用户就开始从免费向付费转变，平台除了原有的广告收入，还增加新一条赢利途径：会员服务费。

第四，设置多元化赢利模式。不断崛起的平台，带来更加激烈的竞争态势，单一的赢利模式可能会让平台很容易就被竞争对手打压下去。因此，平台在不断推广影响力、沉淀资源的同时，也要根据平台沉淀的资源、数据、产业链情况等布局多元化赢利渠道，例如猪八戒网、宝宝树、携程等平台，无一不是在平台的基础上延伸业务布局，构建多种赢利模式的，它们因此能够在众多的平台竞争中脱颖而出。

第四节　初创企业的十大盈利模式

不管你的产品、服务或者 app 再怎么好，只有当你通过某种商业模式、盈利模式，让你的产品或服务有目标客户使用，才能为你的企业带来收益。下面来了解一下初创企业用来卖产品的一些最常见的盈利模式，以及各种模式的优缺点，从而帮助你选出更适合自己公司的盈利模式。

在深入挖掘不同盈利模式之前，我们应该先花点时间来讨论一下"商业模式""盈利模式"及"收入流"的区别，因为这几个词往往会混淆。在《盈利模式、收入流与商业模式之别》这篇文章中，Alex Genadinik 做出了很好的解释：收入流是公司单个的收入来源，视规模大小，公司可以有 0 到多个收入流；盈利模式是管理公司收入流及每一收入流所需资源的策略；商业模式是包含公司各方面东西在内的结构，包括盈利模式、收入流，以及对这些东西如何凑在一起的描述。

盈利模式的类型有许多，下面介绍 10 个最流行、最有效的盈利模式。

1. 基于广告的盈利模式

基于广告的盈利模式是指给特定网站、服务、app 或别的产品创建广告，然后放置到战略性的、高流量的渠道上。如果你的公司有一个网站或者你的公司是一个基于 web 的公司，Google 的 Adsense 就是获得广告最常见的工具之一。对于大多数网站来说，每 1000 网页浏览量可收获 5 ～ 10 美元。

优势：靠广告赚钱是实现盈利模式最简单易行的方式之一，这也是为什么那么多公司把广告当作收入来源的原因。

劣势：为了产生足够的收入来维持企业运转，你需要吸引百万规模的受众才行。此外，大多数人觉得广告烦人，导致点击率的低迷，收入自然也会下降。

2. 合作盈利模式

另一个流行的基于 Web 的盈利模式是合作盈利模式，就是把链接推销给相关产品并从产品的销售中收取佣金，甚至还可以结合广告或者单独做广告。

优势：采取合作盈利模式最明显的好处之一是这种模式往往赚得比基于广告的盈利模式还要多。

劣势：如果你的初创企业采取的是合作盈利模式，记住，你能赚的钱受限于所在行业的规模、你所卖的产品类型及你的受众。

3. 交易型盈利模式

无数公司，无论是面向技术、产品还是其他类型的，都想尽力做成交易型的盈利模式，而且也有充分的理由。这种方法是最直接的挣钱方式之一，公司提供服务或者产品，然后客户购买，就这么简单。

优势：因为简单和选择面更广，客户更容易受此体验吸引。

劣势：由于交易型盈利模式的直接，许多公司都采用了这种模式，但也意味着竞争更激烈，价格劣化更严重，采用这种模式的公司因此能赚的钱也会变少。

4. 订购盈利模式

订购盈利模式是指向客户提供需要长期付费的产品或服务，通常是按月或者按年的方式，例如健身卡、美容卡等。

优势：如果你的公司在发展中能坚持得够久，那这种模式可以带来经常性收入，并且可以受益于懒得退订服务或产品的客户。

劣势：因为这种模式依赖于那么大的客户群，所以你必须保持订购率要高于退订率才行。

5.Web 销售盈利模式

这属于交易型盈利模式的一个分支，客户也是直接为某个产品或服务付费，只不过需要先通过 Web 搜索或者推式营销（outbound marketing）来到公司网站，然后主要通过互联网来进行交易。

优势：Web 销售适合于各种产品，包括软件、硬件甚至订购服务。

劣势：关系销售跟 Web 销售模式是不兼容的，所以如果你的公司做的是咨询或者高价商品（像房地产、家电、汽车之类的高价值物品），你应该考虑更适合你产品的模式。

6. 直销盈利模式

直销有两种：电话销售，即有人打电话进来下订单或者销售代表给潜在顾客致电；以及外部销售，即进行面对面销售交易，例如美国的 Amway 公司、如新公司、完美公司、玫琳凯公司、无限极、中脉科技公司等都是典型的直销赢利模式。

优势：直销模式可以跟关系销售周期、企业销售周期或者复杂销售周期等涉及多位买家或影响者配合得很好。

劣势：直销模式往往需要招聘销售团队之类的人，这意味着它不太适合于低价产品。

7. 渠道销售盈利模式（或间接销售）

渠道销售模式由代理或经销商替你卖产品，而送货的可以是你也可以是经销商。合作盈利模式（affiliate revenue model）跟这种销售模式是很好的搭配，尤其当你提供的是虚拟产品的时候。

优势：渠道销售模式对于产品对渠道而言是增量销售且可产生增量利润的公司来说是理想选择。

劣势：如果你的产品需要进行市场宣传或者你的产品跟合作伙伴的构成竞争关系的时候，不要用这种模式，因为对方会推销自己的而不是你的。

8. 零售销售盈利模式

零售销售需要设立传统的百货商店或者零售店来为客户提供实体产品。记住零售销售模式需要占用已有商店的货架空间（而这需要钱），最适合需要物流抵达客户的产品。

优势：零售销售是为已有客户群提供交易和赠品以促进品牌认知度的很好方式。

劣势：零售销售路线对于早期阶段公司或者提供数字产品（比如软件）的公司来说不是理想方式。

9. 产品免费但服务收费

相对于其他模式来说，这种模式比较独特，就是产品是免费送的，但是需要客户为安装、定制、培训或其他附加服务付费。例如安装座机电话，电话机和安装是免费的，但运营商家每个月都要收取用户一定金额的座机费，无论用户打不打电话。

优势：这一模式对于建立客户群的信任并提升品牌知名度很好，因为免费提供任何东西的公司都可以赢得较好的口碑。

劣势：记住，采用这种模式意味着你基本上运营的是服务业务，而产品被当作营销成本。此外，像这样的模式从长期来看未必是公司扩张的最好方式，所以后面要注意利用额外的盈利模式。

10. 免费增值模式

免费增值模式是指基础服务免费，但是用户必须为额外的高级特性、功能、扩展等付费。采用这种模式的最大公司之一是 LinkedIn 这个最流行的商业 / 社交媒体平台。

优势：类似于前面的模式，免费增值模式提供了一些免费的东西给用户，这对于让他们感受你的产品或服务来说是很好的，同时还有机会说服他们随后为其他的产品或服务付费。

劣势：这一模式需要投入可观的时间和金钱才能抵达受众，甚至还要付出更多的精力才能将免费用户转为付费用户。

总　结

记住要做好研究，花时间去确定哪一种模式对你的初创企业来说最理想，因为一旦你确定了盈利模式之后，尤其当你处在早期阶段的时候，就很难再另选其他方式了。本文并没有把所有的盈利模式都一一列举出来，而是聚焦在最流行的模式上，因此，你应该掌握足够多的信息来帮助自己选好盈利模式，从而把你的初创企业做大做强。

第十章 如何正确选择企业孵化器入驻

第一节 孵化器概述及提供的服务

一、孵化器概述

孵化器，英文为 incubator，本义指人工孵化禽蛋的专门设备。后来引入经济领域，指一个集中的空间，能够在企业创办初期举步维艰时，提供资金、管理等多种便利，旨在对高新技术成果、科技型企业和创业企业进行孵化，以推动合作和交流，使企业发展壮大，直至成功。

美国孵化器专家鲁斯坦·拉卡卡（Rustam Lalkaka）认为，企业孵化器（business incubator）是具有特殊用途的设施，专门为经过挑选的知识型创业企业提供培育服务，直到这些企业能够不用或很少借用其他帮助将他们的产品或服务成功地打入市场。企业孵化器在中国也称高新技术创业服务中心，它通过为新创办的科技型中小企业提供物理空间和基础设施，提供一系列的服务支持，进而降低创业者的创业风险和创业成本，提高创业成功率，促进科技成果转化，培养成功的企业和企业家。孵化器在中国台湾地区叫育成中心，在欧洲一般叫创新中心（innovation center）。

二、中国企业孵化器提供的服务

1. 一般性服务

一般性服务包括场地、商务设施等。

2. 管理咨询服务

管理咨询服务包括一般性商务代理服务、制定战略、管理制度、人力资源管理制度、市场分析、专业知识培训等。

3. 投融资服务

投融资服务是孵化器核心服务功能之一，包括协助获得政府资金、申请担保贷款、直接向企业进行投资、与风险投资结合等。

4. 专业技术服务

专业技术服务包括实验设备、专利技术等。

第二节　企业孵化器的功能及中国企业孵化器的发展状况

一、企业孵化器（YC）的功能

对于初创企业来说，孵化器的功能大致有以下几点：

1. 为企业诊断问题。

2. 为企业对接相关资源。

3. 拓展市场渠道。

4. 为企业规划财务。

5. 为企业设计资本结构和资本道路。

6. 为企业导入可靠的早期投资机构。

7. 为企业进行专业的路演融资和财务顾问等活动。

二、中国企业孵化器的发展状况

1. 摸索阶段

事实上，企业孵化器在中国并不是新鲜事物。1987年中国诞生了第一家孵化器——武汉东湖新技术创业中心，1999年中国诞生了第一家民营孵化器——南京民营创业中心。直到今天，全国范围来看，北京拥有中国最好的早期创业氛围和最多的投资人，以及最先进的投、管、孵理念。

不过令人遗憾的是，即便经历了如此漫长的发展阶段，即便在北京，无论国营还是民营中国式孵化器，相较于美国、以色列等国家，尚处于起步阶段，还没有找到一条真正适合中国孵化器发展经营之路。

换言之，以孵化企业为目的的孵化器，正走在一条自我孵化的道路上。

2. 政府主导短板

据网络报道，某地区小企业创业基地挂牌满10年，是一个省级小企业创业基地，位于国际企业城，首期投资 2500 万美元，建筑面积 15 万平方米。公开资料显示，花巨资兴建的新型工业园区项目，为中小企业提供创业平台和投资沃土。

建设之初，这家小企业创业基地雄心勃勃地宣布：建设一流的别墅式厂房，扶持500 家小企业创业，打造小企业基地在当地的最好模式。谁料热热闹闹开场后，基地却陷入萧条。原计划引进 IT 产业、文化产业、工艺品等行业的小微企业，现在生存的是物流、卤菜加工、齿轮加工等企业，且成功孵化企业未超过 10 家。

究其原因，在于有的地方政府只管招商引资，却无后续政策扶持。

据某国际企业城开发商相关负责人表示，开业之初，相关职能部门曾对入驻企业发放过扶持资金，但近几年"没听说有什么好政策了"。当下，已经创业的企业主想获得"好政策"，还需要与厂房业主协商，这与其他省级小企业创业基地相比，多了一道"筛"。

该创业基地所在的街道办事处表示，招商由区招商局负责，选址由区规划建设处负责，对中小企业的扶持由区社会发展局负责，与他们并无多大关系。而上述三个职能部门给出的回复，要么是"换了领导"，要么是"不知道"。

中国企业孵化器最重要的特点是政府主导，甚至有数据表明，七成左右的孵化器本身有着政府背景。事实上，某些早期的中国孵化器就是政府背景的办公场地，其本质是打着孵化器的名头做房地产，向企业收取租金，顺带招商引资，配合一些优惠政策，来拉动地方经济。

最近几年，由于国家大力推动"大众创业，万众创新"，鼓励企业孵化器的发展，多个省市不断上马动辄数百亩甚至数千亩的孵化器或孵化基地，虽然数量稳定增加，但是泥沙俱下、鱼目混珠，真正形成品牌的并不多。

此外，政府主导下的企业孵化器曾一度被视为不以营利为目的的社会公益性服务机构，很大程度上抑制了民间资本投资者的投资热情，造成很多企业孵化器资金短缺，特别是运行资金严重不足。

3. 越来越多企业孵化器沦为"物业公司"

某地区的一家科技企业孵化器，园区房子还没完全建好，就已经全部出租了。而该孵化器未对租房子的企业是否是初创科技企业进行审核，甚至有一些商贸流通领域或生产性、服务性企业也进入了园区。

在评述该创业孵化器发展现状时，某负责人透露，有一些孵化器为了增加税收源，让不少已经成熟成"老母鸡"的科技企业还在园区里"占着窝"，忽视了培育创新创业小企业的本职工作，而是急于产生房租、税收等效益，这部分孵化器最终沦为'物业公司'。

随着房地产市场的升温，不少省市出现了以创业孵化器或企业总部基地等为代表的工业地产项目。一些入驻企业迅速将房产作为投资品转手售卖，导致许多总部基地空置率上升，有的创业孵化器甚至被称作"鬼城"。

据 2011 年中国百家孵化器调查报告的统计结果，有 41% 的孵化器收入结构总体上仍然以房租收入为主。

而很多做创业孵化器的天使投资人，逐渐热衷于政府补贴、资金申请、炒作地产项目，或者干脆转型 VC 融快钱，不能满足创业者期待。

4. 缺乏创业导师资源

据某网络报道:《IT 时代周刊》总编曹健曾担任过很多创业比赛的评委，对一场由国内某知名孵化器组织的创业路演印象深刻，"让我见识了中国企业孵化器的真正水平"。

在路演现场，慕名而来的还有很多知名投资机构和名人。让他失望的是，且不论孵化器所挑选的创业项目如何、演讲水平如何，仅仅从创业的思路、项目的提炼、PPT 的制作等这些基础性的工作，就很少有人去帮创业者提高，尤其是缺少有行业经验的人帮助辅导。有的创业者大谈自己的产品，冗长无比；有的创业者穿着拖鞋就上台了，语无伦次。台下很多投资人只听了几个演讲，就纷纷走掉了，有的评委开始还点评几句，后来就一言不发了。

曹健认为，当下中国好的创业项目可谓凤毛麟角，有的项目本身有亮点，但却很稚嫩，或缺少提炼；有的项目有潜力，但很凌乱，需要有经验的人帮助他们理出思路；有的项目则是创业者为了创业而创业，显得比较虚，需要有人提醒他们。但当下中国的企业孵化器还很不成熟，并没有能力帮其完善。

YC（企业孵化器）创立于 2005 年，是硅谷非常知名的创业孵化器，它只关注种子阶段的创业团队，致力于扶持初创企业并为之提供创业指南，其成功率达到惊人的75%。而 YC 的做法，除了直接给创业者真金白银外，他们对每个创业项目进行认真包装，在正式和大家见面前非常保密，但经过导师的多次辅导、反复路演并修改 PPT 后，丑小鸭立马变成白天鹅。所以，在 YC 毕业典礼上路演的当天，30% 的项目被投资人看中拍板，一个星期内，70% 的项目被投资人敲定。

随着社会的发展，现在创业所需资金越来越少，除了资金，创业者们更需要有创业经验的创业导师来辅导，为他们提供技术、渠道资源、创业团队的建设与管理、商业模式、赢利模式、营销模式及路演融资等方面的实用培训。国内孵化器数量可观，却少有机构能够真正沉下心来帮助创业者。

第三节　入驻企业孵化器入门策略

一、入驻孵化器前需要问清的问题

1. 请问创业孵化器经理：你有创业的经历吗？是否有资历给我的新创公司提建议？

目前，创业孵化器的现状，孵化器比鸡还多，好像随便哪个人都能成为企业孵化器的经理。所以，选择一家孵化器，最好选企业孵化器经理有创业经历及经验的，因为只有创业者才会理解创业者，他们理解彼此的奋斗，也明白其中的问题，才能够更好地帮助创业者。

2. 你能现在就把我介绍给创业导师吗？

很多孵化器在开展创业活动时，都会请来一些行业、企业的知名人物，但是这些成功的企业家大多数也都只是在路演活动上亮个相、简单评论几句，然后就消失再也不见了。因此，入驻这类孵化器的初创企业并没有真正得到创业导师的实质性辅导和帮助。

3. 上一轮的孵化器项目结果如何？

这个问题非常重要，因为这关系到入驻公司的发展，所以你得了解上一轮中入驻该孵化器的创业公司融资成功率有多少、创业成功率达到多少。

4. 在你的孵化器里，哪些公司没有走到最后的展示日？

如果企业孵化器经理告诉你确实有这样的公司，那你就需要去找到这些人，问问他们到底发生了什么，这其中有什么问题，这样对你选择企业孵化器很重要。

5. 之前参加你们活动的公司，现在怎么样，有人得到投资了吗，能给个例子吗？

如果他们不愿意给出例子，那么这是个危险的信号。这些信息都应该是公开的，虽然有时候是有例外的，但这样的信息能够帮你确认这个孵化器是不是真的能帮到你。

综上，如果一旦发现了让你很不满意的回答，不要停留在这样的企业孵化器里，因为你的最终目的是让你的新创公司加速成功，这是最关键的。

二、如何递交入驻企业孵化器的申请

初创公司在写"入驻孵化器申请"时，可以参考、借鉴以下几方面的内容。

1. 公司做什么？

请列出每一个创始人的基本资料，告诉孵化器经理，你们是怎样一个团队，公司的主营业务是什么，这些业务有怎样的市场前景。

2. 每个创始人有什么样的优秀能力？

例：小王从 10 岁开始编程，16 岁开始创业，在大学里创立在线教育网站并盈利；大李是一个严谨的程序员，曾经参加过世界黑客大会；老陈是一个精明的投资者，这是他投资的第 98 个项目，之前的 97 个都赚钱了。

3. 项目的创新点是什么？

请列出你的项目优势，它有什么特点？有什么卖点？有什么独特卖点？解决了哪些竞争对手没有解决的问题？

4. 项目如何赚钱？

比如，"我们前期会做一些用户体验，聚合粉丝，然后用大数据来出售产品。目前，我们已经谈了一些合作商家，只要项目投用，短期就会盈利"。

5. 竞争对手、潜在对手有哪些？最怕谁？

比如，"我们不怕任何对手，我们已经申请了相关专利，这对于竞争对手而言存在技术壁垒，所以我们项目的核心环节很难被复制"。

第四节　如何处理与孵化器的关系并从中获取更大的价值

一、建立关系

与创业企业孵化器经理、主管建立深厚的友谊。和过来人的交流对公司成长有巨大帮助，企业家也能从中得到更多的意见和建议。如果今后公司运营遇到问题，也能寻求他们的帮助。

二、利用资源，但别分心

充分利用加速器的资源：如免费咖啡馆，工作直接在咖啡馆进行。通过网络联系导师，征询来自导师的建议，获得来自赞助商的免费法律帮助，拥有研讨会和生产车间的进入权限。

三、主动

不论在哪个项目中，主动都是至关重要的。如果你能清楚知道要和什么人建立关系，并且有清晰的目标，相信孵化器能带来意想不到的效果。那么，你就大胆利用他们的知识和人脉，向他们询问你需要的信息。

四、利用创业导师资源

在孵化时一定要好好利用创业导师的人际关系网络，他们也一般都会竭尽所能帮助你取得生意的成功。

五、弄清要从孵化器那儿得到什么

也许你是一个科技公司，对写字楼资源需求不大，但需要工程师的资源。孵化器也许能为你提供和大公司进行会议的机会，而大公司的科技人员在将来很有可能成为你的合作对象。

六、找到金融顾问

孵化器的金融顾问能为你健全会计系统，建立工资表和完善的财务部。在大方向的资金政策上他们也能给予指导，让你知道现金流效率和资金风险，避免触碰法律的底线。

七、尽心尽力做好工作

孵化器并不是对每个企业都是平等的，因为它无法顾及所有企业，但他们会挑选其中有潜力的对其着重培养。所以，必须尽120%的精力做好工作，让孵化器看到你的努力和价值，它们将给你非同寻常的照顾。

第五节　中国 YC 进行时

中国的孵化器，强在行政，弱在专业，这恰恰与美国的 YC 模式相反。然而值得欣喜的是，真正的转变在"大众创业，万众创新"的热潮冲击下正在发生。无论国营还是民营，专业、市场等标尺正被推向至高无上的位置，尤为可贵的是，他们已经开始真正脚踏实地地向这个目标迈进。

一、YC——全球最成功的企业孵化器

YC 作为全球最成功的孵化器，其号召力可以用"变态"来形容。在一年两次的路演日，来自全球的投资人都会蜂拥而至。其中，除了传统的各大投资机构及传统硅谷的天使投资人，还有俄罗斯 Yuri、印度甘地家族、香港李嘉诚等各国富豪，甚至有文艺娱乐圈的明星、NBA 球星等参加，路演日当天可谓阵容奢华。

面对如此阵容，即将路演融资的各个创业晚辈会紧张吗？答案是 NO。他们不仅不会紧张，反而非常享受站在台上那短短的一两分钟。每一个 YC 毕业生都有种君临天下的感觉，演讲台风极其好，每个人都是"山寨版"乔布斯，这是 YC 真正成功的地方。

对于创业者们，YC 已经站在了这么一个高度：从 YC 出来意味着含着金汤匙，从 YC 出来意味着顺利的融资，所以 YC 毕业生理所当然地超凡自信。

而对于投资人来说，YC 出来的公司高估值，就像女士们知道爱马仕的包肯定要比 LV、Prada 的贵，就像男士们知道劳斯莱斯的车肯定比奔驰高档一样，在实际产品质量没那么大差别的时候，品牌效应是他们最大的增值点。

成就 YC 的，除了创始人 Paul Graham 颠覆性的运作及个人影响力，更重要的是 YC 精良的创业导师资源和庞大的校友网络。

YC 创业导师资源之丰厚毋庸赘言，但真正奏效的是这些导师对创业者的态度。在 YC 的日子，可以说导师就是创业者的家长，他们无话不谈，亲密无间。除了经常交流创业的事情外，他们彼此结下了深厚的友谊，有时候甚至会出现 YC 的创业导师跟着创业者创业这样的情况（比如有个导师跟着创业者出去一起做了一个修手机的 O2O）。

至于 YC 的校友网络，YC 到现在孵化了 30 多个领域的 800 多家企业，校友创始人之间不仅仅与同届保持密切联系。YC 的公司更是有非常深的帮派情结，他们互相撑腰，很有义气。在路演日，很多企业会出现超强的数据亮点，其实很大一部分是 YC 校友在帮忙。"帮"内其他形式的互助，类似行业内校友资源共享、成功校友投资 YC 新公司、YC 公司间互用产品等，无不体现出 YC 的校友意识。

二、成都 YC（企业孵化器）样本

沿着成都的城市中轴线天府大道一路向南，便能看到全亚洲规模最大的单体软件园——天府软件园，被誉为国内移动互联网创业者天堂的著名创业孵化器——创业场就

坐落于此。

统计显示，自 2007 年成立至今，创业场已累计入驻 550 家项目，成功孵化企业 422 家，其中包括如今在中国移动互联网领域赫赫有名的"鲁大师""银河帝国""Camera360""酒店达人"等。

针对初创型团队本身资金实力较弱的特点，创业场除了在租金成本上为创业者提供便利（免租一年），从企业入驻创业场开始，在不同阶段都会得到相应的优惠政策，大致经历分为孵化器、加速器、产业园区 3 个阶段。孵化器内一年免租后，如果发展得不错，企业就可以进入加速器，在加速器发展到一定程度，则可以进入产业园区。

据介绍，创业场内还拥有中国西部地区最大的国家级公共技术支撑平台。该公共技术支撑平台耗资超过 1.2 亿元，占地 4000 平方米，拥有 IDC 数据中心、IC 设计测试实验室、Android 实验室、手机测试平台、海外游戏平台等供企业使用。其中，IDC 数据中心拥有电信、联通及移动三网光纤，是西部地区唯一拥有三网光纤的 IDC 数据中心，而海外游戏平台拥有 500 万北美注册玩家。

两年前，在创业场内，迎来了一个专门面向互联网人士的创业咖啡厅——灵感咖啡。这家咖啡厅的成立旨在为互联网创业者之间、创业者与投资人之间提供一个公益开放的实体交流平台，协调产业资源的对接。

此外，尤为吸引创业团队的是，创业场搭建起让创业方与市场方的频繁对接，为创意寻找到市场出路。在创业场内，由于集聚了大量的移动互联网创业团队，几乎每个星期都有 2 ~ 3 家游戏发行商来到创业场。发行商、软件商一次性"扫货"五六十万元亦非难事。

事实上，市场对于创业场看好，早在 2012 年成都高新区专门设立了首期规模为 8000 万元的"创业天使投资基金"，由成都高投创业投资有限公司进行专业化运作，重点正是针对移动互联网等领域的初创企业进行支持。

三、聚变计划

美国硅谷 YC 的模式，可谓世界上最早的风险投资：一个想法、一个团队，在创业者想法的萌芽阶段就介入，看似风险极大，但是它通过极小的投资金额（1.1 万美金 + 0.3 万美金 × 团队人数）控制风险，再通过庞大的投资数量（最近一批风投高达 74 个项目）分散风险。可以说，YC 以一己之力撼动了硅谷，在某种程度上极大改变了风险投资这个行业的玩法。

但在国内，最早借鉴 YC 模式之一的天使湾却将其投资计划进行了重大升级：由原来的"投资 20 万元占 8% 的股份"这种标准投资改成更为弹性的、上限为 100 万元的种子投资，最高所占股份不超过 10%。也就是说，种子项目理论上也可以达到千万元的估值。这就是天使湾的"聚变计划"。

开始时，单纯地模仿非常奏效，天使湾召集到了全国各地及海外很多极具潜力的优秀团队，这些来自天南地北的创业者在一个地方封闭开发，互相促进、学习、分享，大大提高创业团队的成熟度。天使湾也能集中将自己最大的资源分享出来，节约了成本。

然而，在试水过程中，天使湾的外部环境和内部实践都发生了一些变化。

从外部环境来说，天使投资已经如火如荼，不管是个人还是机构天使，就连所有早中后期风投 VC 都有专门的人民币基金来做天使，比如红杉、IDG、经纬、戈壁等都有自己独立投天使项目的人民币基金，或多或少面临着竞争，优秀的创业团队是稀缺资源。而 YC 模式里的"投资 20 万元占股份 8%"的标准化投资能吸引一些年轻的潜力团队，但很难吸引一些非常优秀的成熟团队，比如一些已经创业多年的连续创业者。

从内部实际经验来看，聚变计划刚开始试水的时候，准入门槛并不高，甚至允许还在上学的学生团队入驻，有些还在上大二大三。事实证明，中国的学生团队在创业成熟度与稳定性方面存在少许问题。加之中国商业环境的复杂性、残酷性，生存压力远比硅谷来得猛烈，对创业者的牺牲、成熟度、稳定性与抗压性要求更高。

所以，为了支持更稳定、更成熟、更优秀的创业团队，天使湾必须提高准入门槛。而提高门槛的同时，也必须给予更高的优厚条件。因此，天使湾决定先从提高种子投资的额度与起始估值开始。

中国为什么没有 YC？中国 YC 何时出现？这曾是中国的创业者和孵化器从业者们最关心的问题。目前看来，地域特征明显的中国孵化器，或许只有在中国的土地之上才能孵化出来。而且这一天，想必已不遥远。

第十一章　创业者必备的6项管理

第一节　心态管理

一、心态决定未来

心态决定状态，状态决定行为，行为决定结果！你的思想观念、行动及未来的命运都是由你的心态决定好了的，你想要有什么样的命运，那就要问问你自己应该有什么样的心态了。

二、成功 = 心态 × 能力

一个人的能力不会为零，要想数值更大，成功的概率更大，只有让心态调整到"最大化"且趋于完美，当然没有"完美"的人，但我们每个人都可以成为一个不断完善自己的人。一个创业者，应当具备以下12种心态。

1. 归零心态

寸有所长，尺有所短，三人行必有我师，如今的知识日新月异，过去某些有用的知识或许在今天就不好使了，因此，要做一个心态归零的人，只有谦虚学习的人才能不断地进步。

2. 学习心态

如今的时代，人与人之间的竞争归根到底是学习力的竞争，我们每一个人都处在一个"速度、多变、危机"的时代，因此，唯有学习、不断地学习，做一个终身学习者，方能立足于这个时代。

3. 平常心态

人生起起伏伏，创业路上也必然会坎坎坷坷，不论怎样，作为一名创业者，始终要有"不以物喜，不以己悲；得意不忘形，失意不痛苦"的精神境界，在任何时候都应该保持一颗平常心。

4. 老板心态

创业，首先要有老板的心态。因为，只有当你具备了老板的心态时，才会有老板一样的思维和行为，最终才会有老板的命运！

5. 持之以恒的心态

创业成功的路上，永远不是一帆风顺的，会遇到无数的困难与坎坷，很多人一遇到困难就放弃、半途而废，最终导致失败。因此，从这个意义上讲，创业路上其实没有失败者，只有放弃的人，与其说是失败，不如说是因为放弃。请记住：成功者永不放弃，放弃者永不成功！这是一个"剩者"为王的时代！

6. 有主见

现实生活中，由于我们每一个人的性格、所接受的教育、家庭背景、人生经历、社会阅历、所处的环境、身边的圈子、习俗文化等各方面的差异，从而导致了我们在对待同一件事物的看法也不一样，尤其是对待新生事物的看法、认识及接受程度更不一样，因此，不要指望我们所做的每一件事都能获得别人的认同与支持。在现实中，当我们去做某一件事情的时候，可能会遭受来自身边的人或者他人的不理解、怀疑、质疑、冷嘲热讽、泼冷水、反对、抵制甚至遭到同行的诽谤造谣、恶意竞争，正如当年马云创办淘宝时，声称要改变人们的购物习惯，那个时候，很多的人认为他不可能、在乱说、异想天开，甚至有人说他就是一个骗子！好在当年马云有自己的主见，并始终坚守自己的梦想、坚定自己的信念，才成就了今天全球家喻户晓的马云。因此，在创业路上要想获得成功，必须要做一个有主见的人。

人要为自己而活，不要总是活在别人的嘴里，不要活在别人的世界里，自己认为对的就抓紧时间去做吧，宁愿过错，不要错过！我们有时需要做生活中的"聋子"和"瞎子"。

7. 学会心态转换

创业路上难免会遇到各种各样的困难与挫折，有的人可能会因此而郁闷彷徨、止步不前，甚至半途而废。遇到这样的情形时，我们要及时调整想法、转换心态，把挫折当成存折，把困难当成成功路上的垫脚石，把遇到的压力当成前进的动力，相信通过自己和团队的努力，一定可以克服一切困难，战胜障碍，最终迈向成功！

8. 全力以赴的心态

做一件事，有"试试看、尽力而为、全力以赴"3种不同的态度和3种不同的命运。抱着试试看和尽力而为的心态是很难把事情办好的，唯有破釜沉舟"全力以赴"的心态才可能把事情做得更好！

9. 自信的心态

自信是每一个创业者必备的心态，因为信心是成功的起点。作为创业者，始终要相信世界上再也找不到一个外表和思想都和你一模一样的人，相信你就是世界上独一无二的！相信我们每一个人都是天赋潜能的！

内心的世界控制外在的世界，不要低估自己的潜力，好好利用一下，存在定有道理。你认为你行你就行！不行也行！如果自己否定自己，即使别人认为你行，你也行不了。

10. 助人为乐的心态

做一个乐于助人的人，助人自助，帮助别人就是帮助自己、成就自己，成就自己是为了能更好地帮助别人。

11. 主动的心态

成功者永远是主动者，创业者要想成功，就一定要做一个主动学习、主动改变、主动思考、主动咨询、主动行动、主动总结、主动担当的人。

12. 积极乐观的心态

做一名积极乐观的创业者，积极的心态像太阳，照到哪里哪里亮；而消极的心态就像是月亮，初一、十五不一样！上帝在为你关上一扇门时，同时又为你打开另一扇窗，阳光一般是从窗户照射进来的，你又何必留恋那黑暗之门！凡事多往好的方面想，正如马云所说"梦想还是要有的，万一实现了呢"。

第二节　目标管理

一个人无论创业还是就业，或者一家企业要想实现目标，都需要对目标进行科学合理的管理。

一、目标管理概述

1. 目标的定义

目标是在一定时间内要达到的具有一定规模的期望标准。目标就是给梦想的实现加上一个日期。

2. 目标管理的环节

（1）要定位目标。

（2）要根据目标制定一套行之有效的计划并严格执行。

（3）对目标的结果进行检查、修正和总结。

3. 实现梦想和目标的支柱

（1）方向　创业时一定要聚焦目标，紧紧地咬住目标不放，才更有可能实现梦想和目标，切忌东一榔头西一棒子的。

（2）行动　当确定好目标后，就立即投入巨大行动，心动不如行动，行动才是成功的保障。

（3）决心　创业路上要持之以恒，绝不轻易放弃。创业者的决心有多大，成功的概率才会有多大。

（4）训练　创业者在创业理论学习之后，一定要在实践中进行不断的训练，只有实践才会有更多的体会和感悟，才能把理论知识更快转化为创业能力，从而实现创业成功。

（5）最后期限　给目标设定一个最后实现的具体日期。创业需要灵活，方法措施也许会因各种原因而变，但实现目标的日期决不改变。给自己一定的压力，也是给自己更多的动力。

4. 不设定目标的原因

（1）对创业成功抱着悲观态度，得过且过，走一步算一步。

（2）不懂得设定目标的重要性。

（3）不知道怎么设定目标。

二、目标的重要性

在这个世界上，没有目标的人大多在为有目标的人实现目标，目标的重要性主要体现在以下八个方面。

1. 要取得成功，就必须制定目标。

一所国际著名的大学曾经做过这样一个实验：通过对即将毕业走向社会的大学生做了一个有关于梦想和目标的问卷调查，经过 25 年后，再对当年这批大学生进行跟踪回访，得出数据显示如下：

27% 的人没有制定目标，25 年后，他们成了社会的最底层。

60% 的人有目标，但不清晰、不合理，25 年后，他们成了非常普通的工薪族。

10% 的人有清晰的目标，但不长远，25 年后，他们成了企业的白领。

3% 的人有清晰、合理、长远的目标，并坚持执行，25 年后，他们都成了社会上层人士或领导者。

2. 成功就是逐步实现一个又一个有意义的既定目标。

3. 目标使我们看清使命，让工作更有价值。

4. 目标让我们懂得安排好事情的轻重缓急，把握好现在。

5. 目标能挖掘我们的潜能。

6. 目标能让我们评估事情的进展程度。

7. 目标能使我们未雨绸缪，提前做好应对防范措施。

8. 目标能使我们把重点从工作本身转移到工作成果。

三、设定目标

目标应具备的五个特性：

（1）具体性　量化指标，如年度、季度、月度、周、日的销售额、服务人数、市场、收入等。

（2）能衡量　数字化、视觉化、可检查、可修正。

（3）能达到　设定的目标要有一定的高度，需要全力以赴才可以实现，但千万不能高得离谱。

（4）合理性　目标合理，达成后更容易激发你的斗志。

（5）时限性　对目标规定一个最后实现的具体日期。

聚焦目标，绝不放弃，先要定位好目标，然后锁定目标，最后全力去实现目标。

一定要将目标写下来，并建立梦想档案，通过把目标写下来并建立梦想档案，让目标可视觉化、可触摸、可感觉，这样可以让创业者时刻紧盯目标、激发实现目标的欲望，从而更有创业的干劲和激情。

瞄准同行中最成功的人，并要求自己在一定时间内赶上甚至超越他！要想实现这些，就需要创业者不断地研究他、咬住他，比他做得更多更好。

制定目标，一定要向身边比你更成功的人咨询，这样可以少走弯路、提高创业成功概率。

制定中长期目标。

目标必须平衡，家庭、财产、事业、健康、精神、社会责任六方要统筹兼顾，找到平衡。

实现目标，必须制定行动计划。

第三节　时间管理

俗话说："时间就是效益，时间就是金钱。"可见时间是多么的宝贵，所以，对时间进行管理就显得尤为重要。接下来给大家提供一些时间管理的办法。

一、常规时间管理法

1. 正确的思想：80% 的时间应付今天，10% 的时间借古今用作为参考，10% 的时间计划未来；错误的做法：30% 的时间缅怀过去，30% 的时间梦想将来，30% 的时间应付目前的一切。

2. 明确目标。

3. 制定每天的工作计划。

4. 编排优先次序，定下完成的期限。

（1）重要又紧要的事：马上去做。

（2）重要不紧要的事：授权他人去做。

（3）既不重要又不紧要的事：别去做。

（4）紧要但不重要的事：缓一下去做。

5.时间管理的原则（找出最重要之事并先完成它）。

（1）重要事情放在第一位：做事分清轻重缓急，运用二八定律，抓住重点、重要的事及对个人工作、生活会产生重大影响的事去做。

（2）马上行动，杜绝拖延。

（3）善用零碎的时间：灵活运用生活中点滴的碎片化时间，如上下班乘车候车的时间、餐厅点菜后等上菜的时间等，每天坚持做，养成习惯，忠实你的目标。

二、另辟捷径的时间管理法

1. 成本观念

经济学非常讲究成本。对待时间要像对待经营一样，时刻要有一个"成本"的观念，要算好账。在生活中有许多属于"一分钱智慧，几小时愚蠢"的事例，例如：为省1毛钱而排1个小时的队，为省1元钱而步行10个站地等，这些其实都是极不划算的。在国外，给小费有时是为了赢得时间。在经济学中，休闲也是有成本的；因此成功人士十分推崇积极休闲，因为"不同的歌声会带来不同的心情"。在他们看来，积极的休闲应该有利于身心的放松、精神的陶冶和人际的交流，比如打羽毛球、看体育比赛、踏青、去图书馆、参加文化沙龙、听讲座、写作及与知心朋友间的聊天等都很有好处。

2. 精选朋友

朋友也要精选。多而无益的朋友是有害的，他们不仅会浪费你的时间、精力、金钱，也会浪费你的感情，甚至有的朋友会危及你的事业。要与有时间观念的人及公司往来。而恋人的选择则更要谨慎，因为爱人是一生的事情，合适的恋人会不自觉地成为你的"爱人同志"，不仅使你的生活浪漫而温馨，更会使你的追求富有意义并充满动力。一份真实而美丽的感情会为你节约时间，并使你有勇气面对现实，迎接挑战。

3. 巧用现代化社交工具

要尽量通过电话、QQ、微信、邮件、语音通话等工具来进行交流，沟通情况，交换信息。交流沟通前要有所准备，交流沟通时要直奔主题，不要在电话里说无关紧要的废话或传达无关主题的信息与感受。要善于利用现代办公设备为自己服务，例如许多事务和表格都可以借助电脑，提前予以格式化，用时则只需几分钟就可输出；一封节日贺信可与电子邮件同时发给许多人等。

4. 提前休息

在疲劳之前休息片刻，既避免了因过度疲劳导致的超时休息，又可使自己始终保持较好的"竞技状态"，从而大大提高工作效率。好的身体本身就是一个节约时间的要素，"没时间休息的人，早晚会有时间生病的"。

第四节　学习管理

如今，我们每一个人都处在一个速度、多变、危机的时代，要想跟上时代，立于不败之地，就需要加强自身的学习，做一个终身学习者；更要加强学习管理，从而提升学习效率，做一个与时俱进的学习型创业者。下面给大家分享一些学习管理方面的方法。

1. 经常参加读书分享会（大家对所读的书展开心得讨论，互相学习，这样有助于提高学习效率）。

2. 很多时候我们不缺少学习而缺少的是练习（不用到实践中就等于白学）。

3. 专家是持续学习出来的（每天学习一小时，一年后成为专家，三年成为行业专家，五年成为国家级专家）。

4. 向一流人士学习，与成功人士为伍（学习一流人士的成功经验可以帮助我们少走弯路、节约奋斗历程，与成功人士交朋友可以扩大人脉资源）。

5. 大量学习成功者所读的书籍（里面定有走向成功的规律可循）。

6. 每天进步 1%，一年之后的今天，你就进步了 365%（何乐而不为）。每天学习一些新知识，每天进步一点点，总会有质变的一天。

7. 把学到的知识总结归纳，能够说清楚并能运用才是自己的，否则书读得再多也白费。

8. 要把主要精力放在自己有潜力或者擅长的而且又很有前途的专业知识学习上，成为那方面的专家。因为现在社会更需要的是专家，而不是通才（例如看病，很多人是去医院挂专科找专家看，而不是挂通科号就诊）。

9. 最有效的学习方式就是"做"，在"学中做"，在"做中学"（"听"能吸收 20%，"说"能吸收 50%，"做"要吸收 70%）。

10. 不要死读书，不要只低头拉磨，还要抬头看天（外面的世界是精彩的，不要把自己封闭起来，"读万卷书还需行万里路，行万里路也需名师指路"）。

11. 学习时，要时刻问自己两句（我学到了什么，如何把所学用于工作和事业中，有哪些方面需要进行改进）。

12. 学习不仅是创业者的事，也是企业员工的事。创业，就要把企业建成学习型的企业（学习力就是企业的竞争力）。

高知带来高酬，高智赢来高职。现代文盲将会是那些不会主动学习新知识、新技术、新工具的人。让我们成为一个学习型的创业者，不断加强自身的学习管理。

第五节　行动管理

心动不如行动，一切梦想的实现皆源于不断地行动，但不能乱行动！因此，作为一名创业者，要想实现成功的创业梦，那么，对日常的行动进行管理就变得非常有必要。如何进行行动管理，下面的一些方法可以参考借鉴。

1. 责任 /2=0

这就是说，如果把一件事情交给两个人去做，就容易造成推诿，推卸责任，办事拖沓，结果往往不好，甚至效率为零。因此，在一般情况下，如果有重要的事情需要安排人去做，就必须明确谁是这件事的主要负责人即第一负责人，这样，事情行动起来也就有个统一的指挥。由于明确了分工和责任，行动起来也才有责任心，效率也自然会高。

2. 行动是治疗恐惧的良药

在合法的前提之下，如果你害怕什么，那就去做什么。例如，害怕公众讲话，就要经常在公众面前讲话，慢慢得就能够公众演说了；又如，害怕和陌生人交流，就要加强和陌生人说话，时间长了，再和陌生人交流就应付自如了。

3. 穿上鞋子才知道哪里夹脚

很多事情，只有先做了，才知道好不好做。因此，当制定好目标计划后，就需要先立即行动起来，然后在行动中去发现问题，再去纠正、调整、完善、检查，这样才会更容易获得成功。

4. 把相同事做的不同

你比竞争对手做得更好不容易，做得不同却很容易。例如，两家培训机构同样做创业培训，但第一家只做课堂内的创业理论知识培训，而第二家除了做课堂内的创业理论知识培训外，同时还为学员提供课外创业项目实操、项目孵化、创业路演融资、创业资源对接等一条龙服务，这样更多的学员都选择去第二家培训机构报名学习，第二家做得风生水起，而第一家机构却面临关门的命运。

5. 身教重于言传

任何事情都是做出来的，而不是说出来的。行动比语言更能取信于人，要做口的巨人，更要做行的高标。别人不仅听你怎么说，更要看你怎么做。

6. 行动很关键

士兵要冲杀在战场上，不能死在战壕里；销售人员要奋斗在市场上，不能待在工厂里；创业者更要通过行动向市场要效益。

第六节 团队管理

一名创业者除了做好以上五项管理外，还需要加强团队管理。因为，21世纪是抱团打天下的时代。

1.授人以鱼：作为一名创业者、一个老板，最基本的是要给团队成员几条养家糊口的鱼（钱），让他们先生存再发展。只有当团队成员能解决自己的生存、生活问题后，才没有更多的后顾之忧，也才会有心思和精力去更好地工作。

2.授人以渔：教会团队成员钓鱼（创业挣钱）的方法和思路。

3.授人以欲：激发团队成员积极进取的欲望，为自己的梦想而努力奋斗。

4.授人以娱：让团队成员把快乐带到工作中，在工作中获得幸福与快乐。

5.授人以愚：告诉团队成员要做事沉稳、大智若愚，要投资（时间、行动），不要投机。

6.授人以遇：给予团队成员学习、成长、发展、晋升的机遇，成就辉煌人生。

7.授人以誉：帮助团队成员获得精神层面的荣誉，使其成为一个更有价值的人。

8.授人以宇：帮助团队成员从经济层面上升到灵魂层面，顿悟宇宙运行之规律，乐享返璞归真之幸福人生。

第十二章　中医药健康产业创业指导

第一节　中医药健康产业创业特点

一、市场空间巨大

中医药健康产业市场空间很大，被誉为"财富第五波"。

首先，统计数据显示，目前全球股票市值中，健康产业相关股票的市值约占总市值的13%。可见，健康产业已经成为带动全球经济增长的强大动力。美国经济学家保罗·皮尔泽认为："健康产业的加速发展势头不可阻挡，很快将替代IT产业成为推动世界经济增长的新引擎。"可是中国健康产业仅占国民生产总值的4%～5%，远远低于发达国家的15%。如果按这个比例核算，中国健康产业未来的市场容量最保守估计也将有6000亿元～8000亿元的市场潜力。

2013年10月14日，《国务院关于促进健康服务业发展的若干意见》明确提出了发展目标，到2020年，健康服务业总规模达到8万亿元以上。

其次，中国社会人口的结构变化，也是驱动中国健康服务产业发展的重要因素。老龄化是未来半个世纪甚至更长时间内中国社会发展道路上的棘手难题，健康服务产业正是在这样的背景下被推到了历史前台。据国家卫生计生委预测，到21世纪20年代，65岁以上老年人口将达到2.42亿，占总人口的比重将从2000年的6.96%增长到近12%。老龄化的社会问题，将带来对医疗保健产业的持续需求。

此外，随着物质生活条件的改善，健康的生活方式也逐渐进入公众视野，成为老百姓的生活追求。随之而来的是健康体检、健康咨询、健康养老、体育健身、养生美容、健康旅游等新兴服务需求的快速增长。从国际经验看，人口老龄化、城镇化、疾病谱变化、居民保健意识增强等因素决定了医疗健康产业会保持较高的增长速度。为人们提供健康生活解决方案，成为大健康服务产业最大的商机。

未来十年，市场产值能够超过房地产的唯有医疗健康产业。试想，一个家庭买一栋100万的房子，按照未来20年算，平均每年一个家庭在房产的支出在5万元。但是，在目前这种4-2-1型结构的家庭中，4个老年人的平均年龄都在55岁左右，这个年龄段正是医疗开销最大的时候。在未来的20年中，每位老人每年在医疗的开销不低于2万，4位老年人总共支出8万。这远远超过房产的支出，而且刚需，市场空间巨大。

二、市场痛点多

医疗健康行业是个大而全的行业，产业链长、覆盖面广、关系民生大计，医疗行业"痛点颇多"：医疗资源分配不均、医疗服务质量低、医患关系紧张、医药及治疗价格高、医生资源稀缺、各种看病治病难等，反正问题一大堆。但对一个创业者来讲，这反而是好事。因为痛点就是商机。

三、依赖政策、门槛高、周期长

1.医疗健康产业跟别的产业有所不同，对技术能力和市场判断能力都有相当高的要求，对资源政策制度的依赖远远大过别的行业。人类对健康和生命的需求是永无止境的，医疗健康是一个不用担心需求的行业。从供给端来看，行业有较高的技术壁垒和政策壁垒。医药是技术密集型行业，新药研发需要巨大的资金投入及长期的技术积累。药品有严格的审批和监管制度，新药从临床研究到上市的时间周期一般在10年以上，进入门槛较高。医务人员的专业化技能同样需要较长时间的学习、训练及经验积累。在中国特殊的政治环境中，健康服务产业想要取得长足发展，必须依托于政策的倾斜。

2.由于中医药行业产业链长、投入产出期长、营利模式较难明确（如种植中药材，多以获取政府补贴维持）、诚信环境急待建立等原因，导致非专业人士的资本，尤其VC对中药领域介入不多。中药企业在新三板挂牌数增多，也说明资本介入中药产业链的前移，但产业链越靠前越需在中医药专业人士指导下进行投资！起点高，非医药人士要想在医药健康产业创业难度加大，但对行内人员确实是一个难得的创业机会。

第二节　中医药健康产业创业导图

一、顾客

创业的核心围绕着顾客展开，创业的起点就是顾客的需求，创业的终点就是满足顾客的需求。创业是发现需求、创造产品，帮助顾客实现梦想，解决痛苦的过程。产品、营销、商业模式、人才，都是围绕着一个核心，那就是如何满足顾客的需求。而顾客的需求就两个，追求快乐，逃避痛苦。医药领域，人们的需求就在于追求健康，逃避疾病。这是人们永恒的刚性需求，医药健康产业也就成为永恒的朝阳产业。所以，按照服务对象的不同，医药行业创业可以从以下几个方向入手。

（一）健康人群

对于健康人群，他们的核心诉求是为了生活得更好，生活得更健康，生活得有品位。相应地诞生了很多细分领域，如医疗整形美容、基因检测、健康体检、运动养生、健康食品等创业型企业。

例如，医疗整形美容最近几年发展非常快，代表企业有上海交通大学医学院附属第九人民医院整形外科、中国医学科学院整形外科医院、西安西京整形外科医院、武警总医院医学美容整形中心、北京叶子整形美容医院、广州曙光整形美容医院等。这个领域对于一般的创业者来说，切入很难，已经没有太多创业的机会了。

另外一个领域从 2006 年开始，最近十年也发展得相对比较成熟，那就是专业的健康体检机构，代表企业有爱康国宾、慈铭体检、美年大健康等。

（二）亚健康人群

我国亚健康人群达到了 75%，随着环境、水、空气、食品等的污染严重，威胁人们身体健康的因素也越来越多。同时随着人们生活水平的提高、预防大于治疗观念的普及，人们在预防疾病、养生保健方面的支出将会越来越多，特别是我国迈入老年社会以后，对保健食品、养生理疗、体育健身、亚健康调理等细分领域带来巨大商机，这里面有很多小而美的创业机会。

（三）疾病人群

服务这个人群的主要机构是医院，属于高大上的创业。目前全国综合型医院创业机会已经饱和，但在专科医院方面的创业机会还有很多，目前特色专业科室如肛肠专科医院、妇科医院、男科医院、爱尔眼科、瑞尔口腔、爱牙、爱帝宫月子健康管理、慢性疾病康复医院等。

在诊断方面，有第三方实验室诊断机构，将来还会有第三方影像诊断的公司。以前看片子只能到医院的放射科，将来可以到第三方专门做影像的公司。

（四）医护人员

服务于医护人员的创业机会目前市场空间较大，顾客群体细分，包括医生、护士、医疗管理人员等。这个领域目前和移动互联网结合诞生了很多新兴的企业。

（五）医疗机构

这个领域属于 B2B 的创业，对于一般的个人很难参与，属于重资产的创业项目，如医疗自动化、医院管理、病人管理、医护人员管理。

二、产品或服务

当你定位好要服务的顾客群体，准确把握了顾客需求，接下来就是要去思考通过什么产品或服务去满足顾客需求，这是你的真正价值所在，也是非常关键的一步，有了这一步，创业就可以正式立项了。针对不同的顾客需求，需要创新研发出不同的产品去满足顾客的需求，帮助顾客实现梦想，解决痛苦。

从健康消费需求和服务提供模式角度看，健康产业可分为医疗性和非医疗性健康产品两大类，并形成了四大基本产品。即：①以医疗服务机构为主体的医疗服务产品；②以药品、医疗器械及其他医疗耗材产销为主体的医药产品；③以保健食品、健康产品产销为主体的传统保健品；④以个性化健康检测评估、咨询服务、调理康复和保障促进等为主体的健康管理服务产品。具体细分如下：

（一）健康人群

服务这一类型的顾客产品有：美容类产品、整形产品、健康食品、健身器材、保健养生知识服务、健康管理、高端体检等。

特别是健康管理，环境、工作压力、生活习惯变化等因素导致疾病谱发生变化，发病率提高，发病年轻化。同时，居民的健康意识又在增强，与健康管理相关的体检服务、慢性病管理、私人保健医生服务、体育健身等产品有着广阔的发展空间。

（二）亚健康人群

营养补充类保健品、营养调理类保健品、功能性保健品，养生理疗机构、汗蒸机构，家庭器械，健康养老、医疗养老、护理养老、养生休闲养老等产品是服务这一类顾客的代表。

（三）疾病人群

特色专科医院，如生殖与遗传、整形美容、骨伤科、肿瘤、心脑血管、糖尿病、口腔和老年病等特色专科医院；创新药物、创新治疗技术、医疗器械、生物制药等产品。

目前世界上最新的热点如光学成像技术，它将广泛用于癌症、心血管疾病及其他纤维化疾病的诊断及发展阶段划分。

另一个热点是创新药。在医保控费的大背景下，竞争较激烈的仿制药行业面临下行风险，但国内创新药供给却是严重不足。创新型药企有望走出长期慢牛格局，伴随着创新药企业的国际化，中国药企有可能出现几千亿市值的上市公司。企业国际化的过程也在不断演变：最初是原料药等出口，逐步到医疗器械和仿制药出口，未来创新药企业有望逐步走向世界。

（四）医护人员

医生病例管理、医生医学资料查询、病历共享、护理升级等产品。

专门服务医生的杏树林，专注为医学专业人士开发移动工具。为国内医生开发最专业、最贴心的临床移动应用，让行医更轻松。杏树林的病历夹和医口袋就是专门服务医生的工具。

（五）医疗机构

医院病人管理系统、医院人员管理系统、医院智能设备等。如医学及生物机器人将成为医疗护理的一部分。机器人将会发展成微型纳米设备或大型设备，在诊断、手术、修复学、复原及个人援助方面发挥效用。临床治疗及外科手术方面的机器人应用将会得到进一步提高，传感器、制动器和实时系统将会给医学界带来革命性的变化。

三、营销

当你有了好的产品，知道顾客在哪里以后，接下来还有一个很重要的内容就是怎么让你的顾客知道且相信你的产品或服务能帮助他实现梦想，解决痛苦，那就需要营销。设计一套切实可行的营销流程，目的就是让你的顾客知道、感受、体验到你产品的价值，最终相信产品的价值，从而使用你的产品，最终成为你产品的粉丝。

四、人才

创业的时候没有一个人是万能的，没有完美的个人，只有完美的团队。医疗牵涉的方面非常多，行业政策、金融、市场营销，所以你到底选择什么样的合伙人非常重要。医疗行业很多的创业者都是一个技术型人才，他可以研发很好的骨科器械，但却没有很好的团队帮他推广，所以他的产品非常好，但是市场销售不好。你要找很好的团队来弥补，所以选择创业合作伙伴也是非常重要的一块。

五、商业模式

你是要做高大上还是做新快美，这是不同的创业选择和创业方向。高大上包括生物医药、高端的医疗器械，还有一些创新的服务。医药领域的生物医药方面，包括结构式的改良、创新的剂型、靶向的药物，这些都是高大上的代表；器械领域里高端植入的耗材、影像、可穿戴设备，以及现在非常热门的高端医疗机构、专科连锁医院，这些也都是高大上的选择。而这些选择，所需要的资源、所匹配的团队和资本要求非常高。

再有一类你可以考虑的就是新快美，如健康管理，针对现在亚健康人群需求的专业健康管理、个体化医疗、基因检测、移动医疗，还有用以提升医院管理和效率的各种智能化解决方案，智能的病房、手术室、管理体系及健康电商等。

这两类的创业选择门槛不同，起点不同，根据创业者自身的条件和外部环境，可以做不同的选择。

另外，是做 B2B 还是 B2C？如果把医疗设备卖给医院，这个是 B2B；如果开设一家专业的医疗机构接待患者，是 B2C。它们有什么区别呢？ B2B 企业和 B2C 医疗健康企业在商业模式方面的确有一些差异，体现在下面几个方面：

B2B 的起步比较快，B2C 的潜力更大，如果你有更好的路径创造 B2B2C 的模式，会有更大的潜力。这个里面还有很多差别，举个例子，从管理强度来讲，B2C 要服务的人员众多，庞大的顾客量导致管理强度更大，管理难度更大。但 B2B 属于重资产的创业，一般创业者很难切入。

最后，给你一个忠告，创业中产品、顾客、营销是三个最核心的点。但在创业之初，你最好只做一个，千万不能三个同时都做，否则将导致一个都做不好，导致企业快速走向灭亡。这就是为什么中国中小型企业的平均寿命超不过 3 年。如果你擅长产品，那就把产品做到极致；如果你善于吸引顾客那就构建你的顾客社群；如果你擅长营销那就从营销入手，其他方面去找人合作。创业者的最高境界就是懂得借力，借别人的产品，借别人的顾客，借别人的营销通路，打造自己的创业体系。如果你懂得了这一点，就可以立即开始行动了。

第三节　中医药健康产业创业方向

一、新快美企业

什么叫新快美企业，就是投资少，新兴细分领域，启动的时候不需要购买大量的设备，回报率相对较高，周期 1 ~ 3 年，现金流稳定。比如，医学专业出生的可以开设医疗诊所、健康咨询、营养咨询、理疗养生机构、药膳亚健康调理、健康管理、家庭医生、营养早餐等。这类创业都比较适合资金少、经验少的年轻人。创业之初不要想到要做多大，关键是活下来。在活下来的路上，再寻找发展的机会。

二、"互联网 +" 医疗健康服务

2015 年，互联网医疗显现出不可抵挡之势，依托政策利好，资本信赖，技术核心，互联网医疗的现行者们开拓了在线导诊、预约挂号、远程问诊、慢病管理、可穿戴设备、医药电商等在内的多个细分市场。

移动医疗更是炙手可热，2014 年，互联网企业就掀起了投资移动医疗的热潮。5 月阿里巴巴推出"未来医院"计划；8 月中旬"春雨移动健康"宣布完成 5000 万美元融资；9 月"丁香园"获得腾讯投资 7000 万美元；10 月，挂号网获 1 亿美元融资。这一领域频繁的融资行为引起广泛关注。

2015 年移动医疗行业又彻底火了一把，市场规模达到 42.7 亿，用户规模 1.27 亿，BAT 巨头纷纷入场布局，融资规模越来越大，平安好医生、微医集团、丁香园、春雨医生、好大夫、寻医问药网 6 家独角兽各怀绝技，独霸一方，各类创业公司也如雨后春笋般登场。可见，众多的真金白银都已经布局互联网医疗行业。年轻的你难道不觉得这是一个难得的创业机会吗？

移动医疗方面创业的新兴公司案例众多，如：

案例 1."抗癌卫士"于 2014 年正式推出上线，至今注册用户已近百万。2014 年 11 月，抗癌卫士获得软银中国 200 万美元 A 轮投资。2015 年 11 月就已完成数千万人民币的 A+ 轮融资，投资方为才金资本，同时正式启动 B 轮融资。

案例 2."看中医"是一款以预约中医上门出诊为切入点的移动医疗手机应用，不同于其他移动医疗项目以在线交流、溢价挂号为主的服务形式，看中医通过微信服务号或

IOS、安卓客户端输出医疗服务。

从产品功能讲，看中医的服务项目包括亚健康、脊椎健康、妇婴调理、美容减肥、团体诊疗、名医堂六项中医诊疗。

案例 3."理大师"成立于 2014 年 12 月，以上门推拿业务起家，并于 2015 年 3 月获得深圳海掌趣创享基金的 400 万元天使投资。

理大师从脊椎健康问题入手，进军中医移动医疗垂直细分领域，市场规模大，可复制性强。更重要的是，通过真正打通线下门诊与线上平台，理大师建立了一个完整的专科标准化体系，并以此为基础，逐步展开家庭医生与企业健康服务。

案例 4. 名医主刀是一个手术 O2O 平台，让全国的名医专家在完成公立医院额定任务后，将其业余时间利用起来为广大患者服务，旨在打造移动医疗领域的 Uber，用 O2O 创新模式为全国病患提供最专业及时的诊疗服务。名医主刀是上海创贤网络科技有限公司旗下产品，目前获得 1.5 亿元 B 轮融资，投资机构包括约印创投、汉富控股等。

案例 5. 妙健康是三胞集团旗下专注于个人健康行为管理的综合性平台，从用户数据接入、健康数据分析、健康解决方案和健康行为干预四大领域入手，为用户提供专业良好的健康行为管理服务。

案例 6. 药师帮是一家 B2B 医药营销平台，通过移动互联网连接药厂、医药企业、药店、店员，建立信息对称、服务透明、高效运营的医药移动营销平台，让药店采购、销售的过程专业、高效、简单，为广州速道信息科技有限公司旗下产品。

案例 7. 解码 DNA 是一家专注于 DNA 分子诊断项目研发及临床推广服务商，业务包括妇幼无创基因检测类、肝病分子诊断类、肿瘤分子诊断类等临床检验项目，此外还有包括生命解码等易感基因检测项目，以及高端的个人全基因组测序服务等。

三、拥有医疗健康企业的股权

亲爱的朋友，如果你实在没有医学方面创业的任何优势和资源，但又很看好这个行业，那你还有最后一个途径实现自己创业的梦想。就是找到一家初创的企业，背靠大树，伴随着公司的成长而成长。怎么知道未来哪个公司会在这个领域中摸索成功？说老实话，我也不知道。但是，资本已经为你开路。有人已经拿出真金白银在你之前替你做了很多尝试，你只需要具备敏锐的洞察力、持续的学习力，找到它，加入它，伴随企业成长，企业会成就你。所以，创业的另外一个捷径就是找到一家已经拿到 A 轮或者 B

轮融资的公司，加入它，成为它的高管，有机会拥有股权，成为一名创客，实现自己创业的梦想。看看这些投资人，也许他是你的引路人。

蔡大庆，君联资本合伙人。投资案例：贝瑞和康、优思达。

陈鹏辉，光大控股董事总经理。投资案例：华大基因、浙江贝达。

胡海清，经纬创投副总裁。投资案例：理邦仪器、加奇生物。

胡旭波，启明创投合伙人。投资案例：泰格医药、瑞尔齿科。

陆潇波，同创伟业合伙人。投资案例：浙江贝达、康辰医药。

李文罡，中卫基金合伙人。投资案例：苏州朗润、杭州诺尔康。

王晖，鼎晖创投高级合伙人。投资案例：安琪儿、康宁医院。

王健，奥博资本资深董事总经理。投资案例：艾瑞生物、时代天使。

杨瑞荣，北极光创投合伙人。投资案例：微点生物、奕瑞影像。

赵晋，维梧生技合伙人。投资案例：康辉医疗、上海现代中医药。

朱忠远，景林资产董事总经理。投资案例：凤凰医疗、甘李药业。

张江，平安创投总经理。投资案例：解码 DNA、健康界。

附　录

附录一 《国务院办公厅关于发展众创空间推进
大众创新创业的指导意见》

国办发〔2015〕9号

各省、自治区、直辖市人民政府，国务院各部委、各直属机构：

为加快实施创新驱动发展战略，适应和引领经济发展新常态，顺应网络时代大众创业、万众创新的新趋势，加快发展众创空间等新型创业服务平台，营造良好的创新创业生态环境，激发亿万群众创造活力，打造经济发展新引擎，经国务院同意，现提出以下意见。

一、总体要求

（一）指导思想

全面落实党的十八大和十八届二中、三中、四中全会精神，按照党中央、国务院决策部署，以营造良好创新创业生态环境为目标，以激发全社会创新创业活力为主线，以构建众创空间等创业服务平台为载体，有效整合资源，集成落实政策，完善服务模式，培育创新文化，加快形成大众创业、万众创新的生动局面。

（二）基本原则

坚持市场导向。充分发挥市场配置资源的决定性作用，以社会力量为主构建市场化的众创空间，以满足个性化多样化消费需求和用户体验为出发点，促进创新创意与市场需求和社会资本有效对接。

加强政策集成。进一步加大简政放权力度，优化市场竞争环境。完善创新创业政策体系，加大政策落实力度，降低创新创业成本，壮大创新创业群体。完善股权激励和利益分配机制，保障创新创业者的合法权益。

强化开放共享。充分运用互联网和开源技术，构建开放创新创业平台，促进更多创业者加入和集聚。加强跨区域、跨国技术转移，整合利用全球创新资源。推动产学研协同创新，促进科技资源开放共享。

创新服务模式。通过市场化机制、专业化服务和资本化途径，有效集成创业服务资源，提供全链条增值服务。强化创业辅导，培育企业家精神，发挥资本推力作用，提高创新创业效率。

（三）发展目标

到 2020 年，形成一批有效满足大众创新创业需求、具有较强专业化服务能力的众创空间等新型创业服务平台；培育一批天使投资人和创业投资机构，投融资渠道更加畅通；孵化培育一大批创新型小微企业，并从中成长出能够引领未来经济发展的骨干企业，形成新的产业业态和经济增长点；创业群体高度活跃，以创业促进就业，提供更多高质量就业岗位；创新创业政策体系更加健全，服务体系更加完善，全社会创新创业文化氛围更加浓厚。

二、重点任务

（一）加快构建众创空间

总结推广创客空间、创业咖啡、创新工场等新型孵化模式，充分利用国家自主创新示范区、国家高新技术产业开发区、科技企业孵化器、小企业创业基地、大学科技园和高校、科研院所的有利条件，发挥行业领军企业、创业投资机构、社会组织等社会力量的主力军作用，构建一批低成本、便利化、全要素、开放式的众创空间。发挥政策集成和协同效应，实现创新与创业相结合、线上与线下相结合、孵化与投资相结合，为广大创新创业者提供良好的工作空间、网络空间、社交空间和资源共享空间。

（二）降低创新创业门槛

深化商事制度改革，针对众创空间等新型孵化机构集中办公等特点，鼓励各地结合实际，简化住所登记手续，采取一站式窗口、网上申报、多证联办等措施为创业企业工商注册提供便利。有条件的地方政府可对众创空间等新型孵化机构的房租、宽带接入费用和用于创业服务的公共软件、开发工具给予适当财政补贴，鼓励众创空间为创业者提供免费高带宽互联网接入服务。

（三）鼓励科技人员和大学生创业

加快推进中央级事业单位科技成果使用、处置和收益管理改革试点，完善科技人员创业股权激励机制。推进实施大学生创业引领计划，鼓励高校开发开设创新创业教育课程，建立健全大学生创业指导服务专门机构，加强大学生创业培训，整合发展国家和省级高校毕业生就业创业基金，为大学生创业提供场所、公共服务和资金支持，以创业带动就业。

（四）支持创新创业公共服务

综合运用政府购买服务、无偿资助、业务奖励等方式，支持中小企业公共服务平台和服务机构建设，为中小企业提供全方位专业化优质服务，支持服务机构为初创企业提供法律、知识产权、财务、咨询、检验检测认证和技术转移等服务，促进科技基础条件平台开放共享。加强电子商务基础建设，为创新创业搭建高效便利的服务平台，提高小微企业市场竞争力。完善专利审查快速通道，对小微企业亟须获得授权的核心专利申请予以优先审查。

（五）加强财政资金引导

通过中小企业发展专项资金，运用阶段参股、风险补助和投资保障等方式，引导创业投资机构投资于初创期科技型中小企业。发挥国家新兴产业创业投资引导基金对社会资本的带动作用，重点支持战略性新兴产业和高技术产业早中期、初创期创新型企业发展。发挥国家科技成果转化引导基金作用，综合运用设立创业投资子基金、贷款风险补偿、绩效奖励等方式，促进科技成果转移转化。发挥财政资金杠杆作用，通过市场机制引导社会资金和金融资本支持创业活动。发挥财税政策作用支持天使投资、创业投资发展，培育发展天使投资群体，推动大众创新创业。

（六）完善创业投融资机制

发挥多层次资本市场作用，为创新型企业提供综合金融服务。开展互联网股权众筹融资试点，增强众筹对大众创新创业的服务能力。规范和发展服务小微企业的区域性股权市场，促进科技初创企业融资，完善创业投资、天使投资退出和流转机制。鼓励银行业金融机构新设或改造部分分（支）行，作为从事科技型中小企业金融服务的专业或特色分（支）行，提供科技融资担保、知识产权质押、股权质押等方式的金融服务。

（七）丰富创新创业活动

鼓励社会力量围绕大众创业、万众创新组织开展各类公益活动。继续办好中国创新创业大赛、中国农业科技创新创业大赛等赛事活动，积极支持参与国际创新创业大赛，为投资机构与创新创业者提供对接平台。建立健全创业辅导制度，培育一批专业创业辅导师，鼓励拥有丰富经验和创业资源的企业家、天使投资人和专家学者担任创业导师或组成辅导团队。鼓励大企业建立服务大众创业的开放创新平台，支持社会力量举办创业沙龙、创业大讲堂、创业训练营等创业培训活动。

（八）营造创新创业文化氛围

积极倡导敢为人先、宽容失败的创新文化，树立崇尚创新、创业致富的价值导向，大力培育企业家精神和创客文化，将奇思妙想、创新创意转化为实实在在的创业活动。加强各类媒体对大众创新创业的新闻宣传和舆论引导，报道一批创新创业先进事迹，树立一批创新创业典型人物，让大众创业、万众创新在全社会蔚然成风。

三、组织实施

（一）加强组织领导

各地区、各部门要高度重视推进大众创新创业工作，切实抓紧抓好。各有关部门要按照职能分工，积极落实促进创新创业的各项政策措施。各地要加强对创新创业工作的组织领导，结合地方实际制定具体实施方案，明确工作部署，切实加大资金投入、政策支持和条件保障力度。

（二）加强示范引导

在国家自主创新示范区、国家高新技术产业开发区、小企业创业基地、大学科技园和其他有条件的地区开展创业示范工程。鼓励各地积极探索推进大众创新创业的新机制、新政策，不断完善创新创业服务体系，营造良好的创新创业环境。

（三）加强协调推进

科技部要加强与相关部门的工作协调，研究完善推进大众创新创业的政策措施，加强对发展众创空间的指导和支持。各地要做好大众创新创业政策落实情况调研、发展情况统计汇总等工作，及时报告有关进展情况。

国务院办公厅

2015 年 3 月 2 日

附录二 《国务院办公厅关于深化高等学校创新创业教育改革的实施意见》

国办发〔2015〕36号

各省、自治区、直辖市人民政府，国务院各部委、各直属机构：

深化高等学校创新创业教育改革，是国家实施创新驱动发展战略、促进经济提质增效升级的迫切需要，是推进高等教育综合改革、促进高校毕业生更高质量创业就业的重要举措。党的十八大对创新创业人才培养做出重要部署，国务院对加强创新创业教育提出明确要求。近年来，高校创新创业教育不断加强，取得了积极进展，对提高高等教育质量、促进学生全面发展、推动毕业生创业就业、服务国家现代化建设发挥了重要作用。但也存在一些不容忽视的突出问题，主要是一些地方和高校重视不够，创新创业教育理念滞后，与专业教育结合不紧，与实践脱节；教师开展创新创业教育的意识和能力欠缺，教学方式方法单一，针对性实效性不强；实践平台短缺，指导帮扶不到位，创新创业教育体系亟待健全。为了进一步推动大众创业、万众创新，经国务院同意，现就深化高校创新创业教育改革提出如下实施意见。

一、总体要求

（一）指导思想

全面贯彻党的教育方针，落实立德树人根本任务，坚持创新引领创业、创业带动就业，主动适应经济发展新常态，以推进素质教育为主题，以提高人才培养质量为核心，以创新人才培养机制为重点，以完善条件和政策保障为支撑，促进高等教育与科技、经济、社会紧密结合，加快培养规模宏大、富有创新精神、勇于投身实践的创新创业人才队伍，不断提高高等教育对稳增长促改革调结构惠民生的贡献度，为建设创新型国家、实现"两个一百年"奋斗目标和中华民族伟大复兴的中国梦提供强大的人才智力支撑。

（二）基本原则

坚持育人为本，提高培养质量。把深化高校创新创业教育改革作为推进高等教育综合改革的突破口，树立先进的创新创业教育理念，面向全体、分类施教、结合专业、强化实践，促进学生全面发展，提升人力资本素质，努力造就大众创业、万众创新的生力军。

坚持协同推进，汇聚培养合力。把坚持问题导向，补齐培养短板。把解决高校创新创业教育存在的突出问题作为深化高校创新创业教育改革的着力点，融入人才培养体系，丰富课程、创新教法、强化师资、改进帮扶，推进教学、科研、实践紧密结合，突破人才培养薄弱环节，增强学生的创新精神、创业意识和创新创业能力。完善高校创新创业教育体制机制作为深化高校创新创业教育改革的支撑点，集聚创新创业教育要素与资源，统一领导、齐抓共管、开放合作、全员参与，形成全社会关心支持创新创业教育和学生创新创业的良好生态环境。

（三）总体目标

2015年起全面深化高校创新创业教育改革。2017年取得重要进展，形成科学先进、广泛认同、具有中国特色的创新创业教育理念，形成一批可复制可推广的制度成果，普及创新创业教育，实现新一轮大学生创业引领计划预期目标。到2020年建立健全课堂教学、自主学习、结合实践、指导帮扶、文化引领融为一体的高校创新创业教育体系，人才培养质量显著提升，学生的创新精神、创业意识和创新创业能力明显增强，投身创业实践的学生显著增加。

二、主要任务和措施

（一）完善人才培养质量标准

制订实施本科专业类教学质量国家标准，修订实施高职高专专业教学标准和博士、硕士学位基本要求，明确本科、高职高专、研究生创新创业教育目标要求，使创新精神、创业意识和创新创业能力成为评价人才培养质量的重要指标。相关部门、科研院所、行业企业要制订专业人才评价标准，细化创新创业素质能力要求。不同层次、类型、区域高校要结合办学定位、服务面向和创新创业教育目标要求，制订专业教学质量标准，修订人才培养方案。

（二）创新人才培养机制

实施高校毕业生就业和重点产业人才供需年度报告制度，完善学科专业预警、退出管理办法，探索建立需求导向的学科专业结构和创业就业导向的人才培养类型结构调整新机制，促进人才培养与经济社会发展、创业就业需求紧密对接。深入实施系列"卓越计划"、科教结合协同育人行动计划等，多形式举办创新创业教育实验班，探索建立校校、校企、校地、校所及国际合作的协同育人新机制，积极吸引社会资源和国外优质教育资源投入创新创业人才培养。高校要打通一级学科或专业类下相近学科专业的基础课程，开设跨学科专业的交叉课程，探索建立跨院系、跨学科、跨专业交叉培养创新创业人才的新机制，促进人才培养由学科专业单一型向多学科融合型转变。

（三）健全创新创业教育课程体系

各高校要根据人才培养定位和创新创业教育目标要求，促进专业教育与创新创业教育有机融合，调整专业课程设置，挖掘和充实各类专业课程的创新创业教育资源，在传授专业知识过程中加强创新创业教育。面向全体学生开发开设研究方法、学科前沿、创业基础、就业创业指导等方面的必修课和选修课，纳入学分管理，建设依次递进、有机衔接、科学合理的创新创业教育专门课程群。各地区、各高校要加快创新创业教育优质课程信息化建设，推出一批资源共享的慕课、视频公开课等在线开放课程。建立在线开放课程学习认证和学分认定制度。组织学科带头人、行业企业优秀人才，联合编写具有科学性、先进性、适用性的创新创业教育重点教材。

（四）改革教学方法和考核方式

各高校要广泛开展启发式、讨论式、参与式教学，扩大小班化教学覆盖面，推动教师把国际前沿学术发展、最新研究成果和实践经验融入课堂教学，注重培养学生的批判性和创造性思维，激发创新创业灵感。运用大数据技术，掌握不同学生学习需求和规律，为学生自主学习提供更加丰富多样的教育资源。改革考试考核内容和方式，注重考查学生运用知识分析、解决问题的能力，探索非标准答案考试，破除"高分低能"积弊。

（五）强化创新创业实践

各高校要加强专业实验室、虚拟仿真实验室、创业实验室和训练中心建设，促进实验教学平台共享。各地区、各高校科技创新资源原则上向全体在校学生开放，开放情况纳入各类研究基地、重点实验室、科技园评估标准。鼓励各地区、各高校充分利用各种资源建设大学科技园、大学生创业园、创业孵化基地和小微企业创业基地，作为创业教育实践平台，建好一批大学生校外实践教育基地、创业示范基地、科技创业实习基地和职业院校实训基地。完善国家、地方、高校三级创新创业实训教学体系，深入实施大学生创新创业训练计划，扩大覆盖面，促进项目落地转化。举办全国大学生创新创业大赛，办好全国职业院校技能大赛，支持举办各类科技创新、创意设计、创业计划等专题竞赛。支持高校学生成立创新创业协会、创业俱乐部等社团，举办创新创业讲座论坛，开展创新创业实践。

（六）改革教学和学籍管理制度

各高校要设置合理的创新创业学分，建立创新创业学分积累与转换制度，探索将学生开展创新实验、发表论文、获得专利和自主创业等情况折算为学分，将学生参与课题研究、项目实验等活动认定为课堂学习。为有意愿有潜质的学生制定创新创业能力培养计划，建立创新创业档案和成绩单，客观记录并量化评价学生开展创新创业活动情况。优先支持参与创新创业的学生转入相关专业学习。实施弹性学制，放宽学生修业年限，允许调整学业进程、保留学籍休学创新创业。设立创新创业奖学金，并在现有相关评优评先项目中拿出一定比例用于表彰优秀创新创业的学生。

（七）加强教师创新创业教育教学能力建设

各地区、各高校要明确全体教师创新创业教育责任，完善专业技术职务评聘和绩效考核标准，加强创新创业教育的考核评价。配齐配强创新创业教育与创业就业指导专职教师队伍，并建立定期考核、淘汰制度。聘请知名科学家、创业成功者、企业家、风险投资人等各行各业优秀人才，担任专业课、创新创业课授课或指导教师，并制定兼职教师管理规范，形成全国万名优秀创新创业导师人才库。将提高高校教师创新创业教育的意识和能力作为岗前培训、课程轮训、骨干研修的重要内容，建立相关专业教师、创新创业教育专职教师到行业企业挂职锻炼制度。加快完善高校科技成果处置和收益分配机制，支持教师以对外转让、合作转化、作价入股、自主创业等形式将科技成果产业化，并鼓励带领学生创新创业。

（八）改进学生创业指导服务

各地区、各高校要建立健全学生创业指导服务专门机构，做到"机构、人员、场地、经费"四到位，对自主创业学生实行持续帮扶、全程指导、一站式服务。健全持续化信息服务制度，完善全国大学生创业服务网功能，建立地方、高校两级信息服务平台，为学生实时提供国家政策、市场动向等信息，并做好创业项目对接、知识产权交易等服务。各地区、各有关部门要积极落实高校学生创业培训政策，研发适合学生特点的创业培训课程，建设网络培训平台。鼓励高校自主编制专项培训计划，或与有条件的教育培训机构、行业协会、群团组织、企业联合开发创业培训项目。各地区和具备条件的行业协会要针对区域需求、行业发展，发布创业项目指南，引导高校学生识别创业机会、捕捉创业商机。

（九）完善创新创业资金支持和政策保障体系

各地区、各有关部门要整合发展财政和社会资金，支持高校学生创新创业活动。各高校要优化经费支出结构，多渠道统筹安排资金，支持创新创业教育教学，资助学生创新创业项目。部委属高校应按规定使用中央高校基本科研业务费，积极支持品学兼优且具有较强科研潜质的在校学生开展创新科研工作。中国教育发展基金会设立大学生创新创业教育奖励基金，用于奖励对创新创业教育做出贡献的单位。鼓励社会组织、公益团体、企事业单位和个人设立大学生创业风险基金，以多种形式向自主创业大学生提供资金支持，提高扶持资金使用效益。深入实施新一轮大学生创业引领计划，落实各项扶持政策和服务措施，重点支持大学生到新兴产业创业。有关部门要加快制定有利于互联网创业的扶持政策。

三、加强组织领导

（一）健全体制机制

各地区、各高校要把深化高校创新创业教育改革作为"培养什么人，怎样培养人"的重要任务摆在突出位置，加强指导管理与监督评价，统筹推进本地本校创新创业教育工作。各地区要成立创新创业教育专家指导委员会，开展高校创新创业教育的研究、咨询、指导和服务。各高校要落实创新创业教育主体责任，把创新创业教育纳入改革发展重要议事日程，成立由校长任组长、分管校领导任副组长、有关部门负责人参加的创新创业教育工作领导小组，建立教务部门牵头，学生工作、团委等部门齐抓共管的创新创业教育工作机制。

（二）细化实施方案

各地区、各高校要结合实际制定深化本地本校创新创业教育改革的实施方案，明确责任分工。教育部属高校需将实施方案报教育部备案，其他高校需报学校所在地省级教育部门和主管部门备案，备案后向社会公布。

（三）强化督导落实

教育部门要把创新创业教育质量作为衡量办学水平、考核领导班子的重要指标，纳入高校教育教学评估指标体系和学科评估指标体系，引入第三方评估。把创新创业教育相关情况列入本科、高职高专、研究生教学质量年度报告和毕业生就业质量年度报告重点内容，接受社会监督。

（四）加强宣传引导

各地区、各有关部门以及各高校要大力宣传加强高校创新创业教育的必要性、紧迫性、重要性，使创新创业成为管理者办学、教师教学、学生求学的理性认知与行动自觉。及时总结推广各地各高校的好经验好做法，选树学生创新创业成功典型，丰富宣传形式，培育创客文化，努力营造敢为人先、敢冒风险、宽容失败的氛围环境。

国务院办公厅

2015 年 5 月 4 日

附录三 《教育部办公厅关于开展全国高校创新创业总结宣传工作的通知》

各省、自治区、直辖市教育厅（教委），有关省、自治区人力资源和社会保障厅，部属各高等学校：

为贯彻落实《国务院办公厅关于深化高等学校创新创业教育改革的实施意见》（国办发〔2015〕36号），着力推动全国普通高等学校进一步深化创新创业教育改革，有效促进以创新引领创业、创业带动就业，我部决定自2016年起将原全国高校毕业生就业总结宣传工作调整为全国高校创新创业总结宣传工作，着重总结并宣传推广创新创业典型经验高校在创新创业人才培养、创业指导服务及高质量创业就业方面的典型做法和特色经验，积极发挥创新创业典型高校的示范引领作用。现将有关事项和要求通知如下：

1. 各地各高校要深刻领会习近平总书记、李克强总理等中央领导同志就做好大学生创新创业工作做出的一系列重要指示精神，充分认识做好大学生创新创业工作的重要性，以创新创业教育改革为深化高等教育综合改革的突破口，以高校创新创业总结宣传工作为着力点，不断深化高校创新创业改革，增强学生创新精神、创业意识和创造能力，推动毕业生更高质量创业就业，开创大学生创业和以创业带动就业工作新局面。

2. 全国高校创新创业总结宣传工作由教育部高校学生司指导，全国高等学校学生信息咨询与就业指导中心具体组织实施。

3. 请各地各高校加强组织领导，按照《全国高校创新创业总结宣传工作实施方案》和有关通知要求，认真做好相关工作。各年度工作安排由全国高等学校学生信息咨询与就业指导中心另行通知。

附件：全国高校创新创业总结宣传工作实施方案

教育部办公厅

2016年1月18日

附件：全国高校创新创业总结宣传工作实施方案

全国高校创新创业总结宣传工作是新形势下按照部党组有关部署，由原高校毕业生就业总结宣传工作转换而成，以总结推广高校在创新创业人才培养、创业指导服务及高质量创业就业等方面的典型经验为主要内容。为切实推进高校创新创业教育改革，鼓励支持大学生自主创业，建立健全高校创新创业指导服务体系，有效做好全国高校创新创业总结宣传工作，特制定本方案。具体内容如下：

一、组织领导

教育部高校毕业生就业总结宣传工作领导小组统筹领导，高校学生司指导，全国高等学校学生信息咨询与就业指导中心（以下简称"全国就业指导中心"）具体实施。

由省、自治区、直辖市毕业生就业工作部门统筹，组织推荐辖区内的部属高校、省属本科院校和高职高专院校参加年度总结宣传工作。

由省市相关工作部门负责人、高校创新创业工作主管领导、有关研究机构及行业企业专家组成专家组，承担创新创业总结宣传工作总结材料审读和实地调研等工作。

引入第三方社会评价机制，由专业调查机构负责进行学校创新创业教育及创业指导服务的满意度调查工作。

由全国就业指导中心负责组织专家，根据工作需要制定并适时调整《全国高校创新创业总结宣传工作学校总结内容提要》。如本方案在工作中需要调整，需报领导小组同意后修订、实行。

二、工作原则

（一）求真务实，严谨高效。严守工作程序，严防弄虚作假，确保典型经验的真实性。积极运用信息技术手段和现代统计分析方法，不断提升工作的科学化、专业化水平。

（二）分类指导，合理布局。根据不同地区、不同类型、不同层次高校的不同特点，分类推介高校及其典型经验。

（三）实绩优先，加强宣传。以开展创业指导服务取得的工作实绩及形成的富有成效的经验为基础，总结凝练和推广宣传能够起到示范、引领作用的典型经验和特色做法。

三、组织实施

（一）工作安排

全国高校创新创业总结宣传工作每年总结推荐 50 所"全国创新创业典型经验高校"的典型经验，工作周期四年。总结宣传工作各年度具体工作安排和要求、各环节工作信息将由全国就业指导中心通过全国大学生创业服务网的"高校毕业生总结宣传工作网"（http：//zjxc.cy.ncss.org.cn/）发布。

（二）工作流程

全国高校创新创业总结宣传工作的组织实施分为学校总结、推荐申报、专家初选、社会调查、实地调研、推广宣传等六个阶段。

1.学校总结。坚持自愿参加的原则。高校（指部委属、省属及其他属普通高等学校）按要求总结归纳本校相关工作，自愿向所在省市毕业生就业工作部门提出申请。

2.推荐申报。由省、直辖市、自治区高校毕业生就业工作部门统筹，对申请高校材料进行初步审核，按不超过本辖区内普通高等学校总数5%的比例，向全国就业指导中心进行推荐申报。

3.专家初选。由全国就业指导中心组织专家对各高校申报材料进行审读，得出专家审读意见。

4.社会调查。由全国就业指导中心联合第三方社会专业调查机构，对申报推荐的高校实施学生满意度调查，调查重点是学生对本校创新创业教育及创业指导服务等工作的满意度。

5.实地调研。依据社会调查与专家初选结果，全国就业指导中心组织专家对候选高校开展实地调研，考察创新创业开展情况及创业工作成效，总结凝练创新创业工作特色和经验。

6.推广宣传。对经领导小组审议确定的年度50所创新创业典型经验高校，由全国就业指导中心统筹，各省级毕业生就业工作部门及有关高校积极参与，通过媒体专题系列宣传、举办多种形式经验交流活动、编入培训教材、凝练经典案例、编纂经验汇编等宣传形式，积极宣传典型经验高校的经验做法，引导高校不断深化创新创业改革，建立健全课堂教学、自主学习、结合实践、指导帮扶、文化引领融为一体的高校创新创业体系，有效促进高校毕业生更高质量创业就业。

附录四 《国务院办公厅关于加快众创空间发展服务实体经济转型升级的指导意见》

国办发〔2016〕7号

各省、自治区、直辖市人民政府，国务院各部委、各直属机构：

推进大众创业万众创新是增强发展新动能、促进社会就业、提高发展质量效益的重要途径，是实施创新驱动发展战略的重要支撑，国务院陆续出台了一系列重要支持政策和举措，为经济平稳较快发展发挥了关键作用。当前，全国各地涌现出一批有亮点、有潜力、有特色的众创空间，已经成为大众创业万众创新的重要阵地和创新创业者的聚集地，呈现蓬勃发展的良好势头。为充分发挥各类创新主体的积极性和创造性，发挥科技创新的引领和驱动作用，紧密对接实体经济，有效支撑我国经济结构调整和产业转型升级，需要继续推动众创空间向纵深发展，在制造业、现代服务业等重点产业领域强化企业、科研机构和高校的协同创新，加快建设一批众创空间。经国务院同意，现就加快众创空间发展提出以下意见。

一、总体要求和基本原则

（一）总体要求

促进众创空间专业化发展，为实施创新驱动发展战略、推进大众创业万众创新提供低成本、全方位、专业化服务，更大释放全社会创新创业活力，加快科技成果向现实生产力转化，增强实体经济发展新动能。通过龙头企业、中小微企业、科研院所、高校、创客等多方协同，打造产学研用紧密结合的众创空间，吸引更多科技人员投身科技型创新创业，促进人才、技术、资本等各类创新要素的高效配置和有效集成，推进产业链创新链深度融合，不断提升服务创新创业的能力和水平。

一是配套支持全程化。通过为创新创业者提供工业设计、检验检测、模型加工、知识产权、专利标准、中试生产、产品推广等研发、制造、销售相关服务，实现产业链资源开放共享和高效配置。

二是创新服务个性化。通过整合专业领域的技术、设备、信息、资本、市场、人力等资源，为创新创业者提供更高端、更具专业特色和定制化的增值服务。

三是创业辅导专业化。通过凝聚一批熟悉产业领域的创业导师和培训机构，开展创业培训，举办各类创业活动，为创新创业者提供更加适合产业特点的创业辅导服务，提高创新创业者的专业素质和能力，培养更多适应经济转型升级的创新人才。

（二）基本原则

一是坚持发挥市场配置资源的决定性作用。要充分利用互联网等新一代信息技术，向创业者开放创新资源，降低创新创业成本，加强创新链与产业链、资金链的对接，让市场对科技成果做出评价。

二是坚持科技创新的引领作用。要以科技成果转移转化为重点，扩大"双创"的源头供给，推动科技型创新创业，使科技人员成为创新创业的主力军。

三是坚持服务和支撑实体经济发展。要与"互联网＋"行动计划、"中国制造2025"、大数据发展行动等相结合，促进龙头骨干企业在研发、生产、营销、服务、管理等方面改革创新，加快发展"制造＋服务"的智能工厂模式，培育更多富有活力的中小微企业，为经济发展注入新技术、新装备、新模式，培育新业态，催生新产业。

二、重点任务

（三）在重点产业领域发展众创空间。重点在电子信息、生物技术、现代农业、高端装备制造、新能源、新材料、节能环保、医药卫生、文化创意和现代服务业等产业领域先行先试，针对产业需求和行业共性技术难点，在细分领域建设众创空间。

（四）鼓励龙头骨干企业围绕主营业务方向建设众创空间。按照市场机制与其他创业主体协同聚集，优化配置技术、装备、资本、市场等创新资源，实现与中小微企业、高校、科研院所和各类创客群体有机结合，有效发挥引领带动作用，形成以龙头骨干企业为核心、高校院所积极参与、辐射带动中小微企业成长发展的产业创新生态群落。

（五）鼓励科研院所、高校围绕优势专业领域建设众创空间。发挥科研设施、专业团队、技术积累等优势，充分利用大学科技园、工程（技术）研究中心、重点实验室、工程实验室等创新载体，建设以科技人员为核心、以成果转移转化为主要内容的众创空间，通过聚集高端创新资源，增加源头技术创新有效供给，为科技型创新创业提供专业化服务。

（六）建设一批国家级创新平台和双创基地。依托国家自主创新示范区、国家高新技术产业开发区等试点建设一批国家级创新平台，推动各地发展各具特色的双创基地。国家高新技术产业开发区、国家级经济技术开发区、国家现代农业示范区、农业科技园区等要结合国家战略布局和当地产业发展实际，发挥重点区域创新创业要素集聚优势，打造一批具有当地特色的众创空间，与科技企业孵化器、加速器及产业园等共同形成创新创业生态体系。

（七）加强众创空间的国际合作。鼓励龙头骨干企业、高校、科研院所与国外先进创业孵化机构开展对接合作，共同建立高水平的众创空间，鼓励龙头骨干企业与国外创业孵化机构合作建立投资基金。支持众创空间引进国际先进的创业孵化理念，吸纳、整合和利用国外技术、资本和市场等资源，提升众创空间发展的国际化水平。大力吸引和支持港澳台科技人员以及海归人才、外国人才到众创空间创新创业，在居住、工作许可、居留等方面提供便利条件。

三、加大政策支持力度

充分利用现有创新政策工具，挖掘已有政策潜力，加大政策落实力度，形成支持众创空间发展的政策体系。

（八）实行奖励和补助政策。有条件的地方要综合运用无偿资助、业务奖励等方式，对众创空间的办公用房、用水、用能、网络等软硬件设施给予补助。支持国家科技基础条件平台为符合条件的众创空间提供服务。符合条件的众创空间可以申报承担国家科技计划项目。发挥财政资金的杠杆作用，采用市场机制引导社会资金和金融资本进入技术创新领域，支持包括中国创新创业大赛优胜项目在内的创新创业项目和团队，推动众创空间发展。

（九）落实促进创新的税收政策。众创空间的研发仪器设备符合相关规定条件的，可按照税收有关规定适用加速折旧政策；进口科研仪器设备符合规定条件的，适用进口税收优惠政策。众创空间发生的研发费用，企业和高校院所委托众创空间开展研发活动以及小微企业受委托或自身开展研发活动发生的研发费用，符合规定条件的可适用研发费用税前加计扣除政策。研究完善科技企业孵化器税收政策，符合规定条件的众创空间可适用科技企业孵化器税收政策。

（十）引导金融资本支持。引导和鼓励各类天使投资、创业投资等与众创空间相结合，完善投融资模式。鼓励天使投资群体、创业投资基金入驻众创空间和双创基地开展业务。鼓励国家自主创新示范区、国家高新技术产业开发区设立天使投资基金，支持众创空间发展。选择符合条件的银行业金融机构，在试点地区探索为众创空间内企业创新活动提供股权和债权相结合的融资服务，与创业投资、股权投资机构试点投贷联动。支持众创空间内科技创业企业通过资本市场进行融资。

（十一）支持科技人员到众创空间创新创业。高校、科研院所要按照《中华人民共和国促进科技成果转化法》有关规定，落实科技成果使用权、处置权和收益权政策。对本单位科研人员带项目和成果到众创空间创新创业的，经原单位同意，可在3年内保留人事关系，与原单位其他在岗人员同等享有参加职称评聘、岗位等级晋升和社会保障等方面的权利。探索完善众创空间中创新成果收益分配制度。对高校、科研院所的创业项目知识产权申请、转化和运用，按照国家有关政策给予支持。进一步改革科研项目和资金管理使用制度，使之更有利于激发广大科研人员的创造性和转化成果的积极性。

（十二）调动企业参与众创空间建设的积极性。企业建设众创空间的投入符合相关规定条件的，可享受研发费用加计扣除政策。国有企业对众创空间投入较大且符合有关规定的，可以适用有关科技创新考核政策。充分利用淘汰落后产能、处置"僵尸企业"过程中形成的闲置厂房、空余仓库以及生产设施，改造建设众创空间，鼓励企业通过集众智、汇众力等开放式创新，吸纳科技人员创业，创造就业岗位，实现转型发展。

（十三）促进军民技术双向转化。大力推动军民标准通用化，引导民用领域知识产权在国防和军队建设领域运用。军工技术向民用转移中的二次开发费用，符合相关规定条件的可以适用研发费用加计扣除政策。在符合保密规定的前提下，对向众创空间开放共享的专用设备、实验室等军工设施，按照国家统一政策，根据服务绩效探索建立后补助机制，促进军民创新资源融合共享。

四、组织实施

（十四）加强组织领导。各有关部门和各省（区、市）要加强对众创空间建设的宏观指导和工作协调，结合行业和地方发展实际，推进各具特色的众创空间建设和发展。加强对众创空间发展情况的监测、统计和评估。建立统一的政策信息发布平台。各地区各部门对众创空间等平台的扶持情况要上网公示，做到公开透明，避免多头重复支持。

（十五）加强示范引导。鼓励各地、各类主体积极探索支持众创空间发展的新政策、新机制和新模式，不断完善创新创业服务体系，持续提高创新创业服务能力。国家自主创新示范区、国家高新技术产业开发区等创新要素集聚区域的管理部门要率先行动起来，主动做好服务，为众创空间的专业化发展创造条件，开展先行先试，做出引领示范。

（十六）加强分类指导。要根据战略性新兴产业发展和传统产业升级的具体需求，聚焦重点领域和关键环节，采取有针对性的政策措施，实现重点突破，增强示范带动效应。要统筹考虑各地区经济发展、科技资源条件等实际情况，因地制宜推进众创空间在不同区域的建设和发展。

（十七）加强宣传推广。及时总结和交流众创空间建设的做法和经验，对模式新颖、绩效突出的案例进行宣传推广，树立品牌，扩大影响。对众创空间和中国创新创业大赛中涌现出来的优秀创业项目、创业人物加大宣传报道力度，在全社会弘扬创新创业文化，激发创新创业热情。

国务院办公厅

2016 年 2 月 14 日

附
录

附录五 《国务院办公厅关于加快众创空间发展服务实体经济转型升级的指导意见》

国办发〔2016〕7号

各省、自治区、直辖市人民政府，国务院各部委、各直属机构：

推进大众创业万众创新是增强发展新动能、促进社会就业、提高发展质量效益的重要途径，是实施创新驱动发展战略的重要支撑，国务院陆续出台了一系列重要支持政策和举措，为经济平稳较快发展发挥了关键作用。当前，全国各地涌现出一批有亮点、有潜力、有特色的众创空间，已经成为大众创业万众创新的重要阵地和创新创业者的聚集地，呈现蓬勃发展的良好势头。为充分发挥各类创新主体的积极性和创造性，发挥科技创新的引领和驱动作用，紧密对接实体经济，有效支撑我国经济结构调整和产业转型升级，需要继续推动众创空间向纵深发展，在制造业、现代服务业等重点产业领域强化企业、科研机构和高校的协同创新，加快建设一批众创空间。经国务院同意，现就加快众创空间发展提出以下意见。

一、总体要求和基本原则

（一）总体要求。

促进众创空间专业化发展，为实施创新驱动发展战略、推进大众创业万众创新提供低成本、全方位、专业化服务，更大释放全社会创新创业活力，加快科技成果向现实生产力转化，增强实体经济发展新动能。通过龙头企业、中小微企业、科研院所、高校、创客等多方协同，打造产学研用紧密结合的众创空间，吸引更多科技人员投身科技型创新创业，促进人才、技术、资本等各类创新要素的高效配置和有效集成，推进产业链创新链深度融合，不断提升服务创新创业的能力和水平。

一是配套支持全程化。通过为创新创业者提供工业设计、检验检测、模型加工、知识产权、专利标准、中试生产、产品推广等研发、制造、销售相关服务，实现产业链资源开放共享和高效配置。

二是创新服务个性化。通过整合专业领域的技术、设备、信息、资本、市场、人力等资源，为创新创业者提供更高端、更具专业特色和定制化的增值服务。

三是创业辅导专业化。通过凝聚一批熟悉产业领域的创业导师和培训机构，开展创业培训，举办各类创业活动，为创新创业者提供更加适合产业特点的创业辅导服务，提高创新创业者的专业素质和能力，培养更多适应经济转型升级的创新人才。

（二）基本原则。

一是坚持发挥市场配置资源的决定性作用。要充分利用互联网等新一代信息技术，向创业者开放创新资源，降低创新创业成本，加强创新链与产业链、资金链的对接，让市场对科技成果做出评价。

二是坚持科技创新的引领作用。要以科技成果转移转化为重点，扩大"双创"的源头供给，推动科技型创新创业，使科技人员成为创新创业的主力军。

三是坚持服务和支撑实体经济发展。要与"互联网＋"行动计划、"中国制造2025"、大数据发展行动等相结合，促进龙头骨干企业在研发、生产、营销、服务、管理等方面改革创新，加快发展"制造＋服务"的智能工厂模式，培育更多富有活力的中小微企业，为经济发展注入新技术、新装备、新模式，培育新业态，催生新产业。

二、重点任务

（三）在重点产业领域发展众创空间。重点在电子信息、生物技术、现代农业、高端装备制造、新能源、新材料、节能环保、医药卫生、文化创意和现代服务业等产业领域先行先试，针对产业需求和行业共性技术难点，在细分领域建设众创空间。

（四）鼓励龙头骨干企业围绕主营业务方向建设众创空间。按照市场机制与其他创业主体协同聚集，优化配置技术、装备、资本、市场等创新资源，实现与中小微企业、高校、科研院所和各类创客群体有机结合，有效发挥引领带动作用，形成以龙头骨干企业为核心、高校院所积极参与、辐射带动中小微企业成长发展的产业创新生态群落。

（五）鼓励科研院所、高校围绕优势专业领域建设众创空间。发挥科研设施、专业团队、技术积累等优势，充分利用大学科技园、工程（技术）研究中心、重点实验室、工程实验室等创新载体，建设以科技人员为核心、以成果转移转化为主要内容的众创空间，通过聚集高端创新资源，增加源头技术创新有效供给，为科技型创新创业提供专业化服务。

（六）建设一批国家级创新平台和双创基地。依托国家自主创新示范区、国家高新技术产业开发区等试点建设一批国家级创新平台，推动各地发展各具特色的双创基地。国家高新技术产业开发区、国家级经济技术开发区、国家现代农业示范区、农业科技园区等要结合国家战略布局和当地产业发展实际，发挥重点区域创新创业要素集聚优势，打造一批具有当地特色的众创空间，与科技企业孵化器、加速器及产业园等共同形成创新创业生态体系。

（七）加强众创空间的国际合作。鼓励龙头骨干企业、高校、科研院所与国外先进创业孵化机构开展对接合作，共同建立高水平的众创空间，鼓励龙头骨干企业与国外创业孵化机构合作建立投资基金。支持众创空间引进国际先进的创业孵化理念，吸纳、整合和利用国外技术、资本和市场等资源，提升众创空间发展的国际化水平。大力吸引和支持港澳台科技人员以及海归人才、外国人才到众创空间创新创业，在居住、工作许可、居留等方面提供便利条件。

三、加大政策支持力度

充分利用现有创新政策工具，挖掘已有政策潜力，加大政策落实力度，形成支持众创空间发展的政策体系。

（八）实行奖励和补助政策。有条件的地方要综合运用无偿资助、业务奖励等方式，对众创空间的办公用房、用水、用能、网络等软硬件设施给予补助。支持国家科技基础条件平台为符合条件的众创空间提供服务。符合条件的众创空间可以申报承担国家科技计划项目。发挥财政资金的杠杆作用，采用市场机制引导社会资金和金融资本进入技术创新领域，支持包括中国创新创业大赛优胜项目在内的创新创业项目和团队，推动众创空间发展。

（九）落实促进创新的税收政策。众创空间的研发仪器设备符合相关规定条件的，可按照税收有关规定适用加速折旧政策；进口科研仪器设备符合规定条件的，适用进口税收优惠政策。众创空间发生的研发费用，企业和高校院所委托众创空间开展研发活动以及小微企业受委托或自身开展研发活动发生的研发费用，符合规定条件的可适用研发费用税前加计扣除政策。研究完善科技企业孵化器税收政策，符合规定条件的众创空间可适用科技企业孵化器税收政策。

（十）引导金融资本支持。引导和鼓励各类天使投资、创业投资等与众创空间相结合，完善投融资模式。鼓励天使投资群体、创业投资基金入驻众创空间和双创基地开展业务。鼓励国家自主创新示范区、国家高新技术产业开发区设立天使投资基金，支持众创空间发展。选择符合条件的银行业金融机构，在试点地区探索为众创空间内企业创新活动提供股权和债权相结合的融资服务，与创业投资、股权投资机构试点投贷联动。支持众创空间内科技创业企业通过资本市场进行融资。

（十一）支持科技人员到众创空间创新创业。高校、科研院所要按照《中华人民共和国促进科技成果转化法》有关规定，落实科技成果使用权、处置权和收益权政策。对本单位科研人员带项目和成果到众创空间创新创业的，经原单位同意，可在 3 年内保留人事关系，与原单位其他在岗人员同等享有参加职称评聘、岗位等级晋升和社会保障等方面的权利。探索完善众创空间中创新成果收益分配制度。对高校、科研院所的创业项目知识产权申请、转化和运用，按照国家有关政策给予支持。进一步改革科研项目和资金管理使用制度，使之更有利于激发广大科研人员的创造性和转化成果的积极性。

（十二）调动企业参与众创空间建设的积极性。企业建设众创空间的投入符合相关规定条件的，可享受研发费用加计扣除政策。国有企业对众创空间投入较大且符合有关规定的，可以适用有关科技创新考核政策。充分利用淘汰落后产能、处置"僵尸企业"过程中形成的闲置厂房、空余仓库以及生产设施，改造建设众创空间，鼓励企业通过集众智、汇众力等开放式创新，吸纳科技人员创业，创造就业岗位，实现转型发展。

（十三）促进军民技术双向转化。大力推动军民标准通用化，引导民用领域知识产权在国防和军队建设领域运用。军工技术向民用转移中的二次开发费用，符合相关规定条件的可以适用研发费用加计扣除政策。在符合保密规定的前提下，对向众创空间开放共享的专用设备、实验室等军工设施，按照国家统一政策，根据服务绩效探索建立后补助机制，促进军民创新资源融合共享。

四、组织实施

（十四）加强组织领导。各有关部门和各省（区、市）要加强对众创空间建设的宏观指导和工作协调，结合行业和地方发展实际，推进各具特色的众创空间建设和发展。加强对众创空间发展情况的监测、统计和评估。建立统一的政策信息发布平台。各地区各部门对众创空间等平台的扶持情况要上网公示，做到公开透明，避免多头重复支持。

（十五）加强示范引导。鼓励各地、各类主体积极探索支持众创空间发展的新政策、新机制和新模式，不断完善创新创业服务体系，持续提高创新创业服务能力。国家自主创新示范区、国家高新技术产业开发区等创新要素集聚区域的管理部门要率先行动起来，主动做好服务，为众创空间的专业化发展创造条件，开展先行先试，做出引领示范。

（十六）加强分类指导。要根据战略性新兴产业发展和传统产业升级的具体需求，聚焦重点领域和关键环节，采取有针对性的政策措施，实现重点突破，增强示范带动效应。要统筹考虑各地区经济发展、科技资源条件等实际情况，因地制宜推进众创空间在不同区域的建设和发展。

（十七）加强宣传推广。及时总结和交流众创空间建设的做法和经验，对模式新颖、绩效突出的案例进行宣传推广，树立品牌，扩大影响。对众创空间和中国创新创业大赛中涌现出来的优秀创业项目、创业人物加大宣传报道力度，在全社会弘扬创新创业文化，激发创新创业热情。

国务院办公厅

2016 年 2 月 14 日

附录六 《国务院关于大力推进大众创业万众创新若干政策措施的意见》

国发〔2015〕32号

各省、自治区、直辖市人民政府，国务院各部委、各直属机构：

推进大众创业、万众创新，是发展的动力之源，也是富民之道、公平之计、强国之策，对于推动经济结构调整、打造发展新引擎、增强发展新动力、走创新驱动发展道路具有重要意义，是稳增长、扩就业、激发亿万群众智慧和创造力，促进社会纵向流动、公平正义的重大举措。根据2015年《政府工作报告》部署，为改革完善相关体制机制，构建普惠性政策扶持体系，推动资金链引导创业创新链、创业创新链支持产业链、产业链带动就业链，现提出以下意见。

一、充分认识推进大众创业、万众创新的重要意义

——推进大众创业、万众创新，是培育和催生经济社会发展新动力的必然选择。随着我国资源环境约束日益强化，要素的规模驱动力逐步减弱，传统的高投入、高消耗、粗放式发展方式难以为继，经济发展进入新常态，需要从要素驱动、投资驱动转向创新驱动。推进大众创业、万众创新，就是要通过结构性改革、体制机制创新，消除不利于创业创新发展的各种制度束缚和桎梏，支持各类市场主体不断开办新企业、开发新产品、开拓新市场，培育新兴产业，形成小企业"铺天盖地"、大企业"顶天立地"的发展格局，实现创新驱动发展，打造新引擎、形成新动力。

——推进大众创业、万众创新，是扩大就业、实现富民之道的根本举措。我国有13亿多人口、9亿多劳动力，每年高校毕业生、农村转移劳动力、城镇困难人员、退役军人数量较大，人力资源转化为人力资本的潜力巨大，但就业总量压力较大，结构性矛盾凸显。推进大众创业、万众创新，就是要通过转变政府职能、建设服务型政府，营造公平竞争的创业环境，使有梦想、有意愿、有能力的科技人员、高校毕业生、农民工、退役军人、失业人员等各类市场创业主体"如鱼得水"，通过创业增加收入，让更多的人富起来，促进收入分配结构调整，实现创新支持创业、创业带动就业的良性互动发展。

——推进大众创业、万众创新，是激发全社会创新潜能和创业活力的有效途径。目前，我国创业创新理念还没有深入人心，创业教育培训体系还不健全，善于创造、勇于创业的能力不足，鼓励创新、宽容失败的良好环境尚未形成。推进大众创业、万众创

新，就是要通过加强全社会以创新为核心的创业教育，弘扬"敢为人先、追求创新、百折不挠"的创业精神，厚植创新文化，不断增强创业创新意识，使创业创新成为全社会共同的价值追求和行为习惯。

二、总体思路

按照"四个全面"战略布局，坚持改革推动，加快实施创新驱动发展战略，充分发挥市场在资源配置中的决定性作用和更好发挥政府作用，加大简政放权力度，放宽政策、放开市场、放活主体，形成有利于创业创新的良好氛围，让千千万万创业者活跃起来，汇聚成经济社会发展的巨大动能。不断完善体制机制、健全普惠性政策措施，加强统筹协调，构建有利于大众创业、万众创新蓬勃发展的政策环境、制度环境和公共服务体系，以创业带动就业、创新促进发展。

——坚持深化改革，营造创业环境。通过结构性改革和创新，进一步简政放权、放管结合、优化服务，增强创业创新制度供给，完善相关法律法规、扶持政策和激励措施，营造均等普惠环境，推动社会纵向流动。

——坚持需求导向，释放创业活力。尊重创业创新规律，坚持以人为本，切实解决创业者面临的资金需求、市场信息、政策扶持、技术支撑、公共服务等瓶颈问题，最大限度释放各类市场主体创业创新活力，开辟就业新空间，拓展发展新天地，解放和发展生产力。

——坚持政策协同，实现落地生根。加强创业、创新、就业等各类政策统筹，部门与地方政策联动，确保创业扶持政策可操作、能落地。鼓励有条件的地区先行先试，探索形成可复制、可推广的创业创新经验。

——坚持开放共享，推动模式创新。加强创业创新公共服务资源开放共享，整合利用全球创业创新资源，实现人才等创业创新要素跨地区、跨行业自由流动。依托"互联网+"、大数据等，推动各行业创新商业模式，建立和完善线上与线下、境内与境外、政府与市场开放合作等创业创新机制。

三、创新体制机制，实现创业便利化

（一）完善公平竞争市场环境。进一步转变政府职能，增加公共产品和服务供给，为创业者提供更多机会。逐步清理并废除妨碍创业发展的制度和规定，打破地方保护主义。加快出台公平竞争审查制度，建立统一透明、有序规范的市场环境。依法反垄断和反不正当竞争，消除不利于创业创新发展的垄断协议和滥用市场支配地位以及其他不正当竞争行为。清理规范涉企收费项目，完善收费目录管理制度，制定事中事后监管办法。建立和规范企业信用信息发布制度，制定严重违法企业名单管理办法，把创业主体信用与市场准入、享受优惠政策挂钩，完善以信用管理为基础的创业创新监管模式。

（二）深化商事制度改革。加快实施工商营业执照、组织机构代码证、税务登记证"三证合一"、"一照一码"，落实"先照后证"改革，推进全程电子化登记和电子营业执照应用。支持各地结合实际放宽新注册企业场所登记条件限制，推动"一址多照"、集群注册等住所登记改革，为创业创新提供便利的工商登记服务。建立市场准入等负面清单，破除不合理的行业准入限制。开展企业简易注销试点，建立便捷的市场退出机制。依托企业信用信息公示系统建立小微企业名录，增强创业企业信息透明度。

（三）加强创业知识产权保护。研究商业模式等新形态创新成果的知识产权保护办法。积极推进知识产权交易，加快建立全国知识产权运营公共服务平台。完善知识产权快速维权与维权援助机制，缩短确权审查、侵权处理周期。集中查处一批侵犯知识产权的大案要案，加大对反复侵权、恶意侵权等行为的处罚力度，探索实施惩罚性赔偿制度。完善权利人维权机制，合理划分权利人举证责任，完善行政调解等非诉讼纠纷解决途径。

（四）健全创业人才培养与流动机制。把创业精神培育和创业素质教育纳入国民教育体系，实现全社会创业教育和培训制度化、体系化。加快完善创业课程设置，加强创业实训体系建设。加强创业创新知识普及教育，使大众创业、万众创新深入人心。加强创业导师队伍建设，提高创业服务水平。加快推进社会保障制度改革，破除人才自由流动制度障碍，实现党政机关、企事业单位、社会各方面人才顺畅流动。加快建立创业创新绩效评价机制，让一批富有创业精神、勇于承担风险的人才脱颖而出。

四、优化财税政策，强化创业扶持

（五）加大财政资金支持和统筹力度。各级财政要根据创业创新需要，统筹安排各类支持小微企业和创业创新的资金，加大对创业创新支持力度，强化资金预算执行和监管，加强资金使用绩效评价。支持有条件的地方政府设立创业基金，扶持创业创新发展。在确保公平竞争前提下，鼓励对众创空间等孵化机构的办公用房、用水、用能、网络等软硬件设施给予适当优惠，减轻创业者负担。

（六）完善普惠性税收措施。落实扶持小微企业发展的各项税收优惠政策。落实科技企业孵化器、大学科技园、研发费用加计扣除、固定资产加速折旧等税收优惠政策。对符合条件的众创空间等新型孵化机构适用科技企业孵化器税收优惠政策。按照税制改革方向和要求，对包括天使投资在内的投向种子期、初创期等创新活动的投资，统筹研究相关税收支持政策。修订完善高新技术企业认定办法，完善创业投资企业享受70%应纳税所得额税收抵免政策。抓紧推广中关村国家自主创新示范区税收试点政策，将企业转增股本分期缴纳个人所得税试点政策、股权奖励分期缴纳个人所得税试点政策推广至全国范围。落实促进高校毕业生、残疾人、退役军人、登记失业人员等创业就业税收政策。

（七）发挥政府采购支持作用。完善促进中小企业发展的政府采购政策，加强对采购单位的政策指导和监督检查，督促采购单位改进采购计划编制和项目预留管理，增强政策对小微企业发展的支持效果。加大创新产品和服务的采购力度，把政府采购与支持创业发展紧密结合起来。

五、搞活金融市场，实现便捷融资

（八）优化资本市场。支持符合条件的创业企业上市或发行票据融资，并鼓励创业企业通过债券市场筹集资金。积极研究尚未盈利的互联网和高新技术企业到创业板发行上市制度，推动在上海证券交易所建立战略新兴产业板。加快推进全国中小企业股份转让系统向创业板转板试点。研究解决特殊股权结构类创业企业在境内上市的制度性障碍，完善资本市场规则。规范发展服务于中小微企业的区域性股权市场，推动建立工商登记部门与区域性股权市场的股权登记对接机制，支持股权质押融资。支持符合条件的发行主体发行小微企业增信集合债等企业债券创新品种。

（九）创新银行支持方式。鼓励银行提高针对创业创新企业的金融服务专业化水平，不断创新组织架构、管理方式和金融产品。推动银行与其他金融机构加强合作，对创业创新活动给予有针对性的股权和债权融资支持。鼓励银行业金融机构向创业企业提供结算、融资、理财、咨询等一站式系统化的金融服务。

（十）丰富创业融资新模式。支持互联网金融发展，引导和鼓励众筹融资平台规范发展，开展公开、小额股权众筹融资试点，加强风险控制和规范管理。丰富完善创业担保贷款政策。支持保险资金参与创业创新，发展相互保险等新业务。完善知识产权估值、质押和流转体系，依法合规推动知识产权质押融资、专利许可费收益权证券化、专利保险等服务常态化、规模化发展，支持知识产权金融发展。

六、扩大创业投资，支持创业起步成长

（十一）建立和完善创业投资引导机制。不断扩大社会资本参与新兴产业创投计划参股基金规模，做大直接融资平台，引导创业投资更多向创业企业起步成长的前端延伸。不断完善新兴产业创业投资政策体系、制度体系、融资体系、监管和预警体系，加

快建立考核评价体系。加快设立国家新兴产业创业投资引导基金和国家中小企业发展基金，逐步建立支持创业创新和新兴产业发展的市场化长效运行机制。发展联合投资等新模式，探索建立风险补偿机制。鼓励各地方政府建立和完善创业投资引导基金。加强创业投资立法，完善促进天使投资的政策法规。促进国家新兴产业创业投资引导基金、科技型中小企业创业投资引导基金、国家科技成果转化引导基金、国家中小企业发展基金等协同联动。推进创业投资行业协会建设，加强行业自律。

（十二）拓宽创业投资资金供给渠道。加快实施新兴产业"双创"三年行动计划，建立一批新兴产业"双创"示范基地，引导社会资金支持大众创业。推动商业银行在依法合规、风险隔离的前提下，与创业投资机构建立市场化长期性合作。进一步降低商业保险资金进入创业投资的门槛。推动发展投贷联动、投保联动、投债联动等新模式，不断加大对创业创新企业的融资支持。

（十三）发展国有资本创业投资。研究制定鼓励国有资本参与创业投资的系统性政策措施，完善国有创业投资机构激励约束机制、监督管理机制。引导和鼓励中央企业和其他国有企业参与新兴产业创业投资基金、设立国有资本创业投资基金等，充分发挥国有资本在创业创新中的作用。研究完善国有创业投资机构国有股转持豁免政策。

（十四）推动创业投资"引进来"与"走出去"。抓紧修订外商投资创业投资企业相关管理规定，按照内外资一致的管理原则，放宽外商投资准入，完善外资创业投资机构管理制度，简化管理流程，鼓励外资开展创业投资业务。放宽对外资创业投资基金投资限制，鼓励中外合资创业投资机构发展。引导和鼓励创业投资机构加大对境外高端研发项目的投资，积极分享境外高端技术成果。按投资领域、用途、募集资金规模，完善创业投资境外投资管理。

七、发展创业服务，构建创业生态

（十五）加快发展创业孵化服务。大力发展创新工场、车库咖啡等新型孵化器，做大做强众创空间，完善创业孵化服务。引导和鼓励各类创业孵化器与天使投资、创业投资相结合，完善投融资模式。引导和推动创业孵化与高校、科研院所等技术成果转移相结合，完善技术支撑服务。引导和鼓励国内资本与境外合作设立新型创业孵化平台，引进境外先进创业孵化模式，提升孵化能力。

（十六）大力发展第三方专业服务。加快发展企业管理、财务咨询、市场营销、人力资源、法律顾问、知识产权、检验检测、现代物流等第三方专业化服务，不断丰富和完善创业服务。

（十七）发展"互联网+"创业服务。加快发展"互联网+"创业网络体系，建设一批小微企业创业创新基地，促进创业与创新、创业与就业、线上与线下相结合，降低全社会创业门槛和成本。加强政府数据开放共享，推动大型互联网企业和基础电信企业向创业者开放计算、存储和数据资源。积极推广众包、用户参与设计、云设计等新型研发组织模式和创业创新模式。

（十八）研究探索创业券、创新券等公共服务新模式。有条件的地方继续探索通过创业券、创新券等方式对创业者和创新企业提供社会培训、管理咨询、检验检测、软件开发、研发设计等服务，建立和规范相关管理制度和运行机制，逐步形成可复制、可推广的经验。

八、建设创业创新平台，增强支撑作用

（十九）打造创业创新公共平台。加强创业创新信息资源整合，建立创业政策集中发布平台，完善专业化、网络化服务体系，增强创业创新信息透明度。鼓励开展各类公益讲坛、创业论坛、创业培训等活动，丰富创业平台形式和内容。支持各类创业创新大赛，定期办好中国创新创业大赛、中国农业科技创新创业大赛和创新挑战大赛等赛事。加强和完善中小企业公共服务平台网络建设。充分发挥企业的创新主体作用，鼓励和支持有条件的大型企业发展创业平台、投资并购小微企业等，支持企业内外部创业者创业，增强企业创业创新活力。为创业失败者再创业建立必要的指导和援助机制，不断增强创业信心和创业能力。加快建立创业企业、天使投资、创业投资统计指标体系，规范统计口径和调查方法，加强监测和分析。

（二十）用好创业创新技术平台。建立科技基础设施、大型科研仪器和专利信息资源向全社会开放的长效机制。完善国家重点实验室等国家级科研平台（基地）向社会开放机制，为大众创业、万众创新提供有力支撑。鼓励企业建立一批专业化、市场化的技术转移平台。鼓励依托三维（3D）打印、网络制造等先进技术和发展模式，开展面向创业者的社会化服务。引导和支持有条件的领军企业创建特色服务平台，面向企业内部和外部创业者提供资金、技术和服务支撑。加快建立军民两用技术项目实施、信息交互和标准化协调机制，促进军民创新资源融合。

（二十一）发展创业创新区域平台。支持开展全面创新改革试验的省（区、市）、国家综合配套改革试验区等，依托改革试验平台在创业创新体制机制改革方面积极探索，发挥示范和带动作用，为创业创新制度体系建设提供可复制、可推广的经验。依托自由贸易试验区、国家自主创新示范区、战略性新兴产业集聚区等创业创新资源密集区域，打造若干具有全球影响力的创业创新中心。引导和鼓励创业创新型城市完善环境，推动区域集聚发展。推动实施小微企业创业基地城市示范。鼓励有条件的地方出台各具特色的支持政策，积极盘活闲置的商业用房、工业厂房、企业库房、物流设施和家庭住所、租赁房等资源，为创业者提供低成本办公场所和居住条件。

九、激发创造活力，发展创新型创业

（二十二）支持科研人员创业。加快落实高校、科研院所等专业技术人员离岗创业政策，对经同意离岗的可在3年内保留人事关系，建立健全科研人员双向流动机制。进一步完善创新型中小企业上市股权激励和员工持股计划制度规则。鼓励符合条件的企业按照有关规定，通过股权、期权、分红等激励方式，调动科研人员创业积极性。支持鼓励学会、协会、研究会等科技社团为科技人员和创业企业提供咨询服务。

（二十三）支持大学生创业。深入实施大学生创业引领计划，整合发展高校毕业生就业创业基金。引导和鼓励高校统筹资源，抓紧落实大学生创业指导服务机构、人员、场地、经费等。引导和鼓励成功创业者、知名企业家、天使和创业投资人、专家学者等担任兼职创业导师，提供包括创业方案、创业渠道等创业辅导。建立健全弹性学制管理办法，支持大学生保留学籍休学创业。

（二十四）支持境外人才来华创业。发挥留学回国人才特别是领军人才、高端人才的创业引领带动作用。继续推进人力资源市场对外开放，建立和完善境外高端创业创新人才引进机制。进一步放宽外籍高端人才来华创业办理签证、永久居留证等条件，简化开办企业审批流程，探索由事前审批调整为事后备案。引导和鼓励地方对回国创业高端人才和境外高端人才来华创办高科技企业给予一次性创业启动资金，在配偶就业、子女入学、医疗、住房、社会保障等方面完善相关措施。加强海外科技人才离岸创业基地建设，把更多的国外创业创新资源引入国内。

十、拓展城乡创业渠道，实现创业带动就业

（二十五）支持电子商务向基层延伸。引导和鼓励集办公服务、投融资支持、创业辅导、渠道开拓于一体的市场化网商创业平台发展。鼓励龙头企业结合乡村特点建立电子商务交易服务平台、商品集散平台和物流中心，推动农村依托互联网创业。鼓励电子商务第三方交易平台渠道下沉，带动城乡基层创业人员依托其平台和经营网络开展创业。完善有利于中小网商发展的相关措施，在风险可控、商业可持续的前提下支持发展面向中小网商的融资贷款业务。

（二十六）支持返乡创业集聚发展。结合城乡区域特点，建立有市场竞争力的协作

创业模式，形成各具特色的返乡人员创业联盟。引导返乡创业人员融入特色专业市场，打造具有区域特点的创业集群和优势产业集群。深入实施农村青年创业富民行动，支持返乡创业人员因地制宜围绕休闲农业、农产品深加工、乡村旅游、农村服务业等开展创业，完善家庭农场等新型农业经营主体发展环境。

（二十七）完善基层创业支撑服务。加强城乡基层创业人员社保、住房、教育、医疗等公共服务体系建设，完善跨区域创业转移接续制度。健全职业技能培训体系，加强远程公益创业培训，提升基层创业人员创业能力。引导和鼓励中小金融机构开展面向基层创业创新的金融产品创新，发挥社区地理和软环境优势，支持社区创业者创业。引导和鼓励行业龙头企业、大型物流企业发挥优势，拓展乡村信息资源、物流仓储等技术和服务网络，为基层创业提供支撑。

十一、加强统筹协调，完善协同机制

（二十八）加强组织领导。建立由发展改革委牵头的推进大众创业万众创新部际联席会议制度，加强顶层设计和统筹协调。各地区、各部门要立足改革创新，坚持需求导向，从根本上解决创业创新中面临的各种体制机制问题，共同推进大众创业、万众创新蓬勃发展。重大事项要及时向国务院报告。

（二十九）加强政策协调联动。建立部门之间、部门与地方之间政策协调联动机制，形成强大合力。各地区、各部门要系统梳理已发布的有关支持创业创新发展的各项政策措施，抓紧推进"立、改、废"工作，将对初创企业的扶持方式从选拔式、分配式向普惠式、引领式转变。建立健全创业创新政策协调审查制度，增强政策普惠性、连贯性和协同性。

（三十）加强政策落实情况督查。加快建立推进大众创业、万众创新有关普惠性政策措施落实情况督查督导机制，建立和完善政策执行评估体系和通报制度，全力打通决策部署的"最先一公里"和政策落实的"最后一公里"，确保各项政策措施落地生根。

各地区、各部门要进一步统一思想认识，高度重视、认真落实本意见的各项要求，结合本地区、本部门实际明确任务分工、落实工作责任，主动作为、敢于担当，积极研究解决新问题，及时总结推广经验做法，加大宣传力度，加强舆论引导，推动本意见确定的各项政策措施落实到位，不断拓展大众创业、万众创新的空间，汇聚经济社会发展新动能，促进我国经济保持中高速增长、迈向中高端水平。

国务院

2015 年 6 月 11 日

附录七 《国务院关于印发中医药发展战略规划纲要（2016—2030年）的通知》

国发〔2016〕15号

各省、自治区、直辖市人民政府，国务院各部委、各直属机构：

现将《中医药发展战略规划纲要（2016—2030年）》印发给你们，请认真贯彻执行。

国务院

2016年2月22日

（此件公开发布）

中医药发展战略规划纲要（2016—2030年）

中医药作为我国独特的卫生资源、潜力巨大的经济资源、具有原创优势的科技资源、优秀的文化资源和重要的生态资源，在经济社会发展中发挥着重要作用。随着我国新型工业化、信息化、城镇化、农业现代化深入发展，人口老龄化进程加快，健康服务业蓬勃发展，人民群众对中医药服务的需求越来越旺盛，迫切需要继承、发展、利用好中医药，充分发挥中医药在深化医药卫生体制改革中的作用，造福人类健康。为明确未来十五年我国中医药发展方向和工作重点，促进中医药事业健康发展，制定本规划纲要。

一、基本形势

新中国成立后特别是改革开放以来，党中央、国务院高度重视中医药工作，制定了一系列政策措施，推动中医药事业发展取得了显著成就。中医药总体规模不断扩大，发展水平和服务能力逐步提高，初步形成了医疗、保健、科研、教育、产业、文化整体发展新格局，对经济社会发展贡献度明显提升。截至2014年底，全国共有中医类医院（包括中医、中西医结合、民族医医院，下同）3732所，中医类医院床位75.5万张，中医类执业（助理）医师39.8万人，2014年中医类医院总诊疗人次5.31亿。中医药在常见病、多发病、慢性病及疑难病症、重大传染病防治中的作用得到进一步彰显，得到国际社会广泛认可。2014年中药生产企业达到3813家，中药工业总产值7302亿元。中医药已经传播到183个国家和地区。

另一方面，我国中医药资源总量仍然不足，中医药服务领域出现萎缩现象，基层中医药服务能力薄弱，发展规模和水平还不能满足人民群众健康需求；中医药高层次人才缺乏，继承不足、创新不够；中药产业集中度低，野生中药材资源破坏严重，部分中药材品质下降，影响中医药可持续发展；适应中医药发展规律的法律政策体系有待健全；中医药走向世界面临制约和壁垒，国际竞争力有待进一步提升；中医药治理体系和治理能力现代化水平亟待提高，迫切需要加强顶层设计和统筹规划。

当前，我国进入全面建成小康社会决胜阶段，满足人民群众对简便验廉的中医药服务需求，迫切需要大力发展健康服务业，拓宽中医药服务领域。深化医药卫生体制改革，加快推进健康中国建设，迫切需要在构建中国特色基本医疗制度中发挥中医药独特作用。适应未来医学从疾病医学向健康医学转变、医学模式从生物医学向生物—心理—社会模式转变的发展趋势，迫切需要继承和发展中医药的绿色健康理念、天人合一的整体观念、辨证施治和综合施治的诊疗模式、运用自然的防治手段和全生命周期的健康服务。促进经济转型升级，培育新的经济增长动能，迫切需要加大对中医药的扶持力度，进一步激发中医药原创优势，促进中医药产业提质增效。传承和弘扬中华优秀传统文化，迫切需要进一步普及和宣传中医药文化知识。实施"走出去"战略，推进"一带一路"建设，迫切需要推动中医药海外创新发展。各地区、各有关部门要正确认识形势，把握机遇，扎实推进中医药事业持续健康发展。

二、指导思想、基本原则和发展目标

（一）指导思想。

认真落实党的十八大和十八届二中、三中、四中、五中全会精神，深入贯彻习近平总书记系列重要讲话精神，紧紧围绕"四个全面"战略布局和党中央、国务院决策部署，牢固树立创新、协调、绿色、开放、共享发展理念，坚持中西医并重，从思想认识、法律地位、学术发展与实践运用上落实中医药与西医药的平等地位，充分遵循中医药自身发展规律，以推进继承创新为主题，以提高中医药发展水平为中心，以完善符合中医药特点的管理体制和政策机制为重点，以增进和维护人民群众健康为目标，拓展中医药服务领域，促进中西医结合，发挥中医药在促进卫生、经济、科技、文化和生态文明发展中的独特作用，统筹推进中医药事业振兴发展，为深化医药卫生体制改革、推进健康中国建设、全面建成小康社会和实现"两个一百年"奋斗目标做出贡献。

（二）基本原则。

坚持以人为本、服务惠民。以满足人民群众中医药健康需求为出发点和落脚点，坚持中医药发展为了人民、中医药成果惠及人民，增进人民健康福祉，保证人民享有安全、有效、方便的中医药服务。

坚持继承创新、突出特色。把继承创新贯穿中医药发展一切工作，正确把握好继承和创新的关系，坚持和发扬中医药特色优势，坚持中医药原创思维，充分利用现代科学技术和方法，推动中医药理论与实践不断发展，推进中医药现代化，在创新中不断形成新特色、新优势，永葆中医药薪火相传。

坚持深化改革、激发活力。改革完善中医药发展体制机制，充分发挥市场在资源配置中的决定性作用，拉动投资消费，推进产业结构调整，更好发挥政府在制定规划、出台政策、引导投入、规范市场等方面的作用，积极营造平等参与、公平竞争的市场环境，不断激发中医药发展的潜力和活力。

坚持统筹兼顾、协调发展。坚持中医与西医相互取长补短，发挥各自优势，促进中西医结合，在开放中发展中医药。统筹兼顾中医药发展各领域、各环节，注重城乡、区域、国内国际中医药发展，促进中医药医疗、保健、科研、教育、产业、文化全面发展，促进中医中药协调发展，不断增强中医药发展的整体性和系统性。

（三）发展目标。

到 2020 年，实现人人基本享有中医药服务，中医医疗、保健、科研、教育、产业、文化各领域得到全面协调发展，中医药标准化、信息化、产业化、现代化水平不断提高。中医药健康服务能力明显增强，服务领域进一步拓宽，中医医疗服务体系进一步完善，每千人口公立中医类医院床位数达到 0.55 张，中医药服务可得性、可及性明显改善，有效减轻群众医疗负担，进一步放大医改惠民效果；中医基础理论研究及重大疾病攻关取得明显进展，中医药防治水平大幅度提高；中医药人才教育培养体系基本建立，凝聚一批学术领先、医术精湛、医德高尚的中医药人才，每千人口卫生机构中医执业类（助理）医师数达到 0.4 人；中医药产业现代化水平显著提高，中药工业总产值占医药工业总产值 30% 以上，中医药产业成为国民经济重要支柱之一；中医药对外交流合作更加广泛；符合中医药发展规律的法律体系、标准体系、监督体系和政策体系基本建立，中医药管理体制更加健全。

到 2030 年，中医药治理体系和治理能力现代化水平显著提升，中医药服务领域实现全覆盖，中医药健康服务能力显著增强，在治未病中的主导作用、在重大疾病治疗中的协同作用、在疾病康复中的核心作用得到充分发挥；中医药科技水平显著提高，基本形成一支由百名国医大师、万名中医名师、百万中医师、千万职业技能人员组成的中医药人才队伍；公民中医健康文化素养大幅度提升；中医药工业智能化水平迈上新台阶，对经济社会发展的贡献率进一步增强，我国在世界传统医药发展中的引领地位更加巩固，实现中医药继承创新发展、统筹协调发展、生态绿色发展、包容开放发展和人民共享发展，为健康中国建设奠定坚实基础。

三、重点任务

（一）切实提高中医医疗服务能力

1.完善覆盖城乡的中医医疗服务网络。全面建成以中医类医院为主体、综合医院等其他类别医院中医药科室为骨干、基层医疗卫生机构为基础、中医门诊部和诊所为补充、覆盖城乡的中医医疗服务网络。县级以上地方人民政府要在区域卫生规划中合理配置中医医疗资源，原则上在每个地市级区域、县级区域设置1个市办中医类医院、1个县办中医类医院，在综合医院、妇幼保健机构等非中医类医疗机构设置中医药科室。在乡镇卫生院和社区卫生服务中心建立中医馆、国医堂等中医综合服务区，加强中医药设备配置和中医药人员配备。加强中医医院康复科室建设，支持康复医院设置中医药科室，加强中医康复专业技术人员的配备。

2.提高中医药防病治病能力。实施中医临床优势培育工程，加强在区域内有影响力、科研实力强的省级或地市级中医医院能力建设。建立中医药参与突发公共事件应急网络和应急救治工作协调机制，提高中医药应急救治和重大传染病防治能力。持续实施基层中医药服务能力提升工程，提高县级中医医院和基层医疗卫生机构中医优势病种诊疗能力、中医药综合服务能力。建立慢性病中医药监测与信息管理制度，推动建立融入中医药内容的社区健康管理模式，开展高危人群中医药健康干预，提升基层中医药健康管理水平。大力发展中医非药物疗法，充分发挥其在常见病、多发病和慢性病防治中的独特作用。建立中医医院与基层医疗卫生机构、疾病预防控制机构分工合作的慢性病综合防治网络和工作机制，加快形成急慢分治的分级诊疗秩序。

3.促进中西医结合。运用现代科学技术，推进中西医资源整合、优势互补、协同创新。加强中西医结合创新研究平台建设，强化中西医临床协作，开展重大疑难疾病中西医联合攻关，形成独具特色的中西医结合诊疗方案，提高重大疑难疾病、急危重症的临床疗效。探索建立和完善国家重大疑难疾病中西医协作工作机制与模式，提升中西医结合服务能力。积极创造条件建设中西医结合医院。完善中西医结合人才培养政策措施，建立更加完善的西医学习中医制度，鼓励西医离职学习中医，加强高层次中西医结合人才培养。

4. 促进民族医药发展。将民族医药发展纳入民族地区和民族自治地方经济社会发展规划，加强民族医医疗机构建设，支持有条件的民族自治地方举办民族医医院，鼓励民族地区各类医疗卫生机构设立民族医药科，鼓励社会力量举办民族医医院和诊所。加强民族医药传承保护、理论研究和文献的抢救与整理。推进民族药标准建设，提高民族药质量，加大开发推广力度，促进民族药产业发展。

5. 放宽中医药服务准入。改革中医医疗执业人员资格准入、执业范围和执业管理制度，根据执业技能探索实行分类管理，对举办中医诊所的，将依法实施备案制管理。改革传统医学师承和确有专长人员执业资格准入制度，允许取得乡村医生执业证书的中医药一技之长人员在乡镇和村开办中医诊所。鼓励社会力量举办连锁中医医疗机构，对社会资本举办只提供传统中医药服务的中医门诊部、诊所，医疗机构设置规划和区域卫生发展规划不作布局限制，支持有资质的中医专业技术人员特别是名老中医开办中医门诊部、诊所，鼓励药品经营企业举办中医坐堂医诊所。保证社会办和政府办中医医疗机构在准入、执业等方面享有同等权利。

6. 推动"互联网＋"中医医疗。大力发展中医远程医疗、移动医疗、智慧医疗等新型医疗服务模式。构建集医学影像、检验报告等健康档案于一体的医疗信息共享服务体系，逐步建立跨医院的中医医疗数据共享交换标准体系。探索互联网延伸医嘱、电子处方等网络中医医疗服务应用。利用移动互联网等信息技术提供在线预约诊疗、候诊提醒、划价缴费、诊疗报告查询、药品配送等便捷服务。

（二）大力发展中医养生保健服务

7. 加快中医养生保健服务体系建设。研究制定促进中医养生保健服务发展的政策措施，支持社会力量举办中医养生保健机构，实现集团化发展或连锁化经营。实施中医治未病健康工程，加强中医医院治未病科室建设，为群众提供中医健康咨询评估、干预调理、随访管理等治未病服务，探索融健康文化、健康管理、健康保险于一体的中医健康保障模式。鼓励中医医院、中医医师为中医养生保健机构提供保健咨询、调理和药膳等技术支持。

8. 提升中医养生保健服务能力。鼓励中医医疗机构、养生保健机构走进机关、学校、企业、社区、乡村和家庭，推广普及中医养生保健知识和易于掌握的理疗、推拿等中医养生保健技术与方法。鼓励中医药机构充分利用生物、仿生、智能等现代科学技术，研发一批保健食品、保健用品和保健器械器材。加快中医治未病技术体系与产业体系建设。推广融入中医治未病理念的健康工作和生活方式。

9. 发展中医药健康养老服务。推动中医药与养老融合发展，促进中医医疗资源进入养老机构、社区和居民家庭。支持养老机构与中医医疗机构合作，建立快速就诊绿色通道，鼓励中医医疗机构面向老年人群开展上门诊视、健康查体、保健咨询等服务。鼓励中医医师在养老机构提供保健咨询和调理服务。鼓励社会资本新建以中医药健康养老为主的护理院、疗养院，探索设立中医药特色医养结合机构，建设一批医养结合示范基地。

10. 发展中医药健康旅游服务。推动中医药健康服务与旅游产业有机融合，发展以中医药文化传播和体验为主题，融中医疗养、康复、养生、文化传播、商务会展、中药材科考与旅游于一体的中医药健康旅游。开发具有地域特色的中医药健康旅游产品和线路，建设一批国家中医药健康旅游示范基地和中医药健康旅游综合体。加强中医药文化旅游商品的开发生产。建立中医药健康旅游标准化体系，推进中医药健康旅游服务标准化和专业化。举办"中国中医药健康旅游年"，支持举办国际性的中医药健康旅游展览、会议和论坛。

（三）扎实推进中医药继承

11. 加强中医药理论方法继承。实施中医药传承工程，全面系统继承历代各家学术理论、流派及学说，全面系统继承当代名老中医药专家学术思想和临床诊疗经验，总结中医优势病种临床基本诊疗规律。将中医古籍文献的整理纳入国家中华典籍整理工程，开展中医古籍文献资源普查，抢救濒临失传的珍稀与珍贵古籍文献，推动中医古籍数字化，编撰出版《中华医藏》，加强海外中医古籍影印和回归工作。

12. 加强中医药传统知识保护与技术挖掘。建立中医药传统知识保护数据库、保护名录和保护制度。加强中医临床诊疗技术、养生保健技术、康复技术筛选，完善中医医疗技术目录及技术操作规范。加强对传统制药、鉴定、炮制技术及老药工经验的继承应用。开展对中医药民间特色诊疗技术的调查、挖掘整理、研究评价及推广应用。加强对中医药百年老字号的保护。

13. 强化中医药师承教育。建立中医药师承教育培养体系，将师承教育全面融入院校教育、毕业后教育和继续教育。鼓励医疗机构发展师承教育，实现师承教育常态化和制度化。建立传统中医师管理制度。加强名老中医药专家传承工作室建设，吸引、鼓励名老中医药专家和长期服务基层的中医药专家通过师承模式培养多层次的中医药骨干人才。

（四）着力推进中医药创新

14. 健全中医药协同创新体系。健全以国家和省级中医药科研机构为核心，以高等院校、医疗机构和企业为主体，以中医科学研究基地（平台）为支撑，多学科、跨部门共同参与的中医药协同创新体制机制，完善中医药领域科技布局。统筹利用相关科技计划（专项、基金等），支持中医药相关科技创新工作，促进中医药科技创新能力提升，加快形成自主知识产权，促进创新成果的知识产权化、商品化和产业化。

15. 加强中医药科学研究。运用现代科学技术和传统中医药研究方法，深化中医基础理论、辨证论治方法研究，开展经穴特异性及针灸治疗机理、中药药性理论、方剂配伍理论、中药复方药效物质基础和作用机理等研究，建立概念明确、结构合理的理论框架体系。加强对重大疑难疾病、重大传染病防治的联合攻关和对常见病、多发病、慢性病的中医药防治研究，形成一批防治重大疾病和治未病的重大产品和技术成果。综合运用现代科技手段，开发一批基于中医理论的诊疗仪器与设备。探索适合中药特点的新药开发新模式，推动重大新药创制。鼓励基于经典名方、医疗机构中药制剂等的中药新药研发。针对疾病新的药物靶标，在中药资源中寻找新的候选药物。

16. 完善中医药科研评价体系。建立和完善符合中医药特点的科研评价标准和体系，研究完善有利于中医药创新的激励政策。通过同行评议和引进第三方评估，提高项目管理效率和研究水平。不断提高中医药科研成果转化效率。开展中医临床疗效评价与转化应用研究，建立符合中医药特点的疗效评价体系。

（五）全面提升中药产业发展水平

17. 加强中药资源保护利用。实施野生中药材资源保护工程，完善中药材资源分级保护、野生中药材物种分级保护制度，建立濒危野生药用动植物保护区、野生中药材资源培育基地和濒危稀缺中药材种植养殖基地，加强珍稀濒危野生药用动植物保护、繁育研究。建立国家级药用动植物种质资源库。建立普查和动态监测相结合的中药材资源调查制度。在国家医药储备中，进一步完善中药材及中药饮片储备。鼓励社会力量投资建立中药材科技园、博物馆和药用动植物园等保育基地。探索荒漠化地区中药材种植生态经济示范区建设。

18. 推进中药材规范化种植养殖。制定中药材主产区种植区域规划。制定国家道地药材目录，加强道地药材良种繁育基地和规范化种植养殖基地建设。促进中药材种植养殖业绿色发展，制定中药材种植养殖、采集、储藏技术标准，加强对中药材种植养殖的科学引导，大力发展中药材种植养殖专业合作社和合作联社，提高规模化、规范化水平。支持发展中药材生产保险。建立完善中药材原产地标记制度。实施贫困地区中药材产业推进行动，引导贫困户以多种方式参与中药材生产，推进精准扶贫。

19. 促进中药工业转型升级。推进中药工业数字化、网络化、智能化建设，加强技术集成和工艺创新，提升中药装备制造水平，加速中药生产工艺、流程的标准化、现代化，提升中药工业知识产权运用能力，逐步形成大型中药企业集团和产业集群。以中药现代化科技产业基地为依托，实施中医药大健康产业科技创业者行动，促进中药一二三产业融合发展。开展中成药上市后再评价，加大中成药二次开发力度，开展大规模、规范化临床试验，培育一批具有国际竞争力的名方大药。开发一批中药制造机械与设备，提高中药制造业技术水平与规模效益。推进实施中药标准化行动计划，构建中药产业全链条的优质产品标准体系。实施中药绿色制造工程，形成门类丰富的新兴绿色产业体系，逐步减少重金属及其化合物等物质的使用量，严格执行《中药类制药工业水污染物排放标准》（GB 21906-2008），建立中药绿色制造体系。

20. 构建现代中药材流通体系。制定中药材流通体系建设规划，建设一批道地药材标准化、集约化、规模化和可追溯的初加工与仓储物流中心，与生产企业供应商管理和质量追溯体系紧密相连。发展中药材电子商务。利用大数据加强中药材生产信息搜集、价格动态监测分析和预测预警。实施中药材质量保障工程，建立中药材生产流通全过程质量管理和质量追溯体系，加强第三方检测平台建设。

（六）大力弘扬中医药文化

21. 繁荣发展中医药文化。大力倡导"大医精诚"理念，强化职业道德建设，形成良好行业风尚。实施中医药健康文化素养提升工程，加强中医药文物设施保护和非物质文化遗产传承，推动更多非药物中医诊疗技术列入联合国教科文组织非物质文化遗产名录和国家级非物质文化遗产目录，使更多古代中医典籍进入世界记忆名录。推动中医药文化国际传播，展示中华文化独特魅力，提升我国文化软实力。

22. 发展中医药文化产业。推动中医药与文化产业融合发展，探索将中医药文化纳入文化产业发展规划。创作一批承载中医药文化的创意产品和文化精品。促进中医药与广播影视、新闻出版、数字出版、动漫游戏、旅游餐饮、体育演艺等有效融合，发展新型文化产品和服务。培育一批知名品牌和企业，提升中医药与文化产业融合发展水平。

（七）积极推动中医药海外发展

23. 加强中医药对外交流合作。深化与各国政府和世界卫生组织、国际标准化组织等的交流与合作，积极参与国际规则、标准的研究与制订，营造有利于中医药海外发展的国际环境。实施中医药海外发展工程，推动中医药技术、药物、标准和服务走出去，促进国际社会广泛接受中医药。本着政府支持、民间运作、服务当地、互利共赢的原则，探索建设一批中医药海外中心。支持中医药机构全面参与全球中医药各领域合作与竞争，发挥中医药社会组织的作用。在国家援外医疗中进一步增加中医药服务内容。推进多层次的中医药国际教育交流合作，吸引更多的海外留学生来华接受学历教育、非学历教育、短期培训和临床实习，把中医药打造成中外人文交流、民心相通的亮丽名片。

24. 扩大中医药国际贸易。将中医药国际贸易纳入国家对外贸易发展总体战略，构建政策支持体系，突破海外制约中医药对外贸易发展的法律、政策障碍和技术壁垒，加强中医药知识产权国际保护，扩大中医药服务贸易国际市场准入。支持中医药机构参与"一带一路"建设，扩大中医药对外投资和贸易。为中医药服务贸易发展提供全方位公共资源保障。鼓励中医药机构到海外开办中医医院、连锁诊所和中医养生保健机构。扶持中药材海外资源开拓，加强海外中药材生产流通质量管理。鼓励中医药企业走出去，加快打造全产业链服务的跨国公司和知名国际品牌。积极发展入境中医健康旅游，承接中医医疗服务外包，加强中医药服务贸易对外整体宣传和推介。

四、保障措施

（一）健全中医药法律体系。推动颁布并实施中医药法，研究制定配套政策法规和部门规章，推动修订执业医师法、药品管理法和医疗机构管理条例、中药品种保护条例等法律法规，进一步完善中医类别执业医师、中医医疗机构分类和管理、中药审批管理、中医药传统知识保护等领域相关法律规定，构建适应中医药发展需要的法律法规体系。指导地方加强中医药立法工作。

（二）完善中医药标准体系。为保障中医药服务质量安全，实施中医药标准化工程，重点开展中医临床诊疗指南、技术操作规范和疗效评价标准的制定、推广与应用。系统开展中医治未病标准、药膳制作标准和中医药保健品标准等研究制定。健全完善中药质量标准体系，加强中药质量管理，重点强化中药炮制、中药鉴定、中药制剂、中药配方颗粒以及道地药材的标准制定与质量管理。加快中药数字化标准及中药材标本建设。加快国内标准向国际标准转化。加强中医药监督体系建设，建立中医药监督信息数据平台。推进中医药认证管理，发挥社会力量的监督作用。

（三）加大中医药政策扶持力度。落实政府对中医药事业的投入政策。改革中医药价格形成机制，合理确定中医医疗服务收费项目和价格，降低中成药虚高药价，破除以药补医机制。继续实施不取消中药饮片加成政策。在国家基本药物目录中进一步增加中成药品种数量，不断提高国家基本药物中成药质量。地方各级政府要在土地利用总体规划和城乡规划中统筹考虑中医药发展需要，扩大中医医疗、养生保健、中医药健康养老服务等用地供给。

（四）加强中医药人才队伍建设。建立健全院校教育、毕业后教育、继续教育有机衔接以及师承教育贯穿始终的中医药人才培养体系。重点培养中医重点学科、重点专科及中医药临床科研领军人才。加强全科医生人才、基层中医药人才以及民族医药、中西医结合等各类专业技能人才培养。开展临床类别医师和乡村医生中医药知识与技能培训。建立中医药职业技能人员系列，合理设置中医药健康服务技能岗位。深化中医药教育改革，建立中医学专业认证制度，探索适应中医医师执业分类管理的人才培养模式，加强一批中医药重点学科建设，鼓励有条件的民族地区和高等院校开办民族医药专业，开展民族医药研究生教育，打造一批世界一流的中医药名校和学科。健全国医大师评选表彰制度，完善中医药人才评价机制。建立吸引、稳定基层中医药人才的保障和长效激励机制。

（五）推进中医药信息化建设。按照健康医疗大数据应用工作部署，在健康中国云服务计划中，加强中医药大数据应用。加强中医医院信息基础设施建设，完善中医医院信息系统。建立对患者处方真实有效性的网络核查机制，实现与人口健康信息纵向贯通、横向互通。完善中医药信息统计制度建设，建立全国中医药综合统计网络直报体系。

五、组织实施

（一）加强规划组织实施。进一步完善国家中医药工作部际联席会议制度，由国务院领导同志担任召集人。国家中医药工作部际联席会议办公室要强化统筹协调，研究提出中医药发展具体政策措施，协调解决重大问题，加强对政策落实的指导、督促和检查；要会同相关部门抓紧研究制定本规划纲要实施分工方案，规划建设一批国家中医药综合改革试验区，确保各项措施落到实处。地方各级政府要将中医药工作纳入经济社会发展规划，加强组织领导，健全中医药发展统筹协调机制和工作机制，结合实际制定本规划纲要具体实施方案，完善考核评估和监督检查机制。

（二）健全中医药管理体制。按照中医药治理体系和治理能力现代化要求，创新管理模式，建立健全国家、省、市、县级中医药管理体系，进一步完善领导机制，切实加强中医药管理工作。各相关部门要在职责范围内，加强沟通交流、协调配合，形成共同推进中医药发展的工作合力。

（三）营造良好社会氛围。综合运用广播电视、报刊等传统媒体和数字智能终端、移动终端等新型载体，大力弘扬中医药文化知识，宣传中医药在经济社会发展中的重要地位和作用。推动中医药进校园、进社区、进乡村、进家庭，将中医药基础知识纳入中小学传统文化、生理卫生课程，同时充分发挥社会组织作用，形成全社会"信中医、爱中医、用中医"的浓厚氛围和共同发展中医药的良好格局。

主要参考书目

1. 冯丽霞，王若洪．浅议大学生创新精神与创业能力的培养．北京：清华大学出版社，2013

2. 马旭晨，马尔航，阮娟．培养大学生创业能力探析．北京：机械工业出版社，2012

3.（美）彼得．F. 德鲁克．创新与创业精神．上海：上海人民出版社，2002

4. 高晓宇．史上最全的商业计划书写作指南．北京：水利水电出版社，2009

5. 陈雪萍．股权学堂（vc 知识 2016-05-10）．北京：法律出版社，2013

6. 汪岩．一份可以融到钱的商业计划书．北京：中国纺织出版社，2005

7.（加）约翰·C·赫尔．什么是期权股．北京：中国人民大学出版社，2001

8. 朱江，罗东．第一众筹：中国股权众筹第一人的创业之路．杭州：浙江大学出版社，2014

9. 彼得·蒂尔．从 0 到 1．北京：中信出版社，2015

10. 杰克·韦尔奇．商业的本质．北京：中信出版集团，2016

实战创新创业教育指导